現代
日本政治の
現状と課題

浅野一弘 [著]
Asano Kazuhiro

同文舘出版

はしがき

2001年4月26日にスタートした小泉純一郎政権は，戦後3番目の長期政権となった。小泉政権下の1980日間において，日本の政治は，よきにつけ悪しきにつけ，大きな変化をとげた。

たとえば，小泉首相は，"ワンフレーズ・ポリティクス"や"劇場型政治"ということばにみられるように，有権者と現実政治との距離をちぢめたという意味では，大きな功績があったといえよう。

だが，"ワンフレーズ・ポリティクス"ということばの背後には，小泉首相が，十分な説明責任をはたさないまま，政権運営にあたってきたという事実があったことを忘れてはならない。したがって，われわれは，小泉政権の"プラス"の部分にだけ光をあてるのではなく，さまざまな"マイナス"の側面にも目をむけなければならないのである。

そこで，本書においては，小泉政権下での政治課題を中心にして，現代日本政治のかかえる問題点を浮き彫りにしたいと考えている。なお，本書は，「第Ⅰ部 総論」「第Ⅱ部 各論」「第Ⅲ部 補論」から構成されており，第Ⅰ部「現代日本政治の現状と課題－小泉政権の検証－」では，小泉政権・1980日の政治課題をとりあげる。つづく第Ⅱ部においては，国会，地方議会，政務調査費，日米関係，在日米軍再編，日米経済摩擦，個人情報保護をキーワードに，おのおのの課題について考察をおこなっている。そして，第Ⅲ部「"聖域なき"構造改革の現状と課題－日米関係の視点から－」では，日米関係をとおして，はたして，小泉改革が"聖域なき"構造改革であったのかどうかについて論じている。

2007年8月

浅野 一弘

【目　次】

はしがき　*i*

初出一覧　*vi*

第Ⅰ部　総論
現代日本政治の現状と課題－小泉政権の検証－

1．はじめに―問題の所在― ……………………………………………3

2．小泉政権の誕生とマスメディアの論調 ……………………………4

3．施政方針演説にみる小泉政権の政治課題 ……………………*12*

   1．第151回通常国会における所信表明演説（2001年5月7日）　*12*

   2．第154回通常国会における施政方針演説（2002年2月4日）　*19*

   3．第156回通常国会における施政方針演説（2003年1月31日）　*28*

   4．第159回通常国会における施政方針演説（2004年1月19日）　*36*

   5．第162回通常国会における施政方針演説（2005年1月21日）　*44*

   6．第164回通常国会における施政方針演説（2006年1月20日）　*54*

4．結　　び　　　　　　　　　　　　　　　　　　　　　　　*61*

資料1　小泉政権の足跡と語録　　　　　　　　　　　　　　　*75*

資料2　小泉内閣の支持率の推移　　　　　　　　　　　　　　*76*

資料3　自民支持層と無党派層の内閣支持模様（中曽根内閣以降）　*78*

第Ⅱ部　各論

第1章　国会の現状と課題－改革の動きを中心に－ ……………*81*

   1．はじめに　　　　　　　　　　　　　　　　　　　　　*81*

   2．国会のしくみ　　　　　　　　　　　　　　　　　　　*82*

   3．国会をとりまく現状　　　　　　　　　　　　　　　　*96*

   4．結　　び　　　　　　　　　　　　　　　　　　　　　*102*

第2章　地方議会の現状と課題 – 活性化のための方策 – ……………107

1．はじめに – 問題の所在 –　　　　　　　　　107

2．地方議会のしくみ　　　　　　　　　　　　109

3．地方議会の実態　　　　　　　　　　　　　113

4．結　　び　　　　　　　　　　　　　　　　123

第3章　政務調査費の現状と課題 – 目黒区議会のケースを中心に – ……127

1．はじめに　　　　　　　　　　　　　　　　127

2．政務調査費導入の経緯　　　　　　　　　　128

3．政務調査費の現状 – 目黒区議会の場合 –　　130

4．結　　び　　　　　　　　　　　　　　　　133

第4章　日米関係の現状と課題 – 「ショー・ザ・フラッグ」という“外圧” – …139

1．はじめに　　　　　　　　　　　　　　　　139

2．「テロ対策特別措置法」をめぐる国会での論戦　140

3．小泉・ブッシュ首脳会談　　　　　　　　　147

4．結　　び – 「ショー・ザ・フラッグ」という“外圧” –　151

第5章　在日米軍再編の現状と課題 – 岩国市の住民投票を中心に – ……155

1．はじめに　　　　　　　　　　　　　　　　155

2．岩国市の動き　　　　　　　　　　　　　　158

3．岩国市の住民投票　　　　　　　　　　　　165

4．結　　び　　　　　　　　　　　　　　　　167

第6章　日米経済摩擦の現状と課題 – マスメディアの報道を中心に – …171

1．問題の所在　　　　　　　　　　　　　　　171

2．マスコミ報道にみる米国産牛肉輸入問題　　173

3．結　　び　　　　　　　　　　　　　　　　179

第 7 章　個人情報保護の現状と課題－マスメディアの論調を中心に－…183

1．はじめに　183

2．個人情報保護法案の概要　183

3．個人情報保護法案をめぐるマスメディアの論調　188

4．結　　び　194

第Ⅲ部　補　論
"聖域なき"構造改革の現状と課題－日米関係の視点から－

1．はじめに　199

2．戦後の日米首脳会談の特色　200

3．日本の権力者はだれか？　218

4．結　　び－小泉改革に「聖域」あり？－　229

あとがき　239

索　引　241

【初出一覧】

第Ⅰ部　書き下ろし。

第Ⅱ部

第1章　「国会と地方議会-活性化のための方策-」三田清編『概説　現代日本の政治と地方自治』（学術図書出版社，2005年）の一部に加筆・修正。

第2章　「国会と地方議会-活性化のための方策-」三田清編『概説　現代日本の政治と地方自治』（学術図書出版社，2005年）の一部に加筆・修正。

第3章　書き下ろし。

第4章　「米国でのテロ事件と小泉・ブッシュ日米首脳会談」『世界と議会』（尾崎行雄記念財団，第453号，2001年11月15日）。

第5章　「在日米軍再編と地方自治体-岩国市の住民投票を中心に-」『世界と議会』（尾崎行雄記念財団，第501号，2006年4月1日）。

第6章　「マスコミ報道がつくる日米経済摩擦-米国産牛肉の輸入再開問題をめぐって-」『世界と議会』（尾崎行雄記念財団，第491号，2005年5月1日）。

第7章　「個人情報保護法案をめぐるマスメディアの論調」『世界と議会』（尾崎行雄記念財団，第459号，2002年5月15日）。

第Ⅲ部　「小泉改革に『聖域』あり？-日米関係の視点から-」札幌大学公開講座運営委員会編『日本社会はどこへ行くのか-どう変わる，どう変える-』（2004年3月30日）。

第 I 部
総 論

現代日本政治の現状と課題
―小泉政権の検証―

1. はじめに―問題の所在―

2006年9月26日，1980日にわたる小泉純一郎政権が幕を閉じた。この日，小泉首相は，「内閣総辞職に当たっての内閣総理大臣談話」をだした[1]。そのなかで，小泉首相は，つぎのように述べている。

> 私は，内閣総理大臣の重責を担って以来5年5か月，日本を再生し，自信と誇りに満ちた社会を築くため，「改革なくして成長なし」「民間にできることは民間に」「地方にできることは地方に」との一貫した方針の下，構造改革の推進に全力で取り組んでまいりました。困難に直面するたびに，「天の将に大任をこの人にくださんとするや，必ずまずその心志を苦しめ，その筋骨を労せしむ」との孟子の言葉を胸に，全精力を傾けてまいりました。

ちなみに，小泉首相の政権担当日数は，中曽根康弘内閣の1806日をぬき，戦後3番目のながさであった（第1位：佐藤栄作政権の2798日，第2位：吉田茂政権の2616日）。

はたして，この長期政権において，小泉首相は，うえの談話にあるように，「『改革なくして成長なし』『民間にできることは民間に』『地方にできることは地方に』との一貫した方針の下，構造改革の推進に全力で取り組んで」，「日本を再生し，自信と誇りに満ちた社会を築く」ことができたのであろうか。

そこで，本総論においては，こうした認識をもとにして，小泉政権の政治課題について検討をくわえる。分析の手法についてであるが，ここでは，小泉首相の国会での施政方針演説に着目する。というのは，「国会冒頭の施政方針演説又は所信表明演説には，その内閣が行おうとしていることを国会を通じて国民の前に明らかにし，内閣の姿勢を示すという意味合いがあり，内

閣の重要施策はもちろん，内閣が取り組む主要な施策についての方針」が示されているからだ。しかも，「こうして国会に明らかにされた施政方針は簡単に変更されるべきものではなく，特別な事情がない限り（内閣は）これを果たす責任を負っている」（カッコ内，引用者補足）のである[*2]。

　1980日＝5年5カ月におよぶ長期政権を率いた小泉首相は，国会の場において，施政方針演説を都合5回おこなっている。とりわけ，小泉首相の場合，「歴代首相の中でも，施政方針演説へのこだわりが強い」とされている[*3]。そこで，5回の施政方針演説の内容を検討することによって，小泉政権の政治課題が浮き彫りになるのではなかろうか。また，小泉首相によるはじめての施政方針演説が，政権発足後，9カ月以上たってからおこなわれたこともあり，首相就任直後の所信表明演説も考察の対象とし，計6回の演説に注目していく[*4]。さらに，これらおのおのの演説について，『朝日新聞』，『毎日新聞』，『読売新聞』，『日本経済新聞』の四大紙がどのように論評したのかを紹介することによって，小泉首相の政治方針の問題点の一端を浮き彫りにしたいと考えている。そして最後に，小泉政権の意味について，簡単な私見を述べてみたい。

2．小泉政権の誕生とマスメディアの論調

　2001年4月26日の政権発足以来，小泉内閣が，比較的，たかい支持率を維持しつづけてきたことは，周知のとおりである。さらに，当初は，「小泉総理関連グッズも販売され，党本部には買い求める人の長い行列ができた」ほどの人気ぶりであった[*5]。

　では，なぜ，小泉首相は，これほどまでの人気を博すこととなったのであろうか。小泉政権の誕生の背景には，「『ぶっ壊れてもいい』とみんなに思われるほど，当時の自民党は落ちるところまで落ちてしまっていた」という事実があった[*6]。そのため，「党内や国民の関心を集めたのは自民党自身の改

革であった」[*7]。そうしたなか，「清新，改革者のイメージ」をもった小泉候補が，「自民党の古い体質を打破し，作り変える」のではないかとして，自民党総裁選挙において，多大な期待を集めたのだ[*8]。それは，党員・党友の予備選挙での票数にあらわれている。「国民は派閥政治にあきあきしている。自民党をぶっ壊すくらい変えないと，参議院選で自民党は終わる」と主張した小泉候補は，地方票の実に9割近くを集めたのであった[*9]。

かくして，小泉候補は，4月24日に，第20代自民党総裁に選出され，2日後の26日には，第87代内閣総理大臣に指名された（歴代56人目）。総理就任日に，小泉首相は，つぎのような「内閣総理大臣談話」をだしている[*10]。

私は，本日，内閣総理大臣に任命され，公明党，保守党との連立政権の下，国政の重責を担うことになりました。

私は，政治に対する国民の信頼を回復するため，政治構造の改革を進める一方，「構造改革なくして景気回復なし」との認識に基づき，各種の社会経済構造に対する国民や市場の信頼を得るため，この内閣を，聖域なき構造改革に取り組む「改革断行内閣」とする決意です。

この内閣に課せられた最重要課題は，日本経済の立て直しであります。まず，金融と産業の再生を確かなものとするため，不良債権の処理を始めとする緊急経済対策を速やかに実施してまいります。さらに，新たな産業と雇用を創出するため，情報通信技術（IT）等の幅広い分野で従来の発想にとらわれない思い切った規制改革を推進するとともに，産業競争力の基盤となる先端科学技術への研究開発投資の促進を図ってまいります。

また，財政構造，社会保障等についても，制度の規律を確立し，国民に信頼される仕組みを再構築するため，経済全体の中で中長期的な改革の道筋を示してまいります。

さらに，民間にできることは民間に委ね，地方に任せられることは地方に任せるとの原則に照らし，特殊法人や公益法人等の改革，地方分

権の推進など，徹底した行政改革に取り組みます。

伝統と文化を重んじ，日本人としての誇りと自覚，国際感覚を併せもった人材を育てられるよう，引き続き内閣の重要課題として教育改革に取り組んでまいります。

外交面では，日米関係を機軸に，中国，韓国，ロシアを始めとするアジア近隣諸国との良好な関係を構築し，アジア太平洋地域の平和と繁栄に貢献するとともに，地球環境問題等について，我が国にふさわしい国際的な指導性を発揮してまいります。

私は，自ら経済財政諮問会議を主導するなど，省庁改革により強化された内閣機能を十分に活用し，内閣の長としての総理大臣の責任を全うしていく決意であります。「構造改革を通じた景気回復」の過程では，痛みが伴います。私は，改革を推進するに当たって，常に，旧来の利害や制度論にとらわれることなく，共に支え合う国民の視点に立って政策の効果や問題点を，虚心坦懐に検討し，その過程を国民に明らかにして，広く理解を求める「信頼の政治」を実践してまいります。

国民の皆様のご理解とご協力を心からお願いいたします。

そして，この「内閣総理大臣談話」にもとづいて，各閣僚に対して，「内閣総理大臣説示」をおこなった。それは，以下の7点であった[11]。

一　私は，政治に対する国民の信頼を回復するため，政治構造の改革を進める一方，「構造改革なくして景気回復なし」との認識の下，この内閣を，各種社会経済構造の改革に果敢に取り組む「改革断行内閣」とする決意である。

二　本内閣の最大の課題は，日本経済の立て直しである。不良債権処理を始めとする緊急経済対策を速やかに実施に移すことができるよう，対策の具体化に取り組んでいただきたい。また，新たな産業と雇用を創出するため，経済構造改革の視点をもち，各府省の所管す

る規制等について，原点に立ち返った見直しを実施していただきたい。また，産業競争力の基盤となる新しい科学技術分野に戦略的な研究開発投資が促進されるよう，「科学技術基本計画」の実現に向け，関係閣僚の格段の努力をお願いする。

三　併せて，財政構造や社会保障について，制度の規律を確立し，国民に信頼される仕組みを再構築するため，中長期を見通した改革の道筋を示していくことが，この時期に国政を預かる者の責務である。私自身，経済財政諮問会議を主導し，指導性を発揮していく決意であるが，内閣として一致協力して国民の期待に応えることができるよう，関係閣僚に格段の理解と努力をお願いする。

四　財政構造問題を論ずる前提として，まず，民間にできることは民間に委ね，地方に任せられることは地方に任せるといった，中央政府の徹底した行政改革が必要である。公務員制度改革，特殊法人や公益法人等の改革，地方分権の推進などについて，各閣僚に指導性を発揮していただくようお願いする。

五　「e－Japan重点計画」に基づく情報通信技術（IT）革命の推進，日本人としての誇りと自覚，国際感覚を併せもった人材を育てるための教育改革，司法制度改革等については，引き続き内閣の重要課題として取り組んでいく方針である。今国会に提出している関連法案の早期成立に努力願いたい。

六　「構造改革を通じた景気回復」には，痛みも伴う。国民の「信頼」なくして，政策の遂行はおぼつかない。常に共に支え合う国民の視点に立って虚心坦懐に政策の効果や問題点を検討し，その過程を国民に明らかにする「透明，公正な行政」を心がけていただきたい。

七　内閣は，憲法上国会に対して連帯して責任を負う行政の最高機関である。国政遂行に当たっては所管や立場にとらわれず活発な議論を期待するが，内閣として方針を決定した以上は一致協力してこれに従い，内閣の統一性及び国政の権威の保持にご協力いただきたい。

ちなみに，「国民世論をバックに当選した」小泉首相による組閣は，「派閥からの推薦という従来の手法を排し，事前の根回しもなく，次々に本人に直接電話した」という点で，"異例"なものであった。そして，「若手，民間，女性の積極的な登用」をおこない，過去最高の5名の女性閣僚を起用するなど，「思い切った人事を断行した」のだ。とはいえ，「7閣僚を留任させるなど，実務重視の手堅さも見せた」ことにも留意する必要がある。また，党内最大派閥の橋本派からの入閣は，2名のみであった[*12]。

さて，こうしてスタートした小泉政権について，新聞各紙はどのような評価をくだしていたのであろうか。ここでは，四大紙（『朝日新聞』，『毎日新聞』，『読売新聞』，『日本経済新聞』）の社説に注目してみよう。

まず，『毎日新聞』の社説「政策を重んじる風土つくれ」では，「自民党党員と国会議員の圧倒的な支持を受けて権力のトップについた小泉純一郎首相は，これからこの力を背景に公約だった『政治の変化』を実行に移さなくてはならない」と注文をつけている[*13]。ここでいう「『政治の変化』とは，政策を中心に据えた政治風土の確立」であり，同紙は，「政策重視の風潮，政治文化をつくることで，新政権の歴史的使命」をはたすべきであると，説いている。

では，「政策を重んじる政治風土づくり」をおこなうにあたり，なにが必要なのであろうか。同紙は，「政策決定過程をオープンにすること」と「政治主導の確立」の2点を求めている。ちなみに，前者については，「国会と国民に丁寧に説明して，合意づくりに努力することが必要」とし，他方，後者に関しては，「政治家のアイデアや構想を内閣に集中して官をコントロールすること」によって，「族議員政治を防ぐ」ことの重要性を説いている。とはいえ，「この国をどの方向に引っ張るのかはこれからだ」として，「小泉連立政権の目指す国家像があいまい」である点を問題視していることにも留意する必要があろう。

つぎに，「経済再生へ失敗は許されない ― 政治主導で道筋をつけよ ― 」と題する社説をかかげた『読売新聞』である。同紙は，「政治の主導で経済

再生への道筋をつけ，日本社会の活力を取り戻すこと」が，「新内閣の最大の課題」としている[14]。とりわけ，「不良債権の処理」は，「デフレ不況克服のために最優先で取り組むべき問題」と指摘している。また，「構造改革で真っ先に真価が問われるのは来年度予算編成だ」として，その中身こそが，「首相の構造改革への取り組み姿勢を占う試金石ともなる」と記している。とはいうものの，「首相の言う『構造改革』はまだ全体像が見えない」との不満ももらしており，「国民の将来不安を取り除くため，社会保障制度，税制などを含め，構造改革の全体像を示すこと」を小泉政権に求めている。

さらに，同紙は，「国民の期待も，小泉首相が本来の政治主導を実現することにあるはずだ」としつつも，首相の力量が，「経済や外交・安保政策については，全くの未知数」であるため，「こうした課題に，どこまで指導力を発揮出来るのか，不安があるのも事実」としている。その意味で，「従来の派閥均衡を大きく崩す」組閣について，「大胆な人事ではあるが，今後の政権運営にやはり不安が残る」との感想を吐露している。なかでも，「外交・安保にはまったく経験，実績がない」，田中真紀子・衆議院議員を外相に起用した点について，「疑問もある」と論じている。

くわえて，同紙は，「新たな世紀の国家像を示すことも，小泉内閣の重要な課題」として，「憲法の早期改正，集団的自衛権の行使容認，教育基本法改正など」が，「国家の基本にかかわり新世紀の国造りに不可欠な課題」と述べている。そして，これらの課題の「実現のためにリーダーシップを発揮するのが，国政の最高責任者として取るべき姿勢だ」との注文をつけている。

『朝日新聞』（社説：「危機の打開に絞れ　小泉内閣発足」）も，「派閥から推薦名簿を取らずに人事構想を練った。その手法に加え，組閣の結果も小泉流と言うべきだろう」と一定の評価をあたえつつも，「異色の陣容の小泉丸が，どこに向かおうとするのか，方向性が明確になったとは言い難い。今後の動きを大いに目をこらしていくしかない」と，慎重な姿勢をとっている[15]。そして，塩川正十郎・議員の財務相への起用について，「総裁選の論功以外に説明の付けようがあるまい。日本経済が世界から注視されている中で，果

たして『改革』の決意を示したことになるのだろうか」との疑問を投げかけている。さらに，田中外相に関しては，「威勢のいい言動が持ち前だが，国家間の利害を調整する外交交渉においてマイナスにならないよう，慎重な対応を切に望みたい」と，注文をつけている。くわえて，神崎武法・公明党代表が入閣しなかった点についても，「連立を組む以上，党の代表が内閣に入ってこそ，責任を果たせる」との見解を示している。

　また，小泉首相の政策には，「郵政事業の民営化を始めとする構造改革の主張」のような「現状打破的なもの」と「靖国神社への公式参拝や憲法改正論など」のように，「伝統的なものがある」として，「どちらが強く出るかで，政権の性格も違ってこよう」とのみとおしを述べている。そして，「首相が政権の課題をどうしようとしているのかが，伝わってこない」との認識にたち，「いま国民が最も強く求めているのは，目の前にある危機から日本をどう救い出すか，という処方せん」であるとして，「危機の実情を正しく国民に伝え，その打開の一点に新内閣の目標を絞って，具体的な政策プログラムの作成に直ちに取りかかるべきである」との苦言を呈している。

　最後に，「小泉首相は政治の再生に死力尽くせ」と題する社説をかかげた『日本経済新聞』をみてみよう[16]。同紙の場合，田中外相の誕生について，小泉政権の“最大の目玉”と記し，きわめて好意的にとらえているのが特徴である。だが，今回の組閣に関して，「経済界から入閣がなかったこと，ベテラン塩川正十郎財務相の高齢などが気になる」と指摘している。そして，「全体として派閥の影は薄くなったが，軽量内閣の印象はぬぐえない。それだけに小泉首相の指導力がいよいよ大事になってくる」として，首相が「政治主導の仕組みを積極的に生かし，強い指導力を発揮すべきである」と説いている。そのしくみとして，同紙は，「中央省庁改革に伴って首相の権限や内閣官房の調整機能は大幅に強化された」点や「閣議での首相の発議権が認められ，首相補佐官も活用できるようになった」点をあげている。さらに，「内閣府の経済財政諮問会議を活用すれば，首相主導の予算編成やマクロ経済政策の策定も可能である」と論じている。政治主導という点に関連して，

同紙は，「党執行部が内閣と一体にならなければ，政治主導の構造改革はなかなか進まないだろう」と述べ，「与党の執行部が内閣の方針をねじ曲げたり，派閥の実力者が横車を押したり，族議員のボスが特定の政策に介入したりする」ような「無責任な二元政治」を排して，「首相中心，内閣中心に一元的に政策決定する仕組みが真の政治主導体制である」と訴えている。

これら四大紙の論調をみると，小泉政権に対して，批判的な意見もみられるものの，総じて，小泉首相による政治主導の確立に大きな期待をよせていることがわかる。これは，いうまでもなく，前任者である森喜朗首相のリーダーシップの欠如が大きく関係している。愛媛県立宇和島水産高校の実習船えひめ丸沈没事故（2001年2月9日）などへの対応のまずさによって，この当時，森政権のみならず，政治そのものに対する不信感が最高潮にたっしていたからだ[17]。

かくして，小泉政権は，各方面からの多大な支持を得て，スタートすることとなった。その証左に，小泉政権発足直後の支持率は，それまでトップであった細川護煕政権をぬき，過去最高を記録した[18]。まさに，有権者の「改革への期待がいかに大きいかをうかがわせた」結果となった[19]。

ちなみに，小泉首相は，就任後初の国会の代表質問において，「これほどまでに高い支持率が国民から寄せられていることを，総理御自身はどのように受けとめておられるのか」（山崎拓・自民党幹事長）との質問を受け，「私も率直に言って，このような高い支持を国民からいただいていることに対して驚くと同時に，大変責任が重いなと，改めて総理大臣というものの責任の重圧と緊張に毎日震えている状況でございますが，問題はこれからであります。もうこれ以上高い支持率はないと思っていますので，後は下がるだけだと思っておりますが，これから実績を積んで少しでも多くの国民の御支持と御期待にこたえるように頑張っていくのが私の務めだと思います」と答えている[20]。

もちろん，その後，小泉内閣の支持率は上下することはあったものの，最終的には，1980日にもおよぶ長期政権を打ちたてることとなったのである。

3．施政方針演説にみる小泉政権の政治課題

1 第151回通常国会における所信表明演説（2001年5月7日）*21

（1）所信表明演説の内容

こうした有権者のたかい支持を受け，小泉首相は，5月7日，はじめての所信表明演説にのぞんだ。首相は，「この度，私は皆様方の御支持を得，内閣総理大臣に就任いたしました。想像を超える重圧と緊張の中にありますが，大任を与えて下さった国民並びに議員各位の御支持と御期待に応えるべく，国政の遂行に全力を傾ける決意であります」とのことばから，演説をはじめた。さらに，つぎのように述べ，これまでの決意をあらためて表明した。

> 私に課せられた最重要課題は，経済を立て直し，自信と誇りに満ちた日本社会を築くことです。同時に，地球社会の一員として，日本が建設的な責任を果たしていくことです。私は，「構造改革なくして日本の再生と発展はない」という信念の下で，経済，財政，行政，社会，政治の分野における構造改革を進めることにより，「新世紀維新」とも言うべき改革を断行したいと思います。痛みを恐れず，既得権益の壁にひるまず，過去の経験にとらわれず，「恐れず，ひるまず，とらわれず」の姿勢を貫き，二十一世紀にふさわしい経済・社会システムを確立していきたいと考えております。

そして，「『聖域なき構造改革』に取り組む『改革断行内閣』」の政治手法として，「様々な形で国民との対話を強化することを約束します。対話を通じて，政策検討の過程そのものを国民に明らかにし，広く理解と問題意識の共有を求めていく『信頼の政治』を実現してまいります」と約したのであっ

た。こうした前提にたって，「国民の政治参加の途を広げることが極めて重要」とし，「首相公選制について，早急に懇談会を立ち上げ，国民に具体案を提示します」と述べた[*22]。

　また，「森内閣の下で取りまとめられた『緊急経済対策』を速やかに実行」することが，「日本経済再生の処方箋」であるとして，「日本経済の再生を真に実現するために，今，私がなすべきことは，決断と実行であります」と，つよい調子で語ったのである。そのため，「三つの経済・財政の構造改革を断行します」として，①「二年から三年以内に不良債権の最終処理を目指します」，②「二十一世紀の環境にふさわしい競争的な経済システムを作る」，③「財政構造の改革」をあげた。具体的には，①について，「不良債権の最終処理を促進するための枠組み」の整備をかかげ，つづく②に関しては，「総合規制改革会議を有効に機能させ，経済・社会の全般にわたる徹底的な規制改革を推進」することやIT革命をさらに推進させるために，中間目標を設定した，「『IT二〇〇二プログラム』を作成」する考えを披露した。最後の③については，「二十一世紀にふさわしい，簡素で効率的な政府を作ることが財政構造改革の目的です」と述べ，具体的に，この改革を2段階でおこなうことを示した。すなわち，第1段階は，「平成十四年度予算では，財政健全化の第一歩として，国債発行を三十兆円以下に抑えること」であり，第2段階は，「持続可能な財政バランスを実現するため，例えば，過去の借金の元利払い以外の歳出は，新たな借金に頼らないことを次の目標とするなど，本格的財政再建」にとりくむことであった。これらの作業の手順として，首相は，「私が主宰する経済財政諮問会議では，六月を目途に，今後の経済財政運営や経済社会の構造改革に関する基本方針を作成」することをあげた。

　なお，小泉首相が，「こうした構造改革を実施する過程で，非効率な部門の淘汰が生じ，社会の中に痛みを伴う事態が生じることもあります。私は，離職者の再就職を支援するなど，雇用面での不安を解消する施策を拡充するとともに，中小企業に対する金融面での対応や経営革新への支援に万全を期してまいります」と語っているのは，その後問題となる"格差社会"との関

連からも，きわめて興味深い。

　また，行政改革に関しては，「行政全ての在り方について，ゼロから見直し，改革を断行していく必要があります。国の事業について，その合理性，必要性を徹底的に検証し，『民間にできることは民間に委ね，地方にできることは地方に委ねる』との原則に基づき，行政の構造改革を実現します」と述べた。くわえて，みずからの悲願である郵政民営化についてもふれたのであった。

　　　特殊法人等についてゼロベースから見直し，国からの財政支出の大胆な削減を目指します。また，公益法人の抜本的改革を行います。郵政三事業については，予定どおり平成十五年の公社化を実現し，その後の在り方については，早急に懇談会を立ち上げ，民営化問題を含めた検討を進め，国民に具体案を提示します。
　　　そして，財源問題を含めて，地方分権を積極的に推進するとともに，公務員制度改革に取り組んでいくほか，行政の透明性を向上させて国民の信頼を高めるため，特別会計などの公会計の見直し・改善，情報公開や政策評価に，積極的に取り組んでまいります。

　さらに，外務省の不祥事に端を発して，問題となっていた，報償費（機密費）のあり方に関しても，「原点に立って抜本的に見直し，減額も含め平成十三年度予算を厳正に執行」することを言明した。

　ところで，教育改革との関連では，教育基本法のみなおしについてふれ，「幅広く国民的な議論を深めてまいります」との考えを明示した。

　四大紙の社説で不安視されていた外交については，「日米同盟関係を基礎にして，中国，韓国，ロシア等の近隣諸国との友好関係を維持発展させていくことが大切であります」との基本認識を提示し，「日米関係については，日米安保体制が，より有効に機能するよう努めます」とした。また，「中国との関係は，我が国にとって最も重要な二国間関係の一つ」と述べ，「我が

国と民主的価値を共有し，最も地理的に近い国である韓国との関係の重要性」についてもふれている。さらに，北朝鮮との関係では，「日米韓の緊密な連携を維持しつつ，北東アジアの平和と安定に資する形で，日朝国交正常化交渉に粘り強く取り組んでまいります。また，北朝鮮との人道的問題及び安全保障上の問題については，対話を進める中で，解決に向けて全力を傾けてまいります」と訴えた。

くわえて，安全保障関連では，「いったん，国家，国民に危機が迫った場合に，どういう体制を取るべきか検討を進めることは，政治の責任である」として，有事法制の検討を約した。

そして，結論部分では，「国民が政策形成に参加する機運を盛り上げていきたい」との意気ごみをみせ，「関係閣僚などが出席するタウンミーティング」や「小泉内閣メールマガジン」の発刊などのアイディアを示した。そのうえで，以下のように論じた。

明治初期，厳しい窮乏の中にあった長岡藩に，救援のための米百俵が届けられました。米百俵は，当座をしのぐために使ったのでは数日でなくなってしまいます。しかし，当時の指導者は，百俵を将来の千俵，万俵として活かすため，明日の人づくりのための学校設立資金に使いました。その結果，設立された国漢学校は，後に多くの人材を育て上げることとなったのです。今の痛みに耐えて明日を良くしようという「米百俵の精神」こそ，改革を進めようとする今日の我々に必要ではないでしょうか。

さらに，小泉首相は，「国民一人ひとりの，改革に立ち向かう志と決意」こそが，「新世紀を迎え，日本が希望に満ち溢れた未来を創造できるか否か」を左右すると強調したのであった[23]。

（2）所信表明演説に対する評価

さて，この小泉首相の所信表明演説を四大紙はどのように評価したのであろうか。

まず，はじめに，『朝日新聞』の社説「抵抗にどう立ち向かう　首相所信表明」からみていこう[24]。冒頭において，「多弁を好まない小泉純一郎氏らしく，淡々とした所信表明演説だった。自民党総裁選での歯切れのよさが印象に強いだけに，訴えかける力や明快さという点で，物足りなさもあった」との不満をもらしている。しかも，「各論になると総裁選の演説同様，具体性に欠けた」とのするどい指摘をおこなっている。

とはいうものの，「詰めればきりがない。しかし，政権に就いたばかりの首相に，あらゆる政策の具体性を求めるのは酷な話でもあろう」との記述もみられ，同紙の立場は，批判一色というわけではないようだ。そして，「ここは，言葉ではなく，課題をひとつひとつ，着実に実行することを期待したい」とのことばをよせている。だが，「だれも反対しようのない総論にとどまってはいられない。各論の作成を急ぐとともに，実行するための確固たる態勢作りが欠かせない」との注文もつけ，さらに，「構造改革を進めるには，実際に痛みを被る国民の理解が肝心だ」としたうえで，「表面的な人気に頼るだけでは，構造改革はとてもおぼつかない」とのアドバイスを送っている。

『朝日新聞』とおなじ趣旨の主張を展開しているのが，『毎日新聞』の社説「心意気だけは理解した」である[25]。同紙は，「概して総論に終始した」所信表明演説をおこなった小泉首相に対して，「改革をどんな道筋で進め，どれほど痛みを伴うか，率直かつ説得力をもって訴える責任がある」と断じている。そして，「歳出の徹底した見直しの目玉として，公共事業削減になぜ触れないのか」「国債増発に依存した補正予算は編成しないと，なぜ明言しなかったのか」との疑問を呈している。そのうえで，「構造改革によって実際に痛みを受けるのは国民だ。それが倒産と大量の失業だというのなら，隠さず次への展望と具体的対策を示す必要がある」と，小泉首相の姿勢に，注文をつけている。

他方,「聖域なく構造改革に取り組む決意は伝わってきた。国民と対話し,政策を検討過程から透明化させようとする姿勢も,時代にかなったものだ」と評価する論調もみられる。だが,同紙は,「タウンミーティングなどを通じて『政策検討過程の透明化』に努めると公約するなら,憲法の根幹に触れる重大問題を,あいまいにできるはずはないだろう」として,「集団的自衛権の行使に関しては一行も触れていない」点を問題視している*26。この点に関連して,「にわかに国民の強い関心を呼んだ憲法問題に対しては,スタンスが分からない」との不満ももらしている*27。

『毎日新聞』がふれた集団的自衛権の問題に関しては,『読売新聞』の社説(「改革の意気込みを具体論で示せ」)も,とりあげている*28。だが,『読売新聞』の場合,『毎日新聞』の主張とは逆で,「『持っているが,憲法上,行使できない』という,それ自体が論理矛盾の政府の憲法解釈を改めることは,日米同盟強化の観点からも不可欠である」とのスタンスから,不満をこぼしている。しかも,同紙は,「有事法制も,『検討を進める』というだけでは責任ある態度とは言えない」と述べ,有事法制をめぐる具体的論議の展開を求めている。

このように,所信表明演説で,具体策が示されなかった理由について,同紙は,「言及を避けたり,抽象的な表現にとどまったものには,与党内や与野党間で政治問題化しそうな課題が多い」からだと分析している。こうした小泉首相の判断について,「参院選を控え,選挙対策上,得策ではない,といった考えからだとしたら,首相への国民の期待を裏切るものだ」と,つよく批判している。

そして,「改革への意気込みは分かった」としたうえで,「聞きたいのはその先だ。何を,いつまでに,どんな手順で実現するのか,である」と訴え,「それが乏しいために『小泉改革』の全容がいま一つ,はっきりしない」と記している。だからこそ,「首相は,所信表明の内容を早急に肉付けし,『小泉改革』の具体論を国民の前に提示するべきだ」というわけである。ただし,「野党側も,単なる揚げ足取りではなく二十一世紀の国のあるべき姿を念頭

に，建設的な論戦を挑んでもらいたい」と述べ，野党側にも理性ある対応を求めているのが注目にあたいする。

「構造改革の強い意志を具体策で示せ」と題する社説をかかげた，『日本経済新聞』も，所信表明演説の抽象性を問題視している[29]。同紙は，「小泉首相については自民党総裁選の最中から『総論あって各論なし』との指摘が出ていた。今回の演説でも総論は明快だが，各論になると迫力が鈍る傾向は否めない」との批判を展開している。そして，「この政権がいますぐ何をやるのかという具体論には乏しく，もの足りなさも残った。首相は早急に構造改革の強い意志を具体的な政策で示すべきである」と述べ，"空前の高支持率"を背景に，「一つでもいいからパンチ力のある具体策を提示し，実行に移してもらいたい。改革の機運がしぼまないうちに，規制改革や特殊法人廃止で目に見える成果を早く出すことが大事である」との助言をしている。

とはいえ，同紙も認めているように，「『聖域なき構造改革』を掲げた首相の演説は改革への意欲と決意を簡潔にして力強い言葉で語りかけ，全体として好感が持てた」点があったことも忘れてはならない。

以上みてきたように，四大紙すべてが，小泉改革の「具体的な政策」＝「各論」を求めていることがわかる。

なお，「小泉内閣発足時の日経平均株価は1万3,973円だったが，7月23日には1万1,609円まで下げ，バブル崩壊後の最安値を更新」していた。そのため，「構造改革の痛みに対する不安や反発も出始めていた」。だが，小泉首相は，「与党に対してあくまでも構造改革路線を着実に進めるよう指示した」のであった[30]。そうしたなか，7月29日には，第19回参議院議員通常選挙がおこなわれた。この選挙で，自民党は，64議席を獲得した（改選議席数：61）。公明党は13議席，保守党は1議席を獲得し，与党3党で，非改選をあわせ，138議席を占め，過半数（124議席）を大きくうわまわった[31]。

また，小泉首相は，8月13日，靖国神社に参拝した。小泉首相が，「自民党総裁選で公約した終戦記念日の参拝を避け」たのは，「中国，韓国の反発に配慮したもの」であったが，結局，「反対派，賛成派の双方から批判を受

けた」*32。この点に関連して，小泉内閣の首席総理秘書官をつとめた飯島勲氏は，「中国や韓国の反発が収まるようなことはなかった」のであり，「結果は同じ。時機をみて必ず八月十五日に参拝してもらおうと強く思った一日だった」と述べていることを付言しておきたい*33。

2 第154回通常国会における施政方針演説（2002年2月4日）*34

『読売年鑑』〔2002年版〕には，小泉政権に関して，つぎのような記述がある。すなわち，「国民の高い支持が困難な課題への取り組みを後押しした。目玉閣僚が内閣の足を引っ張る皮肉な展開もあったが，小泉内閣は発足から半年以上を経過した後も，経済の低迷にも関わらず，支持率が70％を下回ることはなかった」と*35。

だが，小泉首相によるはじめての施政方針演説がおこなわれた日の『朝日新聞』には，「内閣支持　49％に急落」という見出しが*36，また，『毎日新聞』には，「小泉内閣支持率　急落53％」との見出しがおどった*37。

このときの状況に関して，前出の飯島秘書官は，「田中外務大臣への国民の支持はなお非常に高い。外務大事更迭となれば内閣支持率に相当な影響が出るだろう。一歩間違えば内閣の存続に関わる事態も想定される。それを覚悟の上でのこの人事である」と語っている*38。

事実，朝日新聞社の調査では，「アフガニスタンの復興を支援する会議で，一部のNGOが参加を拒まれた問題をめぐって国会が混乱しました。この混乱を収めるため，小泉首相は田中真紀子外務大臣を辞めさせました。あなたは，小泉首相が田中さんを辞めさせたことはよかったと思いますか。それとも，よくなかったと思いますか」との問いに対して，69％もの回答者が，「よくなかった」と答えていたのだ（「よかった」：18％）*39。また，毎日新聞社の調査でも，「アフガニスタン復興支援の国際会議から特定の非政府組織（NGO）を排除しようとした問題で国会が混乱したため，小泉首相は田中真紀子外相を更迭しましたが，これを支持しますか」との質問に，68％の

回答者が「支持しない」と答えたのであった（「支持する」：24％）[40]。

　今回の内閣支持率急落という事態に直面して，飯島秘書官は，つぎのように述べている[41]。

　　覚悟はしていたがこれは相当厳しいものであった。小泉改革はまだほんの緒についたばかり，今後の道行きを考えると支持率の低下は致命傷にもなりかねない。私は暗澹とした気分になったが，同時に支持率の急落を覚悟の上で外務大臣更迭を決断した総理の気持ちに思いを致し，改めて気が引き締まる思いであった。

（1）施政方針演説の内容

　こうした状況のなかで，小泉首相は，国会での施政方針演説にのぞんだ。施政方針演説にさきだって，小泉首相は，「小泉内閣に対する支持率が低下し，私の改革への姿勢が後退するのではないかと懸念する声があります。しかし，私の改革への決意は全く揺るぎません。引き続き改革に邁進するとの決意を持って，私は，施政方針演説を行います」と語った[42]。そして，注目されていた田中外相の更迭問題に関しては，施政方針演説の後半部分で，「今回，私は，外務省の体制を一新することとしました。新しい体制の下，山積する外交課題に取り組むとともに，内外の信頼を一刻も早く回復するよう，外務省改革を強力に進めてまいります」と述べただけにとどまった[43]。

　では，小泉首相は，この施政方針演説において，どのような政策を打ちだしたのであろうか。首相は，つぎのようなことばから演説をはじめた。

　　私は，就任以来，我が国が持続的な経済成長を取り戻すためには，経済・財政，行政，社会の各分野における構造改革を直ちに断行すべきであるとの考えの下，国政に当たってまいりました。今年は，構造改革が本番を迎えます。どのように改革を進め，また，国際社会に対して，いかに責任を果たしていくのか，小泉内閣として国政に当たる基

本方針を申し述べます。

　小泉首相が，「今年は，構造改革が本番を迎えます」と述べているのは，
「構造改革は，着実に動き出しています。特殊法人改革，規制改革など，
様々な改革がスタートを切りました。必要な予算も編成しました」との自負
をいだいているからである。それゆえ，「今年は，動き出した改革を一つひ
とつ軌道に乗せ，さらに大きな流れを作り出す，『改革本番の年』です。そ
して，『経済再生の基盤を築く年』としなければなりません」との認識がで
てくるのだ。これによって，「平成15年度から，改革の成果を国民に示し，
平成16年度以降は，民間需要主導の着実な経済成長が実現される」よう，邁
進していくというわけだ。

　それでは，小泉首相のかかげる成果には，どのようなものがあったのかを
みてみよう。「改革の試金石ともいえる高速道路建設の凍結問題と日本道路
公団の民営化問題で試練に直面していた」なかで，「(2001年) 12月19日，政
府は臨時閣議で特殊法人等整理合理化計画を正式決定した。住宅金融公庫な
ど17法人を廃止するとともに，日本道路公団など45法人を民営化し，38法人
を36の独立行政法人に整理することが決まった。政府系金融機関の扱いにつ
いての結論は，経済情勢の悪化を踏まえて当面先送りされることになったが，
ＮＨＫを除くすべての特殊法人の形態が抜本的に変わることになった」(カ
ッコ内，引用者補足) のだ[44]。だが，特殊法人改革に関しては，「政策金融
がほぼ手つかずのままなど，内実を見れば，換骨奪胎の印象は免れられなか
った」との批判があったことにも留意する必要がある[45]。

　ちなみに，小泉首相が，「総理就任前から，特殊法人改革，財政投融資制
度改革，郵政民営化を強く主張してきた」背景には，これらが，「いずれも
相互に密接に関連している」との考えがあったからだという。つまり，こう
した「『構造』改革を実現するためには，資金の『入口』の郵政事業，資金
の『出口』の特殊法人，そしてこの間をつないで資金の配分をしている財政
投融資制度を全体として改革し，資金の流れを『官から民へ』変える，そし

て，民間で資金を効率的，効果的に活用してもらわなければならない」との発想があったわけだ。だが，「特殊法人改革，財政投融資制度改革，郵政民営化を通じた全体の『構造』改革，この大掛かりな改革を一度に実現することはできない。どこから手を付けるべきか。そこで，まず，資金の『出口』の特殊法人の改革を突破口として，改革全体を進めようとした」のであった[*46]。

このように，「さまざまな改革を同時並行で一気に推し進めようとしていた」首相にとって，官邸主導による予算編成を実現するためにも，経済財政諮問会議は，大切な「テコの一つ」であった[*47]。すでに，小泉首相は，各閣僚に対する「内閣総理大臣説示」（2001年4月26日）において，「私自身，経済財政諮問会議を主導し，指導性を発揮していく」との決意を披露していたが，まさに，同会議は，小泉改革の「重要な舞台装置となった」のである[*48]。事実，2002年度予算の編成過程において，経済財政諮問会議が示した「経済財政運営及び経済社会の構造改革に関する基本方針」（「骨太の方針」）は，6月26日に，閣議決定され，それにもとづいて，「官邸主導で平成14年度予算編成の骨格づくりが進められた」のであった[*49]。これは，「長い間，予算編成は霞が関の官僚の仕事であり，それを取り仕切るのが財務省であり，永田町は霞が関がお膳立てした大きな予算の枠組みの中で，財務省にいろいろなことを『注文』したり『陳情』したりして予算に反映させる」という，霞が関の“常識”をくつがえしたこととなる。すなわち，「霞が関（とそれにつながっている族議員や業界)にとっては驚天動地の大事だったのである」（傍点，引用者)[*50]。

こうした予算編成過程における自信が，「昨年，内閣総理大臣に就任した当初，私が提案した様々な改革の実現は困難であろうと思われました。実際には，多くの分野で改革が進みました。今まで慣れ親しんできた制度や慣行と決別し，新しい時代の要請を柔軟に受け止めなければなりません」との施政方針演説における発言につながっていったのであろう。

また，小泉首相は，2002年度予算を「改革断行予算」とよんだ。そして，

懸案の「特殊法人などへの財政支出については，その事業を精査し，一般会計・特別会計合わせて，1兆1000億円を超える削減を実現しました」と，みずからの成果をほこった。さらに，「『国債発行額30兆円』を守り，税金を無駄遣いしない体質へ改善するとともに，将来の財政破綻を阻止するための第一歩を踏み出すことができました」と述べた。これは，就任後初の所信表明演説における「まず，平成十四年度予算では，財政健全化の第一歩として，国債発行を三十兆円以下に抑えることを目標とします」との発言を受けてのものであった。

くわえて，小泉首相は，「改革を断行する一方で，デフレスパイラルに陥ることを回避するために細心の注意を払います。政府は，日銀と一致協力して，デフレ阻止に向けて強い決意で臨みます」として，景気悪化と物価下落が同時進行することのないよう，留意することを約した。

さらに，就任後初の所信表明演説では，「二年から三年以内に不良債権の最終処理を目指します」とされていたものが，今回，「平成16年度には，不良債権問題を正常化します」と明言した点が，目をひく。この背景には，2001年6月30日のジョージ・W・ブッシュ大統領との日米首脳会談の折りに，「『構造改革の実行』と『不良債権の抜本処理』が，事実上の対米公約になった」事実が大きく関係している[51]。

さて，小泉首相は，税制のあり方について，「6月ごろを目途に基本的な方針を示すとともに，当面対応すべき課題について年内に取りまとめ，平成15年度以降，実現してまいります」と述べたのをはじめ，「政府系金融機関の見直しについては，経済財政諮問会議で検討し，年内には結論を得ます」「3月までに，公益法人に対する国の関与を極力少なくするための見直しを行うとともに，公益法人制度の抜本的改革に着手します」「郵政事業については，平成15年中に国営の新たな公社を設立し，全国に公平なサービスを確保しつつ，郵便事業への民間事業者の全面的な参入を可能にするための法律案を，今国会に提出します。郵政三事業のその後の在り方は，懇談会において引き続き議論を進め，夏までには具体案を取りまとめる予定です」と，曲

がりなりにも，今後のスケジュールを示した[*52]。また，所信表明演説にお
いて，検討の期限を明示していなかった「首相公選制については，有識者に
よる懇談会を重ね，幅広い観点から議論をしているところです。夏までには
具体案を取りまとめることとしています」との目標を提示した。

つぎに，医療制度についてであるが，小泉首相は，「厳しい医療保険財政
の下，持続可能な制度にしていくため，改革が待ったなしです。患者，医療
保険料を負担する加入者，医療機関の三者がそれぞれ痛みを分かち合う『三
方一両損』の方針の下，『聖域』は一切認めず，これまでにない診療報酬の
引下げ，高齢者医療を始めとする給付と負担の見直しなど，思い切った改革
を行うこととしました」と語った[*53]。

また，「安全保障と危機管理の基本姿勢」として，つぎのような意向を表
明した。

　　テロや武装不審船の問題は，国民の生命に危害を及ぼし得る勢力が存
　　在することを，改めて明らかにしました。「備えあれば憂いなし」。平
　　素から，日本国憲法の下，国の独立と主権，国民の安全を確保するた
　　め，必要な体制を整えておくことは，国としての責務です。どのよう
　　な理念と方針の下で，具体的な制度を作っていくのかを明らかにし，
　　国民の十分な理解を得ることが，必要不可欠です。国民の安全を確保
　　し，有事に強い国づくりを進めるため，与党とも緊密に連携しつつ，
　　有事への対応に関する法制について，取りまとめを急ぎ，関連法案を
　　今国会に提出します[*54]。

さらに，日米関係に関しては，「日米関係は，ますます緊密になっていま
す。今月には，訪日されるブッシュ大統領と会談します。昨年6月の首脳会
談において一致した戦略対話の強化に引き続き努め，日米安保体制の信頼性
を向上させるとともに，両国の持続可能な経済成長を図るため『成長のため
の日米経済パートナーシップ』を通じた建設的な対話を行ってまいります。

また，本土復帰30周年を迎える沖縄の更なる振興に取り組みます。普天間飛行場の移設・返還を含め，沖縄に関する特別行動委員会最終報告の実施に全力で取り組み，沖縄県民の負担軽減へ向けた努力を継続するとともに，沖縄の経済的自立を支援します」との決意を披露した。

　また，中国との関係については，「最も重要な二国間関係の一つ」と認めたのであった。

　最後に，小泉首相は，「いかなる政策も，政治に対する国民の信頼なくして実行できません。構造改革の実現のためには，まず，国会議員が率先して範を示し，国民と共に改革に立ち向かっていかなければなりません」としたうえで，「政治に対する国民の信頼を裏切る行為が，相次いで生じていることは，極めて残念です。こうしたことが今後繰り返されないよう，政治倫理確立のための法整備について，国会において十分議論されることを期待します」と述べていたものの，皮肉にも，「この国会では，与野党ともに政治と金にまつわる問題が次々に出てきて，政治家のありように対する国民の不信が噴き出した」のが，特徴であった。そして，「一連の不祥事で，与野党の有力議員4人が辞職，1人が逮捕された」ことも付言しておきたい[55]。

　なお，この施政方針演説は，1カ月の期間をかけて検討されたものらしいが，首相のスローガンである，「聖域なき構造改革」「郵政民営化」ということばがみられないのも特色の一つである[56]。

（2）施政方針演説に対する評価

　小泉首相の初の施政方針演説を四大紙はどのように評価したのであろうか。

　まず，はじめに，「官僚言葉だ　感動しない」と題する社説をかかげた『毎日新聞』をみてみよう[57]。同紙は，「『小泉改革』がトータルで問われたのが今回の演説だった」にもかかわらず，「国民が本当に聞きたいと思っていた事項には，十分答えているとはいい難い」と，手厳しい。そして，「肝心の不必要な公共事業にどうメスをいれるかは，言及されていない」点や

「国民が不安を増している雇用問題」において,「新たな展望が一向に具体化しない」点を問題視している。

　このように,同紙が,今回の施政方針演説をあまりたかく評価しなかったのは,田中外相の更迭問題が大きく関係しているようだ。というのは,「前外相更迭は小泉政権の基盤が変化しただけでなく,目指すべき改革が変質したとの疑念を抱かせている」からであり,「原点まで不信を持たれては,『小泉改革』は総論のままで終わりかねない」との危機意識を有しているからだ。そのため,「『言語明瞭なれど意味不明瞭』が当然視された政治家の演説を小泉首相は改革した」点を評価しつつも,「『どう』を具体化し,政策化し,国民に明示することが小泉首相をはじめとする政府の責任ではないか」と問うているのである。さらに,「各省庁が作成した官僚答弁の集大成集では,せっかくの『小泉改革』も水泡に帰してしまう」との苦言を呈している。

　『日本経済新聞』の社説「改革を失速させてはならない」も,田中外相の更迭問題にふれ,「突然の更迭劇で首相が抵抗勢力と妥協し,改革路線が後退するとの見方も出ているが,首相は演説で『揺るぎない決意で改革に邁進（まいしん）する』と強調した。改革路線が後退すれば,日本の国際的な信認が低下し,市場も動揺する。構造改革を失速させてはならない」と,つよい調子で,小泉改革の継続を訴えている*58。同紙がこのように,小泉改革の推進を求めているのは,現実に,「市場を中心に『首相が抵抗勢力と妥協し,日本の構造改革が遅れるのではないか』との見方が強まり,先週末には円,株式,債券のトリプル安に見舞われた」ことが大きく関係している。だからこそ,「日本の国際的な信認が低下し,市場が動揺するような事態は何としても回避しなければならない」わけだ。

　その文脈からも,今回の施政方針演説のように,「メッセージだけではもはや不十分」であり,「『日本の改革が後退するのではないか』との懸念を払拭（ふっしょく）するには首相が具体的な行動を起こし,民営化や規制撤廃などで目に見える成果を示すしかない」ということになる。そして,同紙は,万一,「抵抗勢力と妥協し,改革路線が後退すれば,首相と日本がますます

窮地に陥るだけである」との警鐘をならしている。

　また，『読売新聞』の社説「不況克服と改革で成果を示せ」においては，「不況克服と構造改革で成果を示す以外」，首相の失地回復はないと断言している[59]。そして，「その前提として首相がなすべき」こととして，「『政と官』の関係の抜本的な見直し」をあげている。具体的には，「政府提出法案を与党が事前審査する慣行」があるために，「族議員と省庁の官僚が密接な関係」を築きあげ，「それを利用して族議員は既得権益擁護に走り，改革の最大の抵抗勢力にもなっている」点を指摘している。こうした実情をまえにして，同紙は，「改革を促進するには，この事前審査制を含めて，現行の政策決定システムにメスを入れる必要がある」との改善策を提示している。一方の不況克服については，「デフレ阻止を優先しつつ，改革の実効を上げなければならない。言葉だけでなく，行動する時だ」と，有効な手だてが打ちだされることに期待感をにじませた。

　『読売新聞』の社説で，目をひいたのは，特殊法人改革に関する記述だ。小泉首相が，施政方針演説において，その成果を強調していたにもかかわらず，「特殊法人改革一つとっても，ようやく大まかな整理合理化計画が昨年末に策定されただけだ」と批判していた点である。

　つづいて，『朝日新聞』の社説「『改革』を危うくするな　施政方針演説」をとりあげよう[60]。同紙によれば，小泉首相は，「この演説で『構造改革』の進展を期待する国民の気持ちをつなぎ留め，政権の浮揚力を維持したかったはずだ」と分析している。だが，「首相が言ったことは，『揺るぎない決意』で改革を断行しようとする自分を信じて欲しい，ということに尽きた」。そのため，「そうした思いはどこまで国民の胸に迫っただろうか」との疑問を呈している。

　それでは，小泉首相は，この施政方針演説において，どのような点を明示すればよかったのであろうか。その答えは，同紙のことばをかりるならば，「首相が国民にどこまで向き合おうとしているか」という点である。つまり，同紙は，「支持率を急落させたのは一連の更迭劇である。にもかかわらず，

発端となったアフガニスタン復興支援国際会議への非政府組織（NGO）の出席拒否問題に，一言も触れなかった」首相の姿勢を問題視しているわけである。したがって，小泉首相は，「短い言葉でもいいから，自らの判断を明確に語るべきだった」ということになる。

さらに，同紙は，「与党の反発が強いものは，演説の中に出てこなかった」ことにふれ，「憂慮されるのは，与党内の抵抗を押し切ってでも改革を進める，としてきた首相の強い姿勢が，ここに来て薄れ始めたように見えることだ」と記している。そして最後に，つぎのような苦言を呈して，社説を結んでいる。

　改革に伴う「痛み」を考えれば，内閣支持率はこれからもある程度下がることは避けられまい。しかし，それ見たことかとばかりに，自民党内の抵抗勢力が勢いづけば，改革の弾みはさらに失われる。
　そうなれば小泉改革はとん挫し，一気に「日本売り」を誘って，経済そのものが立ち行かなくなるおそれさえある。
　そんな悪循環に落ち込むとば口に立っていることを，首相も抵抗勢力も，よくよく厳しく受け止めておくべきだ。

　以上みてきたように，四大紙は，内閣支持率の急落という事態に直面した小泉内閣を批判しつつも，小泉改革の流れが頓挫することをさけたいという点では，見解が一致しているようだ。

● 3 ┃ 第156回通常国会における施政方針演説（2003年1月31日）*61

（1） 施政方針演説の内容

　施政方針演説の冒頭，小泉首相は，日本経済の現状について，つぎのような認識を示した。

日本経済は，世界的規模での社会経済変動の中，単なる景気循環ではなく，複合的な構造要因による停滞に直面しています。不良債権や財政赤字など「負の遺産」を抱え，戦後経験したことのないデフレ状態が継続し，経済活動と国民生活に大きな影響を与えています。大胆な構造改革を進め，21世紀にふさわしい仕組みを作ることによってこそ，こうした状況を抜け出し，日本の再生と発展が可能となります。我が国の経済・社会に残る非効率な部分を取り除き，技術革新や新事業への積極的な挑戦を生む基盤を築く。そして国民が安んじて将来を設計できる環境を整備する。これら多方面にわたる課題に一つ一つ着実に取り組んでいます。改革なくして成長なし，との路線を推進してまいります。

改革は途半ばにあり，成果が明確に現れるまでには，いまだしばらく時間が必要です。

そして，日本経済再生のための手段として，「歳出，税制，金融，規制の4つの改革を加速させます」と言明したのであった。だが，懸案のデフレ克服に関しては，「政府は日本銀行と一体となって，デフレ克服に取り組みます」との考えを示すにとどまり，そのための具体策は提示されなかった。

ここで，留意したいのは，2003年度予算に関する小泉首相の発言である。首相は，「平成15年度予算は，42兆円の税収に対して36兆円に上る多額の国債発行に依存せざるを得ない」と明言した。だが，小泉首相は，第151回通常国会における所信表明演説（2001年5月7日）においては，「まず，平成十四年度予算では，財政健全化の第一歩として，国債発行を三十兆円以下に抑えることを目標とします」と述べ，第154回通常国会における施政方針演説（2002年2月4日）では，「『国債発行額30兆円』を守り，税金を無駄遣いしない体質へ改善するとともに，将来の財政破綻を阻止するための第一歩を踏み出すことができました」と語っていたのだ。つまり，国債発行額を30兆円以内とすることは，小泉首相の"公約"となっていたわけだ。それにもか

かわらず，小泉首相は，2003年度予算に関して，「36兆円に上る多額の国債発行に依存せざるを得ない」と論じたのであった[62]。

この点に関連して，小泉首相は，1月23日の衆議院予算委員会において，「この程度の約束を守れなかったというのは大したことではない」と答弁し，物議をかもしたのは，われわれの記憶にあたらしい[63]。

さらに，「2010年代初頭には，過去の借金の元利払い以外の歳出は新たな借金に頼らない財政構造を目指します」と述べ，国と地方をあわせたプライマリーバランス（基礎的財政収支）を黒字化することを明言した。

また，不良債権の問題については，「全力で取り組み，平成16年度に終結させます」との決意をあらためて披露した。

つぎに，小泉首相が，「行財政改革で最も重要な課題」としていた，「郵貯，年金を財源とする財政投融資を通じて特殊法人が事業を行う公的部門の改革」に関する発言をみてみよう。

第1番目の郵政事業については，「4月から日本郵政公社が発足します。民間的な経営を取り入れ，質の高いサービスが提供されるものと考えます。民間の郵便事業参入も始まります。郵政事業は実質的な民営化の第一歩を踏み出しました。国民的議論を踏まえ，更に改革を進めてまいります」と述べた。

第2番目の財政投融資については，「郵貯，年金の預託の義務を既に廃止し，自ら財源を調達することとなりました。その規模も圧縮し，平成15年度当初計画の規模は，ピーク時である平成8年度のおよそ4割減としました」と語った。

そして，第3番目の特殊法人改革について，小泉首相は，つぎのような認識を示した。

163の特殊法人等のうち，石油公団の廃止など，118法人について既に改革に着手しました。事業を徹底して見直した上で，廃止，民営化，又は独立行政法人化し，透明性を高め，評価を厳正に行うことにより，新た

な時代にふさわしい組織へと転換してまいります。住宅金融公庫を廃止することとし，新規貸出しを段階的に縮小するとの方針を示した結果，利用しやすい民間の住宅ローンが相次いで提供されています。

道路関係四公団の民営化については，民営化推進委員会の意見を基本的に尊重するとの方針の下，建設コストを引き下げ，新会社の造る道路と税金で造る道路を区分するなど，改革の具体化を図ってまいります。

政府系金融機関は，当分の間その活用を図り，中小企業等に対する円滑な金融を確保します。国として必要な機能を厳選し，民間金融機能の正常化の状況を見ながら，大胆に統合集約化を進めてまいります[64]。

つづいて，小泉首相は，日本経済の活性化を目的とした規制改革の一つである，構造改革特区に関して，「4月には構造改革特区第1号が誕生します。地域や民間から600を超える第2次提案がありました。制度を一層充実し，教育分野への株式会社参入を含め，これまで規制されていた市場への民間参入の実現を図ります。特区をてこに全国規模での規制改革を進めます」と言及している[65]。

さらに，小泉首相が，今回の施政方針演説の目玉としたのが，対日直接投資の拡大であった。その点に関して，小泉首相は，「海外から日本への直接投資は，新しい技術や革新的な経営をもたらし，雇用機会の増大にもつながります。脅威として受け止めるのではなく，日本を外国企業にとって魅力ある進出先とするための施策を講じ，5年後には日本への投資残高の倍増を目指します」と述べ，2008年をめどとして，海外からの直接投資額を13兆円程度まで倍増する考えを明らかにした[66]。

くわえて，小泉首相は，「画一と受け身から自立と創造へと，教育の在り方を大きく転換」するという観点から，教育基本法の見直しについてもふれた。だが，今回の演説では，その具体的な内容にまではふみこまなかった。

また，小泉首相は，「暮らしの構造改革」として，「2005年に世界最先端の

IT国家を実現します」との決意を示した。具体的には,「行政手続を1つの窓口で済ませることができる,身近で便利な電子政府・電子自治体や,家庭のIT基盤となる放送のデジタル化」の推進をあげた。そして,「IT社会の基盤となる法制として,個人情報保護関連法案を修正の上,再提出し,成立を期します」とつけくわえた。ちなみに,個人情報保護法案は,2001年3月27日に,第151回通常国会に提出されていたものの,「『報道の自由』などを侵す恐れがあると批判され,02年秋の臨時国会で廃案になった」経緯があった。そのため,「政府は03年3月上旬,個人情報の利用への本人の関与を定める『透明性の確保』など5項目の基本原則を削除するなど,大幅に修正した法案を再提出した」のであった。そして,5月23日,個人情報保護関連5法が成立をみた[67]。

さらに,継続審議となっていた,有事関連法案については,「武装不審船,大規模テロを含む国家の緊急事態への対処態勢を充実し,継続審査となっている有事関連法案の今国会における成立を期します」と述べ,あらためて,法案成立にかける意気ごみを示した。そして,小泉首相のことばどおり,有事関連法案は,この国会で成立し,6月13日に,武力攻撃事態法,改正自衛隊法,改正安全保障会議設置法が施行されることとなった[68]。

くわえて,外交に関しては,はじめに,北朝鮮との関係をとりあげ,「日朝平壌宣言を踏まえ,国交正常化に取り組んでまいります」との認識を披露した。ここでいう日朝平壌宣言とは,2002年9月17日に,小泉首相が,金正日・総書記とのあいだで,史上はじめての日朝首脳会談をおこなった折りにだされたものであり,そこに,「2002年10月中に日朝国交正常化交渉を再開することとした」との文言があったからだ[69]。

また,小泉首相は,「イラクの大量破壊兵器をめぐる問題は国際社会全体への脅威です。イラクが査察に全面的かつ積極的に協力し,大量破壊兵器の廃棄を始め関連する国連安全保障理事会の決議を履行することが重要であり,我が国として主体的な外交努力を継続してまいります」と発言していたが,これは,2003年7月26日のイラク復興支援特別措置法の成立というかた

ちで，結実する。『読売年鑑』〔2004年版〕は，「この法律の制定により，日本の安全保障は大きな転機を迎えた」と記しているが，イラク復興支援特別措置法の成立によって，受け入れ国の同意がない場合でも，自衛隊を"派兵"することが可能となったのだ[70]。

ちなみに，小泉首相は，「同盟国である米国との関係」について，「今後も我が国の平和と繁栄の基礎であり，日米安保体制の信頼性の向上に努めるとともに，政治・経済を始め多岐にわたる分野において緊密な連携や対話を続け，強固な日米関係を構築してまいります」と述べた。

ところで，1年まえの施政方針演説において，「最も重要な二国間関係の一つ」と語っていた日中関係について，小泉首相は，「本年は，日中平和友好条約締結25周年に当たります。両国国民の理解と信頼を基礎に，アジア地域ひいては世界の平和・安定と繁栄の実現のため，中国との幅広い分野における協力関係を一層推進します」と述べるにとどまった。

（2）施政方針演説に対する評価

小泉首相の施政方針演説に対して，苦言を呈しているのが，『読売新聞』の社説「破綻した経済政策に固執するな」である[71]。同紙によると，「首相は，国民が一番聞きたいことに答えなかった」ために，「新味も，独特の小泉節もない」，ただ「内容の乏しさ」だけが目だった演説となってしまったようだ。それは，「深まる一方のデフレ不況をどう克服するのか，その具体策」が明示されていなかったからである。「『日本経済を再生するため，あらゆる政策手段を動員する必要がある』と，首相は声を張り上げた。そうであれば，財政出動を含む思い切った景気回復策が後に続かなければならない。だが，具体策には全く言及しなかった」と，不満をあらわにしている。

そして，同紙は，「政策転換を表明すれば，"抵抗勢力"と妥協したと見られ，政権維持の拠り所である内閣支持率が下落しかねない。それを恐れて，首相は，かたくなに構造改革優先路線にこだわっている，との見方が多い。そうだとしたら，大衆迎合政治の弊害の極み，と言うしかない」とまで述べ，

小泉首相の対応を一刀両断にしている。つづけて,「景気回復なくして,改革も進まない。首相は,破綻した手法に固執せず,直ちに政策転換を明言すべきだ」と断じている。

さらに,「外交や安全保障についても,全く物足りなかった」ことを指摘したうえで,「就任当初,積極姿勢を見せた集団的自衛権に関する政府の憲法解釈の変更問題にも,口をつぐんだままである」と述べ,「内外の危機的状況にどう対処するか,それを明示するのが首相の役割だ」と論じている。そして最後に,「日本が置かれている状況を正しく認識し,責任ある政策を明確に語ることを,首相に強く求める」と結んでいる。

『読売新聞』と同様に,小泉政権の政策をつよく非難しているのが,『日本経済新聞』である[72]。同紙の社説「政策の手詰まり感にじむ首相演説」では,「経済再生やデフレ克服,魅力ある国造りの具体策には乏しく,政策的な手詰まり感がにじむ演説だった」との見解が示されている。そして,こうした演説内容となってしまった原因について,同紙は,「九月の自民党総裁選を意識し,与党との協調にも一定の配慮をしていることをうかがわせた」からだと分析している。

くわえて,外交面に関しても,「歴史的な訪朝で局面を打開した北朝鮮との関係は核開発問題と拉致問題で再び暗礁に乗り上げた。首相演説でイラク問題への言及はわずかだった」と述べ,「首相が掲げる『主体的な外交』の姿が見えにくくなっている」ことを問題視している。そして,「首相は今後の国会論戦を通じてもっと率直に内政外交両面の政策を語るべきである」との注文をつけている。

つぎに,『朝日新聞』の社説「首相の息切れが聞こえる 小泉演説」をとりあげよう[73]。同紙は,社説の冒頭で,「デフレと雇用不安が人々の気持ちを縮こまらせる。小泉改革にもかつての勢いはない。だからこそ,施政方針演説を通して,首相の固い決意としたたかな戦略を改めて聞いてみたかった。だが,そんな期待はあえなく打ち砕かれてしまった」として,不満をにじませている。さらに,「これほど無味乾燥で平板,退屈な首相の演説は近年で

もまれではなかろうか」とまでいいきっているのだ。

　そして，なぜ，小泉首相が，「各省庁の官僚たちがPRしたい政策を並べた陳列ケース」のような施政方針演説を「棒読みすることになったのだろうか」との疑問を呈している。その答えとして，同紙は，「背景にあるのは，首相の政策そのものが様々な抵抗によって行き詰まっているという事実ではなかろうか。不良債権処理の目標を先送りせざるを得なくなったように，首相の公約には実現がおぼつかないものが増えている。その事情を説明しようとすれば，足元の自民党とのあつれきに触れざるを得ない。秋の総裁選挙を控え，党内に余計な波風を立てたくないのが首相の本音だろう」とみている。そのため，「投げやりとも見える今回の演説」を小泉首相がおこなったというわけだ。くわえて，同紙も，ほかの2紙同様，小泉首相の外交政策について，「ほとんど何もいわぬに等しい」と手厳しく批判している。

　最後に，「実績伴わぬ熱弁はうつろ」との社説をかかげた『毎日新聞』をみてみよう[74]。同紙は，「間もなく政権発足3年目を迎える」小泉首相の施政方針演説について，「熱弁の割には言葉がうつろに響いた」との印象を記している。その理由として，「威勢のいい発言や意気込みが，実績に裏付けられていないからだろう」との感想をもらしている。もっとも，同紙は，「改革がどれ一つとっても容易でないこと」を認めつつも，「改革によって既得権を削られる自民党抵抗勢力や省庁，それに地方自治体の厚い壁の前に立ち往生しているのが実態だ。『失速状態』『破たん』という評価さえある。小泉改革は大きな曲がり角にさしかかっている」と指摘している。さらに，「もう一つの課題である経済再生も手探り状態といっていい」と述べ，「局面の打開は，首相の決断とリーダーシップの発揮しかない。自ら『改革本番』と位置付けた02年度，これが発揮されたのだろうか。抵抗勢力との妥協はなかっただろうか」との問いかけをおこなっている。

　また，「自らの政策を国民に分かりやすく語りかける手法への転換」として，小泉首相が，「開会前，衆参両院双方で行われている同じ演説を一本化することを求めた」ことにふれたうえで，「だが，各省庁から上がった重点

政策をまとめて，最後に首相が筆を入れる従来型の手法がとられた」として，「これでは訴える力は弱まる。首相の政治家としての政策かどうかもあいまいだ」と非難している。そして，「首相がまず国会，国民に対して自らの言葉で政策を述べて，各省庁によって具体化されることを基本とする方が，首相の主張する政治主導のあるべき姿だ」と力説している。

　以上みてきたように，施政方針演説に対する四大紙の論調は，全般的に，これまでよりも厳しくなってきているのがわかる。小泉首相は，「小泉内閣メールマガジン」において，「一番伝えたかったことは，『改革路線はまったく揺らいでいないこと』。そして，『悲観論から，新しい挑戦は生まれない。』ということです」と記していたが，残念ながら，四大紙には，首相のこの思いは伝わらなかったといえよう*75。

　ちなみに，『日本経済新聞』と『朝日新聞』の社説がふれていた，自民党総裁選挙は，9月20日におこなわれ，小泉首相が，党所属国会議員票（357票）の54%（194票）を，そして，党員票（300票）の68%（205票）を獲得し，再選されたことを付言しておく*76。

4 第159回通常国会における施政方針演説（2004年1月19日）*77

（1）施政方針演説の内容

　第159回国会における小泉首相の施政方針演説は，以下のような文言からはじまった。

> 昨年11月に行われた総選挙において国民の信任を頂き，再び内閣総理大臣の重責を担うことになりました。「構造改革なくして日本の再生と発展はない」というこれまでの方針を堅持し，「天の将（まさ）に大任をこの人に降（くだ）さんとするや，必ずまずその心志（しんし）を苦しめ，その筋骨（きんこつ）を労せしむ」という孟子の言葉を改めてかみしめ，断固たる決意をもって改革を推進してまいります。

施政方針演説のなかで，小泉首相がふれているように，2003年11月9日に
おこなわれた，第43回衆議院議員総選挙において，自民党は237議席を獲得
した。だが，この数字は，解散時の247議席をしたまわるものであり，自民
党は，単独過半数を得ることができなかった。そこで，「与党3党（自民
党：240議席〔追加公認をふくむ〕・公明党：34議席・保守新党：4議席）で
過半数を大きく超える絶対安定多数（278議席）」（カッコ内，引用者補足）
を確保したうえで，「小泉政権の継続が決まった」のであった[*78]。

　ちなみに，この選挙は，与野党各党が，マニフェスト（政権公約）を前面
にかかげて戦ったことで，話題をよんだ。ここでいう「マニフェストは英国
の与野党が選挙の際に出す政策綱領のことで，これまでのあいまいな公約と
は違って，政策の数値目標，達成期限，財源まで具体的に明示され，あとか
らの検証に耐えるようにつくられているもの」をいう。自民党では，「小泉
改革宣言 ― 政権公約2003」と題するマニフェストをだした。その骨子は，
「『自民党だから，小泉だからできました。自民党だから，小泉だからできま
す』『「改革なくして成長なし」をフレーズだけでは終わらせない，そう決意
した2年半でした』として，これまでの経済成長率6期連続プラス成長，不
良債権減少，企業収益の改善，道路公団民営化など特殊法人の抜本改革，三
位一体改革の着手，イラク復興支援など小泉政権の成果・実績をアピールす
るとともに，今後の構造改革，日本経済再生の重要な政策の柱として，①平
成16年に年金制度改革を実現する，ついで介護，医療制度改革を目指す，②
17年に道路公団民営化を実現する，19年4月に郵政公社の民営化を実現する，
③18年度までに4兆円の国庫補助金の削減と財源の地方移譲を行う，④16年
度中の不良債権比率半減目標の達成，⑤17年の自民党立党50年に新憲法草案
を作成する ― など」であった[*79]。

　さて，小泉首相の施政方針演説にもどろう。小泉首相は，つぎのように演
説をつづけた。すなわち，「本年は，これまでの改革の成果をいかすととも
に，郵政事業や道路公団の民営化，地方分権を進める三位一体の改革，年金
改革などこれまで困難とされてきた改革を具体化し，日本再生の歩みを確実

にする年であります」と。小泉首相が言及した,「郵政事業や道路公団の民営化,地方分権を進める三位一体の改革,年金改革」は,すべて,自民党のマニフェストにもられた項目であり,小泉首相は,マニフェストにのっとって,改革をすすめていく決意をあらためて披露したというわけだ。

そして,小泉首相は,「イラク復興支援とテロとの闘い」についてふれ,「イラクの復興に,我が国は積極的に貢献してまいります」と述べたうえで,「その際,物的な貢献は行うが,人的な貢献は危険を伴う可能性があるから他の国に任せるということでは,国際社会の一員として責任を果たしたとは言えません。資金協力と自衛隊や復興支援職員による人的貢献を,車の両輪として進めてまいります」との考えも,あわせて表明した。くわえて,人的貢献をおこなう場合の留意点として,首相は,つぎのように述べた。

> 人的な面では,イラクが必ずしも安全とは言えない状況にあるため,日ごろから訓練を積み,厳しい環境においても十分に活動し,危険を回避する能力を持っている自衛隊を派遣することとしました。武力行使は致しません。戦闘行為が行われていない地域で活動し,近くで戦闘行為が行われるに至った場合には活動の一時休止や避難等を行い,防衛庁長官の指示を待つこととしています。安全確保のため,万全の配慮をします。

演説のなかで,小泉首相は,「戦闘行為が行われていない地域で活動」することを明言しているものの,第156回通常国会の会期中にひらかれた党首討論の場において,「どこが非戦闘地域でどこが戦闘地域かと今この私に聞かれたって,わかるわけないじゃないですか」と答弁し,物議をかもしたことは,周知のとおりである[*80]。

つぎに,小泉首相の日本経済の現状に対する認識についてみてみよう。首相は,「日本経済は,企業収益が改善し,設備投資が増加するなど,着実に回復しています」と,自画自賛した。さらに,「平成15年度の補正予算は,

14年ぶりに国債を増発することなく編成しました。国主導の財政出動に頼らなくても，構造改革の成果が現れています」と語り，自信のほどをのぞかせた。

そして，「改革の本丸とも言うべき郵政事業の民営化については，現在，経済財政諮問会議において具体的な検討を進めています。本年秋ごろまでに国民にとってより良いサービスが可能となる民営化案をまとめ，平成17年に改革法案を提出します」（傍点，引用者）と力説したものの，具体論についてはふれなかった。

また，道路公団の民営化に関して，小泉首相は，以下のように述べた。

　道路関係四公団については，競争原理を導入し，ファミリー企業を見直すとともに，日本道路公団を地域分割した上で，民営化します。9342キロの整備計画を前提とすることなく，一つひとつの道路を厳格に精査し，自主性を確保された会社が建設する有料道路と，国自らが建設する道路に分けるとともに，「抜本的見直し区間」を設定しました。規格の見直しなどによる建設コストの徹底した縮減により，有料道路の事業費を当初の約20兆円からほぼ半分に減らします。債務は民営化時点から増加させず，45年後にはすべて返済します。また，通行料金を当面平均1割程度引き下げるとともに，多様なサービスを提供してまいります。このような改革は，民営化推進委員会の意見を基本的に尊重したものであります。今国会に関連法案を提出し，平成17年度に民営化を実現します。

さらに，三位一体改革については，「『地方にできることは地方に』との原則の下，『三位一体改革』は大きな一歩を踏み出しました。平成16年度に補助金1兆円の廃止・縮減等を行うとともに，地方の歳出の徹底的な抑制を図り，地方交付税を1兆2000億円減額します。また，平成18年度までに所得税から個人住民税への本格的な税源移譲を実施することとし，当面の措置とし

て所得譲与税を創設し，4200億円の税源を移譲します。平成18年度に向け，全体像を示しつつ，地方の自由度や裁量を拡大するための改革を推進します」との考えを表明した。

注目の道州制については，「北海道が地方の自立・再生の先行事例となるよう支援してまいります」と述べるにとどまった。

また，小泉首相は，「有事に際して国民の安全を確保するため関係法案の成立を図り，総合的な有事法制を築き上げます」と述べ，「安全への備え」を万全とすることを期した。なお，これについては，2004年6月14日，「有事の際の国や自治体の役割を定める国民保護法案など有事関連7法案と3条約承認案」が，自民党・公明党・民主党などの賛成多数で，成立している[*81]。くわえて，首相は，「安全保障をめぐる環境の変化に対応するため，弾道ミサイル防衛システムの整備に着手するとともに，防衛力全般について見直してまいります」との方針を示した。

つづいて，小泉首相は，「地域の再生と経済活性化」の一例として，構造改革特区について言及している。すなわち，「昨年4月から開始した構造改革特区が動き出しています。群馬県太田市では，小学校から英語で授業を実施する小中高一貫校を開設することとしたところ，定員の2倍の入学希望者がありました。国際物流特区では，夜間の通関取扱件数が大幅に増加し輸出入も増えるなど，目に見える成果が上がっています。幼稚園と保育所の幼児が一緒に活動できる幼保一体化特区，農家が経営する民宿でどぶろくを造って提供できるふるさと再生特区など，各地域が知恵を絞った特区が全国に236件誕生しています。今後も特区の提案を着実に実現していくとともに，その成果を速やかに全国に広げてまいります」と。

懸案となっている不良債権処理については，「平成16年度には不良債権問題を終結させます」と明言した。だが，その不良債権処理と密接な関係にある，金融機能の強化に関しては，「新たな公的資金制度を整備してまいります」とだけ述べた。

外交問題に関して，小泉首相は，まずはじめに，北朝鮮についてふれ，

「日朝平壌宣言を基本に，拉致問題と，核・ミサイルなど安全保障上の問題の包括的な解決を目指します。関係国と連携しつつ，六者会合等における対話を通じ，北朝鮮に対し，核開発の廃棄を強く求めてまいります。拉致被害者並びに御家族の意向も踏まえ，拉致問題の一刻も早い全面解決に向け引き続き全力を尽くします。北朝鮮には，誠意ある行動をとるよう粘り強く働きかけてまいります」と語った。

　また，日米関係については，「日本外交の要であり，国際社会の諸課題に日米両国が協力してリーダーシップを発揮していくことは我が国にとって極めて重要であります。多岐にわたる分野において緊密な連携や対話を続け，日米安保体制の信頼性の向上に努め，強固な日米関係を構築してまいります」との認識を示した。

　そして，中国との関係では，「最も重要な二国間関係の一つであり，昨年発足した新指導部との間で，未来志向の日中関係を発展させてまいります」との意欲をのぞかせた。

　施政方針演説の結びの部分では，「世界の平和のため，苦しんでいる人々や国々のため，困難を乗り越えて行動するのは国家として当然のことであり，そうした姿勢こそが，憲法前文にある『国際社会において名誉ある地位』を実現することにつながるのではないでしょうか」と述べ，憲法前文との関連において，イラクへの自衛隊“派兵”の意義を訴えた[82]。

　今回の施政方針演説では，イラク復興支援に関する言及が全体の2割を占め，「構造改革を中心に訴えた過去2回とは様変わりしている」のが特徴である[83]。

　なお，小泉首相の施政方針演説から1週間後の1月26日，石破茂・防衛庁長官は，「陸上自衛隊本隊約530人と，陸自の装備を輸送する海上自衛隊約300人に派遣命令を出した」ことを付言しておく[84]。

（2）施政方針演説に対する評価

　小泉首相の施政方針演説を受けて，『日本経済新聞』は，「首相は構造改革

の手を緩めるな」との社説をかかげた[85]。同紙によれば,「首相演説の特徴は,当面の最大の焦点であるイラクへの自衛隊派遣の意義を強調して,国民の理解を求めるとともに,七月の参院選を意識し,二年九カ月間の小泉政権の改革の成果を誇示したこと」にあるという[86]。そして,「首相はどんな事態になってもイラク支援をやり抜く決意なのだろう」として,「だとすれば,国会論戦を通じてさらに説明責任を尽くす努力が必要である」との注文をつけている。

また,「道路公団改革は骨抜きになり,年金改革も抜本改革にはほど遠い姿である」ことを例示し,「このところ首相の構造改革路線は後退しつつあるように見える」と断じている。しかも,「自民党は七月の参院選に向けて,各種業界など従来の支持団体との関係強化に動いている」なかで,「自民党と支持団体の結びつきが強まれば,構造改革路線はますます後退を余儀なくされる」との警鐘をならしている。そして,「景気が上向いてきた今こそ,構造改革を加速して景気回復の流れを確かなものにし,日本の将来展望を切り開くことが大事である。構造改革がイラク支援問題の陰に隠れるようでは困る。首相は構造改革の手を緩めてはならない」と結んでいる。

つぎに,「小泉改革の限界見えてきた」と題する社説をかかげた『毎日新聞』をとりあげる[87]。同紙は,「言語は歴代首相の中でも極めて明りょうだが,心にストンと落ちるものが感じられない演説だ。都合の良い点のみを力説,差し障りがある部分は無視するか,説明を簡略化しすぎている」との感想をもらしている。

そして,外交問題にふれて,「東アジア外交が強調されているが,現実は政治面での停滞が続いている。中国,韓国が小泉首相の靖国神社参拝に反発していることが最大の要因だ。ところが,施政方針演説では,一切言及されていない」との苦言を呈している。

さらに,「道路公団改革でも,本来手段であるはずの民営化が目的化されてしまっている」事実を指摘し,「最大の問題点は『小泉改革』では,目指すべき国のあり方も21世紀の日本像も一向に鮮明になっていないこと」であ

ると論じている。そのうえで,「『小泉人気』も一時の神通力はなくなった。改革実現の段階を迎えると,自民党内の抵抗勢力との融和が目立つようになっている」と述べ,小泉改革の限界について言及している。

同紙によれば,今回の施政方針演説全体をつうじて,「改革路線堅持をアピールするため小泉首相は,各論に固執している。『小泉改革』の総論が示されていたならば,『改革の芽を大きな木に』という小泉首相の説明も説得力をもつかもしれない。だが,総論は一向に明示されず,一部の各論だけでは『改革』とはいえない」。つまり,「『小泉改革』は正念場を迎えている」というわけだ。

つづいて,『読売新聞』の社説「『イラクと憲法』の論議を深めたい」に目を転じよう[*88]。同紙は,イラク復興支援に関して,「資金協力と人的貢献を『車の両輪』としたのは,当然である。イラクに民主政権が樹立されるよう協力することは,国際社会の安定,ひいては日本の国益につながる」と断言している。その意味において,「これまでの国会論戦のように,『非戦闘地域はどこか』『「武力の行使」になりかねない』といった"神学論争"を繰り返すばかりでは意味がない。国民の代表として自衛隊員が復興支援活動に専念できる環境をどう作るか,という建設的な論議が必要だ。民主党も,自衛隊派遣を速やかに国会承認し,国民挙げての支援態勢を築くべきだ」と説いている。

くわえて,「首相は,施政方針演説で,自衛隊のイラク派遣をめぐって憲法前文を引きながら,憲法改正には言及しなかった」としたうえで,「国際平和協力に,自衛隊をどう活用していくのか。そのために憲法九条はどうあるべきか。イラク問題の国会論戦を通じ,憲法論議をさらに深めるべきだ」と述べ,「憲法の視点が,イラク問題の論議に欠かせない」ことを力説している。

この『読売新聞』の論調とまっこうから対立するのが,『朝日新聞』の社説「派遣論議に理を求む イラク国会」である[*89]。この社説は,小泉首相の施政方針演説には直接ふれていないものの,イラクへの自衛隊"派兵"が

最大の焦点となる「イラク国会」に対して，注文をつけている。同紙によれば，「イラクは，昨夏に成立した特措法が想定していなかった戦争状態にある。国連平和維持活動と違って，派遣のための国際社会の明確なお墨付きがあるわけでもない」にもかかわらず，「これらを承知のうえで，ブッシュ米大統領と『復興支援』で肩を組み合うために，小泉首相が決断したのがこの派遣である。国会では，その是非を根本から論じ合ってもらわねばならない」ということになる。また，「イラクの情勢は刻々と変化する。現地の治安や活動が特措法にかなっているか。道を誤らないためにも，首相は国会に情報を提供し，国会は政府を常に厳しく監視する必要がある」ことを力説している。

さらに，「与野党，とくに小泉首相に考えてもらいたいことがある。大事な課題であればあるほど，理を尽くして語るべきだ。過去の答弁のように『なぜ自衛隊か』と問われ，『では何もしなくていいのか』と強弁するだけでは首相の議論として落第である」と記し，小泉首相に，よりいっそうの説明責任を求めている。

四大紙のうち，『日本経済新聞』と『毎日新聞』は，小泉首相による構造改革について論じ，『読売新聞』と『朝日新聞』は，イラクへの自衛隊"派兵"について注目しているのがわかる。

5 第162回通常国会における施政方針演説（2005年1月21日）[90]

（1）施政方針演説の内容

今回の施政方針演説の最大のポイントは，郵政民営化に関する部分であろう。とりわけ，この部分に関して，小泉首相は，「事務方の原案を採用せず，竹中（平蔵）郵政民営化担当相の知恵を借りつつ練り上げた」（カッコ内，引用者補足）とされる[91]。そのため，「約一万一千字の演説の約一割を『改革の本丸』と呼ぶ郵政民営化に割き，意義や民営化後の組織形態を詳しく述べる」ことに力点がおかれ，最終的に，「過去八回の施政方針や所信表明に

比べると異例の長さ」となったわけだ[*92]。これは，「全文約 1 万1100字のうち，イラク問題に直接言及した部分だけで約1200字を費やした」，さきの第159回通常国会の施政方針演説とは，大きく色彩が異なっていることを示しているといってもよかろう[*93]。

そこで，若干，ながくなるが，郵政民営化に関する小泉首相の発言を引用してみよう。

私は，「官から民へ」「国から地方へ」の改革は経済の再生や簡素で効率的な政府の実現につながると確信し，改革の具体化に全力を傾けてまいりました。

この方針を最も大胆かつ効果的に進めていくには，郵便局を通じて国民から集めた350兆円もの膨大な資金を公的部門から民間部門に流し，効率的に使われるような仕組みをつくることが必要です。資金の「入口」の郵便貯金と簡易保険，「出口」の特殊法人，この間をつないで資金を配分している財政投融資制度，これらを全体として改革し，資金の流れを「官から民へ」変えなければなりません。私はこれまでこの構造にメスを入れてきましたが，残された大きな改革，すなわち「改革の本丸」が郵政民営化であります。昨年 9 月に決定した基本方針に基づいて，平成19年 4 月に郵政公社を民営化する法案を今国会に提出し，成立を期します。

郵便，郵貯，簡保，いずれの分野でも，民間企業が同様のサービスを提供しています。公務員でなくてはできない事業ではありません。郵政民営化が実現すれば，郵政公社の職員が民間人となります。従来免除されていた税金が支払われ，政府の保有する株式が売却されれば，財政再建にも貢献します。郵政民営化は正に，小さな政府を実現するために欠かせない行財政改革の断行そのものであります。「民間にできることは民間に，行財政改革を断行しろ」「公務員を減らせ」と言いながら郵政民営化に反対というのは，手足を縛って泳げというようなも

のだと思います。

質の高い，多様なサービスを提供するため，民営化においては，国の関与をできるだけ控え，民間企業と同一の条件で自由な経営を可能とします。国鉄や電電公社は民営化されて，むしろ従来よりサービスの質が向上しました。職員が意欲的に働くことができ，過疎地を含め身近にある郵便局が市町村の行政事務を代行したり，民間の商品を取り次いだり，益々便利な存在になるようにします。障害者向けの郵便料金の軽減など社会や地域への貢献にも配慮いたします。

民営化する以上，窓口サービス，郵便，郵貯，簡保といった郵政公社の各機能を自立させ，事業ごとの損益を明確化して経営する必要があります。このため，持株会社のもとに機能ごとに4つの事業会社を設立するとともに，郵便貯金会社と郵便保険会社については，他の事業会社の経営状況に左右されないよう株式を売却して民有民営を実現します。それまでの移行期においては，民業圧迫とならないよう有識者による監視組織を活用しながら，段階的に業務を拡大します。既に契約した郵貯・簡保については，新しい契約と勘定を分離して引き続き政府保証を付けます。国債市場への影響を考慮した適切な資産運用を行います。

私は，こうした郵政民営化が新しい日本の扉を開くものと確信し，その実現に全力を傾注してまいります。

演説のなかで，小泉首相は，「昨年9月に決定した基本方針」と述べているが，これは，2004年9月10日に閣議決定された，「郵政民営化の基本方針」のことをさしている。この「郵政民営化の基本方針」の骨子は，「①平成19年4月に郵政公社の民営化に着手する，②新たに設置する持ち株会社の下に窓口ネットワーク，郵便，貯金，簡保の4事業別に新会社を設ける，③郵貯，簡保事業は遅くとも移行期間終了時の平成29年3月末までには株式を売却して持ち株会社から切り離し，完全民営化する，④職員は新会社移行とともに

国家公務員から民間人となる,⑤新たに集める貯金には政府保証をつけない」などからなっていた。しかも,この「郵政民営化の基本方針」に関して,自民党内では,「閣議決定については『了承はしないが妨げるすべはない』と黙認するかたち」がとられていた[94]。そのため,小泉首相の施政方針演説を受けた代表質問において,自民党の青木幹雄・参院議員会長は,「あなたの長年の思い,郵政民営化を多くの反対のある中で実現しようとするならば,仮にそれがいかに正しいことであっても,いかに良いことであっても,まず誠意を尽くし,腰を低くし,協力を求める努力をすること,その謙虚な姿勢が必要では,総理,ないでしょうか。また,それは物事をなそうとする人にとっては当然の義務であり,自分の考えより良い方法があればそれを取り入れていくのは当たり前ではないでしょうか。そして,総理の今日までの郵政改革に対する姿勢が,熱心さの余りだとは思いますが,この郵政民営化問題をより難しくしているように感じられてなりません。このことを強く申し上げておきます」との苦言を呈したのであった[95]。これに対して,小泉首相は,「今までも幾たびか,総裁選挙の際にも,また衆議院,参議院選挙の際にも,私の内閣の進める大きな柱の公約として国民にも訴えてまいりました。いよいよこの郵政改革の法案を今国会で提出する段階になっております。その際,与党の話合いを十分にしなさいという直言だと受け止めております。当然,与党の皆さん方とも,この重要性を認識していただくために,より良い改革案というのはどういうものがあるか,そういう観点から率直にこれからも十分協議を進めていきたいと思っております」と答弁したのであった[96]。

　しかしながら,この小泉首相のことばとは裏腹に,郵政民営化をめぐって,首相と自民党内の"抵抗勢力"との対立は激化していく。そして,7月5日の衆議院本会議での採決に際しては,わずか5票差（賛成:233票,反対:228票）で,郵政民営化法案が可決されたものの,自民党からは,反対票を投じた37名,棄権・欠席をした14名の"造反組"がでた。そして,8月8日の参議院本会議の採決では,自民党から,22名の反対,8名の棄権がでたた

め，結局，17票差（賛成：108票，反対：125票）で郵政民営化法案は否決されてしまった[97]。この事態を受けた小泉首相は，同日，衆議院を解散し，「国会の結論が，郵政民営化は必要ないという判断を下された。私は本当に国民の皆さんが，この郵政民営化は必要ないのか，国民の皆さんに聞いてみたいと思います。言わば，今回の解散は郵政解散であります。郵政民営化に賛成してくれるのか，反対するのか，これをはっきりと国民の皆様に問いたいと思います」と，記者会見の場で述べたのであった[98]。なお，「現憲法下，過去19回の選挙で，参議院が法案を否決したことによる解散は初めてであり，閣僚を罷免しての解散断行も初めてだった」という[99]。ちなみに，小泉首相のこの判断に関して，前出の飯島秘書官は，つぎのように語っている[100]。

そもそもこれまでの経緯からいけば，参議院で否決などあり得ない話なのだ。
総理就任以来，参議院の通常選挙は二回行われており，すべての自民党参議院議員は立候補の際に「郵政民営化賛成」という条件の下で公認がなされた，すなわち郵政民営化賛成と表明して自民党の公認証をもらった者だけであった。したがって，郵政民営化法案に反対することは，公認の条件を実行しない，つまり「謀反」と同じなのである。
もちろんこれは衆議院議員にも当てはまる。
先の衆議院議員選挙では郵政民営化を政権公約に掲げて戦ったが，これに反対する者は当然自民党の公認をもらえなかったはずである。郵政民営化法案に反対するということは，公認の条件を反故にすることであり，「謀反」なのである。
したがって，衆議院と参議院を一体と考えれば，郵政民営化法案が国会で否決されれば，当時有権者から郵政民営化賛成候補として多くの票をいただいた議員が，当時の約束に反した態度を取ったということで，再度，賛成か反対かをはっきりさせる選挙を行うのは当然であり，その場合，解散ができる衆議院の総選挙を行って国民の審判を仰ぐこ

とは，ごく必然的に出てくる結論なのである。

　そして，9月11日におこなわれた第44回衆議院議員総選挙では，《改革を止めるな。》とのキャッチコピーをかかげた自民党が，"歴史的大勝"をはたした。自民党は，296議席を獲得し，「公明党と合わせた与党の総議席は327となり，与党が衆議院の3分の2以上を占める空前の圧勝劇となった」（傍点，引用者）[101]。そして，10月14日，「改革の本丸・郵政民営化関連6法はあっさりと成立した」（傍点，引用者）のであった[102]。

　さて，小泉首相の施政方針演説にもどろう。小泉首相は，道路公団の民営化に関して，「道路関係四公団は，本年10月に，日本道路公団を地域分割した上で，民営化します。各社がお互い競争しながら，利用者の要望に沿ったサービスを提供するとともに，債務は45年以内にすべて返済します。高速自動車国道の通行料金は，ETCを活用した割引制度により，昨年11月から順次引き下げており，本年4月には予定どおり，平均1割以上の引下げを実現します」と述べ，改革の成果を自負した[103]。

　つぎに，注目の三位一体改革について，小泉首相がどのように発言したのかをみてみよう。小泉首相は，「地方が知恵と工夫に富んだ施策を展開し，住民本位の地域づくりを行えるよう，地方自治体に権限と財源を移譲しなければなりません。このため，私は，国の補助金の削減，国から地方への税源移譲，地方の歳出の合理化と併せた地方交付税の見直しの3つを同時に進めることにし，三位一体の改革方針を指示しました。補助金改革の具体案は地方分権の主体となる地方が作成し，これを国と地方で協議する場を設け，地方の提案を真摯に受け止めて，改革案を取りまとめました」としたうえで，「今年度の1兆円に加え，来年度から2年間で3兆円程度の補助金を改革し，16年度に措置した額を含めておおむね3兆円規模の税源移譲を目指します。17年度は，1兆7000億円余の補助金の廃止・縮減等を行い，1兆1000億円余の税源を移譲すると同時に，地方自治体の安定的な財政運営に必要な交付税を確保しました。義務教育の在り方と，費用負担に関する地方案をいかす方

策については，国の責任を引き続き堅持する方針の下，今年中に結論を出します」と述べたのであった。

　さらに，「経済の活性化」に関して，小泉首相は，「私は，『改革なくして成長なし』の方針の下，デフレの克服と経済の活性化を目指し，金融，税制，規制，歳出の改革を実行してきました。主要銀行の不良債権残高はこの2年半で15兆円減少し，不良債権比率を目標実現に向け4パーセント台に減らすことができました。バブル崩壊後の負の遺産の整理のめどがついた今，構造改革の取組を更に加速しなければなりません」と述べ，みずからの実績を強調するとともに，構造改革にかけるつよい意気ごみをあらためて披露した。

　外交面においては，「我が国は，戦後，世界第2位の経済大国となりましたが，決して軍事大国とはならず，平和主義を貫きながら，ODAや国連分担金などの資金面でも，国連平和維持活動などの人的貢献の面でも，世界の平和と繁栄に積極的な役割を果たしてきました」と述べたうえで，つぎのように語り，常任理事国入りへの熱意を示した。

　　創設60年を迎える国連は，21世紀の国際的な諸問題に効果的に対処することが期待されていますが，安全保障理事会は第二次世界大戦直後の枠組みのままであります。これまでの我が国の国際貢献の実績は常任理事国にふさわしいものであり，国連改革の機運が高まっているこの機を捉え，その一員となるよう外交に一層の力を注いでまいります。

　そして，イラク関連では，2004年12月9日の臨時閣議で，自衛隊の"派兵"期間を2005年12月14日まで1年間延長したことにふれたのち，「現地の状況の変化に対して適切な措置を講じながら，隊員の安全確保に万全を期してまいります。イラクが一番苦しいときに日本はイラクの国づくりに協力してくれたと，将来にわたって評価を得られるような活動を継続していきたいと思います」と述べた。

　つぎに，在日米軍基地再編の問題をかかえた米国との関係について，小泉

首相は，「米国との関係は日本外交の要であり，日米同盟は我が国の安全と，世界の平和と安定の礎であります。政治，経済など多岐にわたる分野において，緊密な連携と対話を続け，日米関係をより強固なものとします。米軍再編については，米軍駐留による抑止力を維持し，かつ，沖縄等の地元の過重な負担を軽減する観点から，米国との協議を進めてまいります。今後とも，普天間飛行場の移設・返還を含め，沖縄に関する特別行動委員会最終報告の早期実施に努めてまいります」との考えを示すにとどまった。

　また，北朝鮮との関係では，「拉致問題は，国民の生命と安全に関わる重大な事項であります。拉致被害者5名とその家族8名の帰国が実現しましたが，なお安否の分からない方々について，先般提出された再調査結果は誠に遺憾であり，北朝鮮に対して厳重に抗議し，一日も早い真相究明と生存者の帰国を強く求めています。『対話と圧力』の考え方に立って，米国，韓国，中国，ロシアと連携しつつ粘り強く交渉し，拉致，核，ミサイルの問題を包括的に解決し，両国関係の正常化を目指します」との決意を表明した。

　さらに，関係悪化が問題視されていた中国については，「中国は日本にとって，今や米国と並ぶ貿易相手国となるなど両国関係は益々深まっています。先の日中首脳会談では，二国間のみならず，国際社会全体にとっても両国関係は極めて重要であるとの認識を共有し，未来志向の日中関係を構築していくことで一致しました。個々の分野で意見の相異があっても，大局的な観点から幅広い分野における協力を強化してまいります」と述べた。

　懸案の憲法改正問題については，「戦後60年を迎える中，憲法の見直しに関する論議が与野党で行われております。新しい時代の憲法の在り方について，大いに議論を深める時期であると考えます」とふれただけであった。

　そして，小泉首相は，「昭和の初期，厳しい経済財政政策を断行するとともに，ロンドン軍縮条約を結んだ濱口雄幸首相は，軍部や官僚，経済界の強い抵抗や介入の中，不退転の覚悟で自らの責務を果たすことができれば，たとえ国家のために斃（たお）れても本懐であるとの決意で難局に臨みました」との逸話に言及したあと，つぎのようなことばで演説をしめくくった。

イラク人道復興支援や北朝鮮問題，郵政民営化など内外の困難な課題が山積する今，ためらうことなく改革を実行しなければ，先人たちが築き上げてきた繁栄の基盤を揺るがし，将来の発展の可能性を閉ざしてしまいます。「恐れず，ひるまず，とらわれず」の姿勢を貫いて改革を断行することは，正に私の「本懐」とするところであります。

改革の原動力は国民一人ひとりであり，改革が成功するか否かは，国民の断固たる意思と行動力にかかっています。日本の将来を信じ，勇気と希望を持って困難に立ち向かおうではありませんか。

（2）施政方針演説に対する評価

小泉首相の演説に対して，『朝日新聞』は，「小泉改革　『奇跡』と威張るなら」と題する社説をかかげ，首相の施政方針演説を手厳しく批判した[104]。同紙によれば，「言葉は躍った」し，「改革の意思は衰えてはいない。『変人』はまだ健在でいる。そう訴えたかった」演説であったにちがいないが，「それにしても先週の演説には，かつてのような向かうところ敵なしといった迫力がいかにも乏しかった」ようだ。しかも，「声高に語るほど『またか』という印象が募った」として，「小泉改革の重要性を際立たせ，実績をたたえる首相の言葉運びは，実はすでに色あせている。なのに同じことをまた聞かされる。そんな思いが先に立ってしまうのだ」との感想をもらしている。

そして，首相が，「道路公団の民営化や，いわゆる『三位一体』改革を，みずからが成し遂げた『政界の奇跡だ』とまで持ち上げて見せた」ことにふれ，つぎのように述べている。

思いは分からぬではない。「どの政党も言わなかった改革をやった」という面は確かにある。国民の人気を背にした首相でなければ，自民党の抵抗をここまで抑えることはできなかったろう。

しかし，実態はどうか。道路公団は民営化したが，金食い虫の高速道路建設は止まらない。「三位一体」改革は大事なところを先送りし「決

め台詞（ぜりふ）を言うべき主役が途中で消えた」と批判された。

　結局，抵抗勢力と折り合える範囲で骨抜きになるのが小泉改革ではないのか。郵政改革も，いずれ党側との妥協点を探るのだろう。そう考えている人が多いに違いない。内閣支持率も大幅に下がっている。「政界の奇跡」の限界を国民は見て取っているのだ。

　最後に，同紙は，「首相への期待値が下がったぶん，大胆に改革に取り組めるではないか」とまで，記している。

　つぎに，『毎日新聞』の社説「国民の関心とズレがある」をみてみよう[105]。同紙によれば，「全体の印象は，国民に説くメッセージというより，自分の関心ある問題をやり遂げるという決意表明に近いものだった」とのことである。それは，「自身がペンを執って書いたという郵政の部分は，法案の中身にまで踏み込んで具体的」であったのに対して，それ以外の問題については，「言葉の吟味に工夫が感じられないし，一本調子の平板な構成と表現にも心は躍らない」かたちとなっていたからだ。同紙は，その具体例として，「政治問題化している靖国神社参拝には一言も触れずじまい。イラク復興や北朝鮮の拉致問題もこれまで言ってきたことの繰り返しが多く，自ら流れを変えようという熱意は感じられなかった」点をあげている。

　したがって，「演説は図らずも首相と国民の関心事に相当なずれがあることを示す結果となった。首相の意気込みに反して，郵政民営化の国民の関心は低い。形態がどうであれ，サービスが充実されればいい，と思っている人は多い。首相が『改革が成功するか否かは，国民の意思と行動力』とまで言う」以上，「民営化するとどんな素晴らしいことがあるのか，国民が納得できる丁寧な説明から始めなければならない」と断じている。

　つづいて，「首相は民営化の魂貫けるか」との社説をかかげた『日本経済新聞』は，「いまだに民営化反対の声が渦巻く自民党との攻防がこのまま推移すると，自民党に押しきられて民営化が骨抜きになる恐れがあるため，国民世論を巻き込む形で首相が反撃に出たとも言えよう」との見方を示したう

えで，「首相が自民党内の反対勢力との対決も辞さない強気の姿勢を見せたのは久しぶりだ。国民の理解が得られる郵政民営化をめざし，首相は明確で説得力ある民営化法案を提示すべきである」と論じた[*106]。

また，小泉首相が，国連安全保障理事会の常任理事国入りへの熱意を示したことについて，「常任理事国入りが実現すれば，小泉政権の大きな功績になることは間違いない。そのためには同盟国・米国のバックアップだけでなく，中国の協力も不可欠である」と述べ，その意味からも，「日中関係強化に首相はもっと主体的な努力を傾注すべきである」ことを訴えた。

『読売新聞』は，「課題は郵政民営化だけなのか」とする社説をかかげた[*107]。そこでは，「郵政民営化は確かに大事だ」としつつも，「内外の重要課題の優先順位はそれに劣らず，あるいはそれ以上に高い」との問題提起をおこなっている。具体的には，憲法改正問題に関して，「施政方針演説は『議論を深める時期』と簡単に触れただけだ。新たな国家像をどう描くのか。首相の憲法観を明らかにすべきだったのではないか」との不満をもらし，教育基本法改正問題では，「どう改正するのか。自らの見解を示し，改正論議を促進することが一国の政治指導者としての責任である」と断じている[*108]。

そして，同紙は，「代表質問や予算委員会などの審議を通じ，直面する多様な問題についての議論を深めなければならない」と結んでいる。

四大紙ともに，今回の施政方針演説に関して，郵政民営化以外の政策が軽視されていることに警鐘をならしているのが特徴である。

6 第164回通常国会における施政方針演説（2006年1月20日）[*109]

（1）施政方針演説の内容

小泉首相は，最後の施政方針演説をつぎのようなことばからはじめた。

内閣総理大臣に就任して4年9か月，私は，日本を再生し，自信と誇りに満ちた社会を築くため，「改革なくして成長なし」，この一貫した

方針の下，構造改革に全力で取り組んでまいりました。

この間，改革を具体化しようとすると，逆に「成長なくして改革はできない」，「不良債権処理を進めれば経済が悪化する」，「財政出動なくして景気は回復しない」という批判が噴出しました。道路公団民営化の考えを明らかにした時は「そんなことはできるはずがない」，郵政民営化に至っては「暴論」とまで言われました。

このような批判が相次ぐ中，揺らぐことなく改革の方針を貫いてきた結果，日本経済は，不良債権の処理目標を達成し，政府の財政出動に頼ることなく，民間主導の景気回復の道を歩んでいます。道路公団の民営化の際には，初めて高速道路料金の値下げを実施しました。一度国会で否決された郵政民営化法案は，「正論」であるとの国民の審判により成立を見ることになりました。

改革を進める際には，総論賛成・各論反対に直面し，現状を維持したい勢力との摩擦・対立が起こります。政治は，一部の利益を優先するものであってはならず，国民全体の利益を目指すものでなければなりません。郵政民営化の是非を問うた先の総選挙における国民の審判は，これを明確に示しました。これまで着実に改革を進めることができたのは，多くの国民の理解と支持があったからこそであります。

今日，日本社会には，新しい時代に挑戦する意欲と「やればできる」という自信が芽生え，改革の芽が大きな木に育ちつつあります。ここで改革の手を緩めてはなりません。私は，自由民主党及び公明党による連立政権の安定した基盤に立って，郵政民営化の実現を弾みに改革を続行し，簡素で効率的な政府を実現します。

そして，小泉首相は，「簡素で効率的な政府の実現」をめざすため，「政府の規模を大胆に縮減するには，国・地方を通じた公務員の総人件費削減，政府系金融機関や独立行政法人などの改革，政府の資産・債務管理の見直し，特別会計の整理合理化は避けて通れません。これらの改革の基本方針を定め

た行政改革推進法案を今国会に提出し，成立を期します」との決意を披露したのであった。その具体策として，「政府系金融機関の改革については，民業補完の原則を徹底します。残すべき機能は，中小零細企業や個人の資金調達支援，重要な海外資源の獲得や国際競争力の確保に不可欠な金融，円借款の三分野に限定し，８つの機関の統廃合や完全民営化を実現いたします」と約し，「道路特定財源については，現行の税率を維持しつつ，一般財源化を前提に，見直しを行います」と述べた。

さらに，「来年度予算においては，一般歳出の水準を今年度以下にするとともに，新規国債発行額を削減し30兆円以下に抑えました。景気対策の一環として導入した定率減税は，経済情勢を踏まえ廃止します。本年６月を目途に，歳出・歳入を一体とした財政構造改革の方向についての選択肢及び工程を明らかにし，改革路線を揺るぎないものといたします」と言及したものの，税制改正については，「公正で活力ある社会にふさわしい税制の実現に向け，国民的な議論を深めながら，消費税，所得税，法人税，資産税など税体系全体にわたって，あらゆる角度から見直しを行ってまいります」と語るにとどまった。

また，小泉首相は，BSE（牛海綿状脳症）問題に関連して，「昨年12月，科学的知見を踏まえ，アメリカ産牛肉の輸入を再開しました。消費者の視点に立って，食の安全と安心を確保してまいります」と述べたが，皮肉にも，施政方針演説がおこなわれた日に，米国産牛肉に危険部位が混入していたことが確認され，「すべての米国産牛肉の輸入手続を停止する」措置がとられたのだ[110]。

くわえて，「国民の安全の確保」という観点から，「耐震強度の偽装事件は，住まいという生活の基盤への信頼を土台から崩すものであります。マンションの居住者及び周辺住民の安全を最優先に，居住の安定確保に努めるとともに，国民の不安を解消するため，実態を把握し，書類の偽造を見抜けなかった検査制度を点検し，再発防止と耐震化の促進に全力を挙げます」との指摘をおこなった。

そして，「外交・安全保障」では，「『国際社会において，名誉ある地位を占めたいと思ふ』，この憲法前文の精神を体して，戦後，我が国は自由と民主主義を守り，平和のうちに豊かな社会を築いてまいりました。今後も，日米同盟と国際協調を外交の基本方針として，いかなる問題も武力によらずに解決するとの立場を貫き，世界の平和と安定に貢献してまいります」と述べたうえで，「在日米軍の兵力の構成見直しに当たっては，抑止力の維持と沖縄を始めとする地元の負担軽減の観点から，関係自治体や住民の理解と協力が得られるよう，全力を傾注いたします」との決意を示した。なお，ここで留意しておきたいのは，「当初，首相は『沖縄をはじめ』の文言を入れない方針だったが，再編問題に反発の強い沖縄県に配慮し盛り込むことにした」という点である[111]。

　ところで，さきの第162回通常国会における施政方針演説（2005年1月21日）においては，「これまでの我が国の国際貢献の実績は常任理事国にふさわしいものであり，国連改革の機運が高まっているこの機を捉え，その一員となるよう外交に一層の力を注いでまいります」と述べ，常任理事国入りへの熱意を示していたものの，今回の施政方針演説では，「国連が効果的に機能するよう，安全保障理事会を含めた国連の改革に取り組みます」と語るだけであった。

　また，北朝鮮については，「先月，国連総会で，北朝鮮の人権状況を非難する決議が初めて採択され，拉致問題の解決の必要性が国際社会において広く認識されました。北朝鮮との間では，平壌宣言を踏まえ，拉致，核，ミサイルの問題を包括的に解決するため，関係国と連携しながら粘り強く交渉してまいります」と述べたものの，「国交正常化」については，言及しなかった。

　さらに，自身の靖国神社参拝問題で，冷却化した中国，韓国との関係に関しては，「一部の問題で意見の相違や対立があっても，中国，韓国は我が国にとって大事な隣国であり，大局的な視点から協力を強化し，相互理解と信頼に基づいた未来志向の関係を築いてまいります」と論じた。

くわえて，「テロや弾道ミサイル等の新たな脅威や緊急事態に対して，国や地方，国民が迅速かつ的確に行動できるよう，国民保護法に基づき，有事における態勢を整備します」との方針を示した。

　注目の憲法改正問題に関して，小泉首相は，「戦後60年を経て，憲法の見直しに関する議論が各党で進んでいます。新しい時代の憲法の在り方について，国民とともに大いに議論を深める時期であります。憲法改正のための国民投票の手続を定める法案については，憲法の定めに沿って整備されるべきものと考えます」との考えを披露した。

　そして，最後に，「幕末の時代，吉田松陰は，『志士は溝壑（こうがく）に在るを忘れず』，すなわち，志ある人は，その実現のためには，溝や谷に落ちて屍をさらしても構わないと常に覚悟している，という孔子の言葉で，志を遂げるためにはいかなる困難をも厭わない心構えを説きました」と語ったあと，「私は，『改革を止（と）めるな』との国民の声を真摯に受け止め，明日の発展のため，残された任期，一身を投げ出し，内閣総理大臣の職責を果たすべく全力を尽くす決意であります」と，演説を結んだのであった。

　なお，今回の施政方針演説は，2カ月まえの2005年11月下旬からねりはじめられたらしく，「例年よりも早い」対応であったという。そして，小泉首相は，「自ら筆を入れ，書き直しは10回以上に及んだ」ようだ。とりわけ，その「思い入れは冒頭と結び」にみてとれる[112]。そして，「原案をばっさり削った」結果，「過去4回と比べると最も短い」，およそ9,200文字の演説が完成したというわけだ[113]。事実，小泉首相自身，「小泉内閣メールマガジン」において，「政府全体の政策を網羅しますので，もともとの演説案は1万5000字ぐらいありましたが，思い切って5000字ぐらいカット。そして，わかりやすくするために，身近なエピソードなどをたくさん盛り込んだつもりです」と語っていた[114]。

（2）施政方針演説に対する評価

　まず，「『有終の美』を飾るためには……」をかかげた『読売新聞』から検

証しよう*115。同紙によれば、「今回の演説では、これまで必ず言及してきた『デフレ克服』の文言が姿を消した。『官から民へ』の改革路線が正しかったから、景気も回復してきた ── 。首相はこう言いたいのだろう」が、「経済も、安定的な成長軌道に乗るまでには至っていない」として、小泉首相の現状認識のあまさを問題視している。

さらに、「就任以来5度目の施政方針演説ではじめて、『消費税』に直接言及し、『税体系全体にわたって、見直しを行う』と表明した」点に関連して、「消費税率の引き上げは、複数税率導入や福祉目的税化の是非など、詰めるべき論点が多い。時間は残り少ない。引き上げに向けた議論を今すぐ始める必要がある」と訴えている。

しかも、「『国のかたち』にかかわる法案も積み残したままだ。憲法改正に必要な手続きを定めた国民投票法案、教育基本法改正案、防衛庁の省昇格法案などだ。いずれも論点は出尽くしている。首相は、今国会成立へ指導力を発揮すべきだ」と記し、首相のリーダーシップに、大きな期待をよせている。

このように、同紙は、「直面する課題に、残された任期いっぱい全力で取り組んでこそ、『有終の美』を飾れる」として、「自ら強調する通り、首相には『残された任期、一身を投げ出し、職責を果たす』こと」をつよく求めている。

『朝日新聞』は、「国会開幕 『有終の美』はまだ早い」との社説をかかげた*116。同紙は、第164回通常国会の冒頭にあたって、「9月で退陣する首相が、有終の美を飾ろうと臨んだとしても不思議ではない」との感想をもらしている。とはいえ、「改革は続けていくべきだろう。政治が問われているのは、その改革がどんな社会をもたらすのか、具体的なビジョンを示すことにほかならない。それこそが小泉改革に欠落していた部分ではないか」と断じ、「今回の国会を単なる『引き継ぎ』に終わらせてはならない。改革路線に欠けていたものや弊害、つまりこの5年間の影の部分に光をあてることこそ、小泉時代最後となる国会に求められる大事な使命だ」とのメッセージを送っている。そして、「マンションの耐震強度を偽装した問題と、ライブドアの

証券取引法違反容疑事件」が,「そのための格好の素材」であると指摘している。それは,これら「ふたつの問題」こそが,「私たちの社会は新たに解き放たれた市場のパワーに振り回されていやしないか。チェックはどうあるべきか。敗者や弱者へのセーフティーネットがもっと必要ではないのか」といった,「いま政治が論議すべき重要な論点」を内包しているからである。

『朝日新聞』とおなじような趣旨の社説をかかげているのが,『毎日新聞』である[117]。同紙の「改革の『陰』は知らんぷりか」は,つぎのように記している。

　　9月退陣を表明している首相の恐らく最後の国会演説だ。にもかかわらず素っ気ない印象が残ったのはなぜだろう。
　　それは今,日本社会を揺るがしている耐震データ偽造事件とライブドアの証券取引法違反事件について首相がどう考えているのか,ほとんど言及しなかったからではなかろうか。二つの事件は小泉政治の陰の側面を象徴的に示すものだ。そして,これこそ5年近くにわたる小泉政権を総括し,ポスト小泉への橋渡しとなる今国会の最大テーマにつながるからだ。

具体的には,「耐震偽造は,ただ単に官から民へと移行させればいいのか,落とし穴を見せつけた。ライブドア事件は,法のすき間をぬって財をなした人間が『勝ち組』とみなされる風潮の中で発覚した」ことを深く受けとめるべきであるということだ。そして,「改革には当然,光も陰もある。改革が進む中で置き去りにしてきたものを見つめ直し,新しいルールや仕組みを構築する。足らざる点に配慮するのも改革だ」という点を再認識する必要があると説く。「でないと小泉政治の発展的継承とはまいらない」のだ。

さらに,同紙は,小泉首相が,「東アジア外交が行き詰まっている現実さえ認めない」点に関連して,それでは「議論は進まない」と非難している。くわえて,「将来,小泉外交の評価につながるであろう日朝交渉や在日米軍

再編は進展していないためか，語っていないに等しい演説」である点にも注
目して，「逃げの印象」をあたえたと記している。

　最後に，「徹底した国会論戦で課題解決の道筋を」と題する社説をかかげ
た，『日本経済新聞』を紹介しよう[118]。同紙も，「国民の関心が極めて高い
耐震偽装事件やライブドア事件」にふれている。前者については，「この事
件に政治家がかかわっていたのかどうかも含め，国会としても事件の究明に
もっと真剣に取り組むべきである。さらに関係者や専門家の声を幅広く聞い
て再発防止策を確立することが望ましい」と述べている。また，後者につい
て，「首相は演説でライブドア事件に直接言及しなかったが，この事件は証
券市場の信認を揺るがす大問題である。首相が演説で述べたように『貯蓄か
ら投資への流れ』は時代の趨勢（すうせい）である。ネット取引の普及で市
場参加者は飛躍的に拡大した。このような時代には米国のSECのような強い
権限を持つ独立性の高い証券取引委員会の存在が不可欠だ。市場の信頼性を
高める制度のあり方について方向性を打ち出すのが政治の責任である」との
注文をつけている。

　もちろん，「アジア外交立て直しや靖国参拝の是非について与野党の徹底
した論戦を期待したい」と記すことも忘れてはいない。いずれにせよ，同紙
は，「与野党とも徹底した論戦を通じて課題解決の道筋を国民に明示すべき
である」ことを強調している。

　四大紙は，9月26日までの任期をのこした小泉首相に，内政・外交の課題
解決にむけて，尽力することをつよく求めているのがわかる。

4．結び

　小泉政権のスタートにあたって，たとえば，米国を代表する『ニューヨー
ク・タイムズ』紙は，「日本の番狂わせ」（Upset in Japan）という社説のな
かで，「同氏のアウトサイダー的な立場が，目標の達成を困難にするであろ

う。もし，日本国民に自分の手腕をわからせることができなければ，夏まで
に，職を失っているかもしれない」と記していた[119]。

　しかし，本総論の冒頭でも紹介したように，小泉首相の政権担当日数
（1980日）は，戦後3番目のながさとなった。それでは，なぜ，小泉内閣は，
これほどまでの長期政権となったのであろうか。

　もっとも大きな理由としては，飯島秘書官も認めているように，経済財政
諮問会議を“重要な舞台装置”として，「最大限活用した」ことがあげられ
よう。つまり，「総理自身が主導し議長を務める諮問会議で決定し，それに
従った予算編成を財務省（というか霞が関全体）が行っていく，という，考
えてみれば当たり前の仕組み，ルールを作ったのである」。しかも，「この諮
問会議を非常に重視し」た小泉首相は，首相在任中にひらかれた，187回の
会議の「全てに欠かさず出席し，議長を務めた」という。また，「経済財政
諮問会議の運営に関しては，いつも綿密な打ち合わせが総理の執務室で行わ
れ」ており，「総理執務室は，文字通り構造改革参謀本部」であり，「議論の
主導権はいつも総理が握っていた」ようだ[120]。

　具体的にいえば，「まず一月に『改革と展望』で中期的なマクロ経済の見
通しを示し，それを踏まえた財政の見通しを明らかにする。次に『改革と展
望』で示した中長期的な目標を念頭に，当面取り組むべき重要政策課題・構
造改革の方針を六月の『骨太方針』で示す。そして七月に歳入面での見通し
を入れた『予算の全体像』を示し，八月に骨太方針と『予算の全体像』を前
提とした『概算要求基準』を財務省に策定させる」というわけだ。このよう
に，「諮問会議が主導し，トップダウンで予算編成の仕組み，施策の優先順
位，構造改革の方向性を示して，財務省以下の官僚組織がそれに従って予算
編成作業を行う，という，これまでとは全く違う『予算編成の歳時記』がで
きたのである」[121]。

　この背景には，「行政改革のため，法律によって首相に与えられている権
限が拡大された」という点が大きく関係しているが，同時に，「政治改革に
よって首相が自民党総裁として保持する権限の重みが増す」という事実があ

ったことも忘れてはならない。つまり，衆議院議員総選挙への小選挙区比例代表並立制の導入により，選挙時の「公認権は絶大な威力を発揮する」ようになったのだ。くわえて，「政党助成制度が導入されたことは，政治資金配分権の重みを増すこと」となった。かくして，「小泉は実質的に強化された総裁権限と首相権限をともに手にするはじめての首相」となり，「五五年体制に比べ」て，「はるに強い権力を行使できる」立場におかれていたのだ[122]。

　しかしながら，こうした「制度変化の影響は，あったとしても副次的なものにとどまる」のであって，小泉首相個人の「ポピュリストとしての資質」こそが，長期政権の理由であったとする見解もある。とはいえ，「小泉という稀代のマキャベリスト」的要素にくわえ，「竹中，本間（正明）という学者離れした『政治的素質』をもったブレーン，それにメディア戦略に長けた飯島秘書という，人の要素」（カッコ内，引用者補足）が，小泉長期政権の背後にあったことも付言しておきたい[123]。

　メディア対策という意味では，「小泉政権は末期まで約五〇％という高い支持率をキープした」が，「この背景に，キメ細かい世論への対応があった」ことにも留意する必要があろう。つまり，「事前に何回も独自の世論調査で動向を見極めた」うえで，「『これなら勝てる』と確信」をもった段階で，政治的な争点の「決断に踏み切った」というわけだ[124]。「その点で，小泉さんは，世論調査をまるで視聴率のように扱うことができる，稀な総理大臣であるということになります。その辺が，彼の天才的なところです」と述べる識者もいるほどである[125]。

　だが，そのような小泉首相の政治手法において，マイナスの側面がなかったのかといえば，けっしてそうではない。たとえば，「小泉改革と現在の格差拡大を直結するのは早計であるようだ」としつつも，「長期不況にともなう企業の雇用形態の変化が格差拡大に一定の影響を与えたことはたしか」と指摘する見方もある[126]。

　また，靖国神社参拝問題も，負の側面の一つといえよう。小泉首相は，自民党総裁選挙の折りに，8月15日の靖国神社への参拝を公約していた。総理

就任後，その時期がずれてはいたものの，2001年8月13日，2002年4月21日（春季例大祭の初日），2003年1月14日，2004年1月1日，2005年10月17日（秋季例大祭の初日）と，毎年，参拝をつづけていた。小泉首相の靖国神社参拝をめぐっては，その都度，中韓両国から，抗議がなされた。こうした経緯がありながら，退陣を目前にひかえた，2006年8月15日，小泉首相は，靖国神社への参拝を断行したのであった。小泉首相によれば，「敢えて（8月）15日を避けて参拝してきました」（カッコ内，引用者補足）が，「8月15日を避けても，いつも批判や反発，そして何とかこの問題を大きく取り上げようとする勢力，変わらないですね。いつ行っても同じです。ならば，今日は適切な日ではないかなと」判断したというわけだ[127]。ちなみに，前出の飯島秘書官は，「これで公約はすべて達成した。唯一残っていた最初の総裁選での公約が達成できたのだ」と満足げに語っているが[128]，参拝翌日の四大紙の社説のタイトル（「靖国参拝　耳をふさぎ，目を閉ざし」[129]「こんな騒ぎはもうたくさん」[130]「『心の問題』だけではすまない」[131]「ひとりよがりの小泉首相靖国参拝」[132]）をみると，その評価が手厳しいことがわかる。

　くわえて，テロ対策特別措置法とイラク復興支援特別措置法をめぐる国会での論議をみても，納得のいく議論がつくされたとはいいがたい。このように，小泉首相による説明責任がはたされないままの状態で，日本の安全保障政策の大転換が，なし崩し的におこなわれてしまったのだ。

　したがって，われわれが，1980日におよんだ小泉政権を評価する場合，こうした負の側面にも十分留意する必要があるように思えてならない。

現代日本政治の現状と課題　*65*

注

＊1　http://www.kantei.go.jp/jp/koizumispeech/2006/09/26danwa.html（2007年7月20日）。

＊2　浅野善治「国会はどのような活動をしているか」浅野一郎編『国会入門』（信山社，2003年），191頁。

＊3　『毎日新聞』2006年1月20日（夕），1面。

＊4　なお，施政方針演説の目的が，次年度の予算にもとづく，政府全体の政策の説明であるのに対して，所信表明演説のほうは，政策展開だけではなく，首相自身の政治理念を論じることに力点がおかれる場合が多いという。そのため，各省庁の政策を総花的にもりこむ，施政方針演説の文字数が，平均1万4,000字〜1万5,000字にたっする一方，所信表明演説のほうは，その半分程度の分量になるという。ちなみに，小泉首相のはじめての所信表明演説は，およそ6,500字であった（『読売新聞』2001年5月8日，2面）。

＊5　自由民主党編『自由民主党五十年史』〔下巻〕（自由民主党，2006年），406頁。

＊6　奥島貞雄『自民党総裁選－権力に憑かれた亡者たち－』（中央公論新社，2006年），198頁。

＊7　自由民主党編，前掲書『自由民主党五十年史』〔下巻〕，402頁。

＊8　奥島，前掲書『自民党総裁選』，198頁。

＊9　自由民主党編，前掲書『自由民主党五十年史』〔下巻〕，402頁。
　　　なお，このときの自民党総裁選挙については，拙著『日米首脳会談の政治学』（同文舘出版，2005年），169－170頁を参照されたい。

＊10　http://www.kantei.go.jp/jp/koizumispeech/2001/0426danwa.html（2007年7月20日）。

＊11　http://www.kantei.go.jp/jp/koizumispeech/2001/0426setuji.html（2007年7月20日）。

＊12　自由民主党編，前掲書『自由民主党五十年史』〔下巻〕，403－404頁。

＊13　『毎日新聞』2001年4月27日，5面。

＊14　『読売新聞』2001年4月27日，3面。

＊15　『朝日新聞』2001年4月27日，2面。

＊16　『日本経済新聞』2001年 4 月27日，2 面。

＊17　ちなみに，2001年 2 月17・18日に実施された，朝日新聞社の調査によると，森内閣の支持率は，わずか 9 ％であった（『朝日新聞』2001年 2 月19日，1 面）。

＊18　朝日新聞社の調査によれば，細川内閣発足直後の支持率は71％であったのに対して，小泉政権発足直後の支持率は，78％であった（『朝日新聞』2001年 4 月30日，4 面）。

＊19　自由民主党編，前掲書『自由民主党五十年史』〔下巻〕，404頁。

＊20　『第百五十一回国会　衆議院会議録　第二十八号』2001年 5 月 9 日，6 頁および 9 頁。

＊21　http://www.kantei.go.jp/jp/koizumispeech/2001/0507syosin.html（2007年 7 月20日）。

＊22　新聞報道によれば，当初，準備されていた演説原案では，首相公選制に関する「具体的なスケジュール」＝「五月に懇談会設置，年内に具体案提示」が，明記されていたという（『読売新聞』2001年 5 月 8 日，3 面）。

＊23　ちなみに，小泉内閣の首席総理秘書官をつとめた飯島勲氏は，この演説について，「字数にして六千四百五十二字，歴代総理の所信表明演説に比べるとかなり簡潔なものだったが，改革に賭ける総理の強い意志と情熱が込められた熱い演説であった」と述懐している（飯島勲『小泉官邸秘録』〔日本経済新聞社，2006年〕，58頁）。

＊24　『朝日新聞』2001年 5 月 8 日，2 面。

＊25　『毎日新聞』2001年 5 月 8 日，5 面。

＊26　所信表明演説において，集団的自衛権の行使や靖国神社への公式参拝の問題をとりあげなかった点について，小泉首相は，「（演説では）私が最も力を入れたいことを表明したまでだ」と述べたという（『毎日新聞』2001年 5 月 8 日，2 面）。
　　　なお，所信表明演説翌日（5 月 8 日）の閣議で決定された，土井たか子・社民党党首の「小泉内閣発足にあたって国政の基本政策に関する質問主意書」に対する答弁書では，「憲法に関する問題について，世の中の変化も踏まえつつ，幅広い議論が行われることは重要であり，集団的自衛権の問題について，様々な角度から研究してもいいのではないかと考えている」とされた。このように，政府が，集団的自衛権に関して，今後の研究課題にできるとの見解を示したのは，はじめ

てのことであった（『読売新聞』2001年5月8日〔夕〕，2面）。さらに，同答弁書では，靖国神社の問題に関連して，「公式参拝は制度化されたものではないので，今後とも，その都度，実施すべきか否かを判断すべきものと考える」と明記されていた（内閣衆質151第58号）。

＊27　ちなみに，憲法改正については，所信表明演説の作成過程において，「実際にできるかどうかわからないので，時期は切らない方が良い」（政府筋）との判断がはたらき，記述がなくなってしまったようだ（『読売新聞』2001年5月8日，3面）。

＊28　『読売新聞』2001年5月8日，3面。

＊29　『日本経済新聞』2001年5月8日，2面。

＊30　自由民主党編，前掲書『自由民主党五十年史』〔下巻〕，407頁。

＊31　『読売年鑑』〔2002年版〕，150頁。

＊32　同上，169頁。

＊33　飯島，前掲書『小泉官邸秘録』，315頁。

＊34　http://www.kantei.go.jp/jp/koizumispeech/2002/02/04sisei.html（2007年7月20日）。

＊35　『読売年鑑』〔2002年版〕，168頁。

＊36　『朝日新聞』2002年2月4日，1面。

＊37　『毎日新聞』2002年2月4日，1面。また，読売新聞社の調査でも，内閣支持率は，77.6％（1月調査）から，53.0％（2月調査）へと急落している（『読売年鑑』〔2003年版〕，164頁）。

＊38　飯島，前掲書『小泉官邸秘録』，118頁。

＊39　『朝日新聞』2002年2月4日，3面。

＊40　『毎日新聞』2002年2月4日，2面。

＊41　飯島，前掲書『小泉官邸秘録』，118–119頁。

＊42　『第百五十四回国会　衆議院会議録　第四号』2002年2月4日，1頁。なお，この発言は，午前中の閣議で決定した演説全文にはないものであり，不規則発言として，正式な施政方針演説にはふくまれないとのことである（『読売新聞』2002年2月5日，2面）。

＊43　ちなみに，小泉首相は，おなじ日におこなわれた衆議院予算委員会の席上，

「事態が打開されて，私は，正常化に進んでよかったと思っております」と答弁
したものの，「私が一番傷ついている」との心情を吐露していた（『第百五十四回
国会　衆議院　予算委員会議録　第六号』〔2002年2月4日〕，5頁）。

＊44　自由民主党編，前掲書『自由民主党五十年史』〔下巻〕，417-418頁。
　　　ちなみに，飯島秘書官によれば，「総理就任直後から，私は，道路公団改革を
実現しようとすれば，場合によっては政局となり，政界再編成につながりかねな
い，たとえそういう事態になったとしても道路公団改革を実現しなければならな
い，それができなければ小泉改革全体を実現することなどできないと覚悟してい
た」ようだ。したがって，「道路公団改革は，まさしく，小泉改革最初の試金石
であった」というわけだ（飯島，前掲書『小泉官邸秘録』，77-78頁）。

＊45　『読売年鑑』〔2002年版〕，169頁。

＊46　飯島，前掲書『小泉官邸秘録』，72頁。

＊47　さらに，「小泉改革のもう一つのテコは総理の諮問機関『総合規制改革会議』
であった」（自由民主党編，前掲書『自由民主党五十年史』〔下巻〕，413-414頁）。

＊48　飯島，前掲書『小泉官邸秘録』，21頁。

＊49　自由民主党編，前掲書『自由民主党五十年史』〔下巻〕，415頁。ちなみに，「こ
の骨太二〇〇一には，この後五年五カ月の間に小泉内閣が取り組んだ『構造改革』
のメニューがほぼ全て出揃っている。いわば小泉内閣の『構造改革宣言』であっ
た」のだ。そして，「諮問会議はこの後も毎年夏に『骨太方針』を策定し，それ
が政権運営の基本骨格を形作っていくことになるが，中でもとりわけこの二〇〇
一年の骨太方針は，小泉構造改革の『原典』として，事あるごとに引用される
『最も重要な骨太方針』となった」ようだ（飯島，前掲書『小泉官邸秘録』，64頁）。

＊50　飯島，前掲書『小泉官邸秘録』，22-23頁。

＊51　自由民主党編，前掲書『自由民主党五十年史』〔下巻〕，409頁。

＊52　ちなみに，郵政公社関連法案をめぐっては，自民党内の反発がつよく，「結局，
自民党は法案への賛否を明らかにせず，国会提出だけを認める」という，「異例
の措置」（傍点，引用者）がとられることとなった。そして，4月26日に閣議決
定された法案は，自民党との修正協議をへて，7月24日に成立した（『読売年鑑』
〔2003年版〕，164頁）。

＊53　飯島秘書官は，「道路公団改革と並んで，医療制度改革は最初の試金石」と述

べているように、「政府にとっても党にとっても，医療制度改革はいつも非常に
難しく大きな政治課題」である。そのためか，「要所要所で総理自身が官邸に党
幹部を呼んで直接調整に乗り出したり，厚生官僚を叱責する場面が何度もあった」
ようだ。飯島氏によれば，「郵政民営化でさえ，ここまで総理自身が直接コミッ
トすることはなかった」というくらい，「党との対立は厳しかった」ことがわか
る（飯島，前掲書『小泉官邸秘録』，82頁）。

＊54　その後，有事関連法案は，4月17日に国会に提出されたものの，通常国会では，
衆議院武力攻撃事態特別委員会での採決にいたらず，結局，継続審議となった。な
お，有事関連法案の提出は，「政府が1977年，法整備を前提としない有事法制研
究を始めて以来，25年ぶり」のことであった（『読売年鑑』〔2003年版〕，164頁）。

＊55　自由民主党編，前掲書『自由民主党五十年史』〔下巻〕，421－422頁。

＊56　『朝日新聞』2002年2月4日（夕），1面。

＊57　『毎日新聞』2002年2月5日，5面。

＊58　『日本経済新聞』2002年2月5日，2面。

＊59　『読売新聞』2002年2月5日，3面。

＊60　『朝日新聞』2002年2月5日，2面。

＊61　http://www.kantei.go.jp/jp/koizumispeech/2003/01/31sisei.html（2007年7月
20日）。

＊62　ちなみに，2003年度予算案に占める国債依存度は，戦後最悪の数字（44.6％）
であった（『読売年鑑』〔2003年版〕，164頁）。

＊63　『第百五十六回国会　衆議院　予算委員会議録　第三号』2003年1月23日，14
頁。しかし，すでに，小泉首相が，2001年11月22日の閣議の場において，デフレ
対策を目的とした，2002年度補正予算の編成を指示した時点で，「首相の財政構
造改革路線の象徴である『新規国債発行額30兆円以内』の公約を守ることは不可
能」となっていたことも付言しておきたい（『読売年鑑』〔2003年版〕，165頁）。

＊64　ちなみに，道路関係4公団の民営化に関して，小泉首相のことばのなかにある，
「民営化推進委員会の意見」とは，2002年12月6日に答申された最終報告のこと
をさしており，それは，「4公団の債務と資産を引き継ぐ『保有・債務返済機構』
と，高速道路の運営・管理や新規建設を行う5民営会社への移行など」からなっ
ていた（『読売年鑑』〔2003年版〕，165頁）。

＊65　小泉政権と構造改革特区との関係については，さしあたって，拙著『現代地方
自治の現状と課題』（同文舘出版，2004年），172 - 176頁を参照されたい。

　　　なお，施政方針演説のなかにある，「構造改革特区第1号」としては，4月21
日に，「外国語教育特区」（群馬県太田市：英語で授業をおこなう），「ワイン産業
振興特区」（山梨県：ワインメーカーが直営でぶどう農場を経営できる）などが
認められた。その後も，「株式会社や非営利組織（NPO）による学校経営の参入
を認める特区なども加わり，年内に認められた特区は236件」にもたっした（『読
売年鑑』〔2004年版〕，204頁）。

＊66　『日本経済新聞』（夕），2003年1月31日，1面。

＊67　『読売年鑑』〔2004年版〕，171 - 172頁。なお，第151回通常国会に提出され，
その後廃案となった個人情報保護法案の問題点については，拙稿「個人情報保護
法案をめぐるマスメディアの論調」『世界と議会』（第459号）を参照されたい。

＊68　ちなみに，有事関連法案の作成から成立にいたる過程の「節目節目で総理が強
い指示を出していた」ようだ。その点について，飯島秘書官は，「『一般の国民に
も分かりやすい内容』で『民主党の賛成も得て』成立させるべきだという総理の
一貫した強い姿勢があった」ことによって，「包括的・総合的な法案を成立させ
ることができた」と述懐している（飯島，前掲書『小泉官邸秘録』，141頁）。そ
のためであろうか，「衆議院本会議での採決では，議員の約9割が賛成」するこ
ととなった（『読売年鑑』〔2004年版〕，171頁）。

＊69　http://www.kantei.go.jp/jp/koizumispeech/2002/09/17sengen.html（2007年7
月20日）。なお，このときの日朝首脳会談の意義については，たとえば，拙著，前
掲書『日米首脳会談の政治学』，115 - 135頁を参照されたい。ちなみに，飯島秘書
官は，「金総書記の謝罪に加え，拉致・工作船の活動の再発防止やミサイル発射実
験凍結の延長等を含む日朝平壌宣言の署名など，正常化交渉の前提としては大方
の予想を上回る大きな成果を挙げた訪朝だった」と述べている（飯島，前掲書
『小泉官邸秘録』，151頁）。そのためか，「首相訪朝後の内閣支持率は訪朝前の8月
の45.7％から66.1％に上昇した」のであった（『読売年鑑』〔2003年版〕，165頁）。

＊70　『読売年鑑』〔2004年版〕，205頁。なお，イラク復興支援特別措置法をめぐる
国会論議の問題点については，拙著，前掲書『日米首脳会談の政治学』，55 - 56
頁を参照されたい。

＊71　『読売新聞』2003年2月1日，3面。

＊72　『日本経済新聞』2003年2月1日，2面。

＊73　『朝日新聞』2003年2月1日，2面。

＊74　『毎日新聞』2003年2月1日，5面。

＊75　「小泉内閣メールマガジン」第81号（2003年2月6日付）。

＊76　『読売年鑑』〔2004年版〕，165頁。

＊77　http://www.kantei.go.jp/jp/koizumispeech/2004/01/19sisei.html（2007年7月20日）。

＊78　自由民主党編，前掲書『自由民主党五十年史』〔下巻〕，440頁。

＊79　同上，438-439頁。

＊80　『第百五十六回国会　国家基本政策委員会合同審査会会議録　第五号』2003年7月23日，3頁。

＊81　『読売年鑑』〔2005年版〕，171頁。

＊82　なお，イラクへの自衛隊"派兵"について，小泉首相は，「いま，日本と世界の平和と安定を実現するために，日本は一国平和主義でいくのか，それとも国際協調によるべきなのか，これが問われているのだと思います」と，「小泉内閣メールマガジン」で力説した（「小泉内閣メールマガジン」第125号〔2004年1月22日付〕）。

＊83　『朝日新聞』2004年1月19日（夕），1面。ちなみに，今回の演説は，「全文約1万1100字のうち，イラク問題に直接言及した部分だけで約1200字を費やした」もので，「テロ特措法で自衛隊をインド洋に派遣した後の02年の施政方針演説では，アフガニスタン復興支援への言及は255字に過ぎない」という。ここからも，イラクへの自衛隊"派兵"に対する「首相個人の思い入れもうかがえる」（『朝日新聞』2004年1月20日，2面）。

＊84　『読売年鑑』〔2005年版〕，182頁。

＊85　『日本経済新聞』2004年1月20日，2面。

＊86　ちなみに，7月11日におこなわれた，第20回参議院議員通常選挙では，自民党は，改選議席の50をわりこむ49議席の獲得に終わった。他方，民主党は，改選議席の38を大幅にうわまわる50議席を獲得した。だが，公明党が11議席を獲得していたこともあり，結局，与党は，参議院で139議席を占め，「参院の常任委員会の

委員長を独占したうえで，委員数でも過半数を占め，法案などを与党だけで可決
できる『絶対安定多数』（135議席）を維持した」のであった（『読売年鑑』〔2005
年版〕，194頁）。

＊87　『毎日新聞』2004年1月20日，5面。

＊88　『読売新聞』2004年1月20日，3面。

＊89　『朝日新聞』2004年1月20日，2面。

＊90　http://www.kantei.go.jp/jp/koizumispeech/2005/01/21sisei.html（2007年7月
20日）。

＊91　『朝日新聞』2005年1月21日（夕），1面。

＊92　『読売新聞』2005年1月21日（夕），2面。

＊93　『朝日新聞』2004年1月20日，2面。

＊94　自由民主党編，前掲書『自由民主党五十年史』〔下巻〕，456頁。なお，閣議決
定の全文については，http://www.kantei.go.jp/jp/kakugikettei/2004/
0910yusei.html（2007年7月20日）を参照されたい。

＊95　『第百六十二回国会　参議院会議録　第二号』2005年1月25日，11頁。

＊96　同上，12頁。

＊97　自由民主党編，前掲書『自由民主党五十年史』〔下巻〕，461-462頁。

＊98　http://www.kantei.go.jp/jp/koizumispeech/2005/08/08kaiken.html（2007年7
月20日）。

＊99　自由民主党編，前掲書『自由民主党五十年史』〔下巻〕，463頁。

＊100　飯島，前掲書『小泉官邸秘録』，268頁。

＊101　ちなみに，「第44回総選挙で獲得した296議席は衆議院全議席の61.7％。296議
席で63.4％を占めた昭和35年の総選挙（池田内閣）に次ぐ高率で，300議席を獲得
した61年の衆参同日選挙（中曽根内閣）の58.6％を3.1ポイント上回った」という
（自由民主党編，前掲書『自由民主党五十年史』〔下巻〕，465頁）。

＊102　自由民主党編，前掲書『自由民主党五十年史』〔下巻〕，468頁。

＊103　この点に関連して，飯島秘書官は，「小泉総理自身，道路公団改革は，本当に
よく実現できたものだ，と実感している。就任当初からは想像もできない大きな
成果を挙げることができた」と述懐している。さらに，同秘書官によれば，「小
泉総理の政治は，官邸と衆参の政党政治とのせめぎ合いの連続だった。あらゆる

意味で，相手は野党ではなく与党であり，与党対策に明け暮れ，与党と戦い続け
たことは，内閣史上初めてといえると思う。与党が改革に反対すれば国民から批
判を浴び『抵抗勢力』になってしまうが，逆に手を緩めれば望まない改革が進ん
でしまう。この小泉流の政治で，道路公団改革を与党と戦いながらやり遂げたこ
とが，次の郵政改革の成功にもつながった」ようだ（飯島，前掲書『小泉官邸秘
録』，168－169頁）。

＊104　『朝日新聞』2005年1月23日，3面。

＊105　『毎日新聞』2005年1月22日，5面。

＊106　『日本経済新聞』2005年1月23日，2面。

＊107　『読売新聞』2005年1月22日，3面。

＊108　なお，施政方針演説では，「教育基本法の改正については，国民的な議論を踏
まえ，積極的に取り組んでまいります」と述べられただけであった。

＊109　http://www.kantei.go.jp/jp/koizumispeech/2006/01/20sisei.html（2007年7
月20日）。

＊110　http://www.mhlw.go.jp/houdou/2006/01/h0120-2.html（2007年7月20日）。

＊111　『毎日新聞』2006年1月19日，1面。

＊112　『毎日新聞』2006年1月20日（夕），5面。

＊113　『読売新聞』2006年1月20日（夕），2面。

＊114　「小泉内閣メールマガジン」第219号（2006年1月26日付）。

＊115　『読売新聞』2006年1月21日，3面。

＊116　『朝日新聞』2006年1月21日，3面。

＊117　『毎日新聞』2006年1月21日，5面。

＊118　『日本経済新聞』2006年1月21日，2面。

＊119　*The New York Times*, Apr. 26, 2001, p.22.

＊120　飯島，前掲書『小泉官邸秘録』，21－23頁および69頁。

＊121　同上，69頁。

＊122　竹中治堅『首相支配－日本政治の変貌－』（中央公論新社，2006年），242－
243頁および252頁。

＊123　大嶽秀夫『小泉純一郎－ポピュリズムの研究－』（東洋経済新報社，2006年），
244頁および259頁。

＊124　鈴木棟一『永田町の暗闘　小泉政権50の功罪－劇場型政治で日本は何を失ったのか－』（ダイヤモンド社，2006年），Ⅵ頁。

＊125　御厨貴『ニヒリズムの宰相－小泉純一郎論－』（ＰＨＰ研究所，2006年），41頁。

＊126　内山融『小泉政権』（中央公論新社，2007年），206頁。

＊127　http://www.kantei.go.jp/jp/koizumispeech/2006/08/15interview.html（2007年7月20日）。

＊128　飯島，前掲書『小泉官邸秘録』，314頁。

＊129　『朝日新聞』2006年8月16日，3面。

＊130　『毎日新聞』2006年8月16日，5面。

＊131　『読売新聞』2006年8月16日，3面。

＊132　『日本経済新聞』2006年8月16日，2面。

現代日本政治の現状と課題　*75*

資料1　小泉政権の足跡と語録

2001年

4月24日　自民党総裁選で第20代総裁に選出

　　26日　小泉内閣発足。読売新聞緊急世論調査で内閣支持率が87.1%と歴代最高を記録

5月9日　「私の内閣になって（郵政民営化論は）タブーでなくなった。旧郵政省の分からない論理は小泉内閣には通用しない」（衆院の各党代表質問）

　　23日　ハンセン病訴訟で控訴断念を決断

　　27日　「痛みに耐えてよく頑張った。感動した。おめでとう」（大相撲夏場所で優勝した貴乃花の表彰式）

6月21日　「ある程度の痛みに耐えないと明るい展望が開けることはありえない。改革なくして成長なし」（経済財政諮問会議の「経済財政運営の基本方針」決定後，記者団に）

7月29日　参院選で自民党が大勝

8月13日　終戦記念日を避け，靖国神社参拝

9月11日　米同時テロ

9月24日　「ウイ・マスト・ファイト・テロリズム（我々はテロと戦わなければならない）だ。長い戦いの始まりだ」（米同時テロを受けて緊急訪米し，記者団に）

10月29日　テロ対策特別措置法が成立

2002年

1月25日　「涙は女の武器だって言うからね。泣かれるともう男は太刀打ちできないでしょ」（田中真紀子外相が外務省と対立して涙ぐんだことについて，記者団に）

　　29日　田中外相と野上義二外務次官を更迭。鈴木宗男衆院議院運営委員長も辞任表明

9月17日　日本の首相として初の北朝鮮訪問。平壌で金正日総書記と会談。「日朝平壌宣言」に署名

　　30日　首相就任後，初の内閣改造

10月15日　北朝鮮による拉致被害者5人が帰国

2003年

3月18日　「米国が各国と共同して（イラクへの）武力行使に踏み切った場合，日本政府はこの決断を支持する。大量破壊兵器がもし独裁者やテロリストの手に渡った場合，何十万という生命が脅かされることを考えると，人ごとではない」（首相官邸で記者団のインタビューに）

3月20日　イラク戦争開戦

4月28日　日経平均株価の終値7,607円88銭。バブル崩壊後の最安値更新

6月6日　武力攻撃事態法など有事関連3法成立

7月23日　「どこが非戦闘地域なのか，私に聞かれても分かるはずがない」（イラクへの自衛隊派遣で民主党の菅直人代表との党首討論で）

7月26日　イラク復興支援特別措置法成立

　　29日　「郵政民営化の是非を党員に問いたい」（再選を目指す総選出馬会見で）

9月20日　自民党総裁選で再選

　　22日　小泉再改造内閣発足

10月10日　衆院解散

11月9日　衆院選投開票。自民党は過半数割れしたが，与党は絶対安定多数を確保

　　19日　第2次小泉内閣発足

　　29日　イラクで外交官2人殺害

12月9日　自衛隊のイラク派遣基本計画を閣議決定。「危険だからといって，人的貢献はしない，金だけ出せばいい，という状況にはない」（閣議決定後の記者会見で）

2004年

1月1日　靖国神社参拝

5月7日　福田康夫官房長官が年金保険料未納で引責辞任

　　22日　2度目の訪朝。金正日総書記と平壌で再会談。拉致被害者の家族5人が帰国

6月2日　道路4公団民営化法が成立

　　2日　「人生いろいろ，会社もいろいろ，社員もいろいろだ」（衆院決算行政監視委員会。勤務実態がなく，厚生年金に加入していたと追求する民主党の岡田克也代表に）

7月11日　参院選で自民が不振。民主党が躍進

9月27日　第2次小泉改造内閣が発足

12月2日　「今の時代，仮に女性天皇が現れても，国民は歓迎するのでは。そんなに異論はないと思う」（皇室典範見直し論に関し，記者団に前向き発言）

2005年

4月26日　「まずは本丸攻めに全力を尽くす。抵抗勢力が立てこもっているからね」（政権発足4周年で記者団に）

　　27日　郵政民営化関連法案を閣議決定

8月8日　郵政法案が参院本会議で17票差で否決。衆院解散。「国会は『郵政民営化は必要ない』という判断を下した。国民に本当に必要ないのか聞いてみたい。今回の解散は郵政解散だ」（衆院解散後の記者会見で）

9月11日　衆院選で自民党が296議席で圧勝「私の郵政民営化論は国会では暴論と言われたが，国民は正論だと判断してくれた」（衆院選の大勝後，NHKのインタビューで）

　　21日　第3次小泉内閣が発足

10月14日　郵政民営化関連法が成立

　　17日　任期中5回目の靖国神社参拝

　　31日　第3次小泉改造内閣が発足。安倍氏が官房長官で初入閣

2006年

2月9日　政府・与党が皇室典範改正案の国会提出見送りを決定

5月26日　行政改革推進法など行革関連5法が成立

　　30日　在日米軍再編に関する基本方針を閣議決定

7月5日　北朝鮮が計7発の弾道ミサイルを発射

　　17日　陸自部隊がイラク撤退完了

8月15日　靖国神社参拝。「15日を避けても批判，反発は変わらない。いつ行っても同じだ。ならば，今日は適切な日ではないか」（参拝後，記者団に）

9月6日　秋篠宮悠仁さま誕生

（出所）　『読売新聞』2006年9月18日，9面。

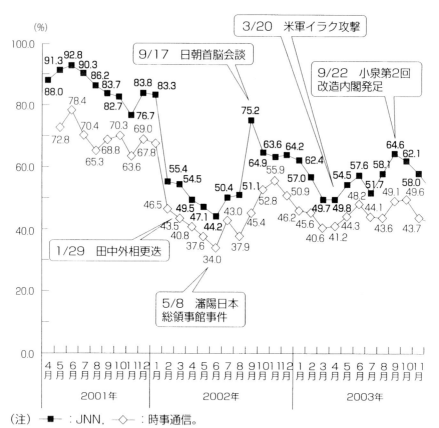

資料2　小泉内閣の支持率の推移

(注)　■─：JNN，◇─：時事通信。
(出所)　飯島勲『小泉官邸秘録』（日本経済新聞社，2006年），330-331頁。

現代日本政治の現状と課題 77

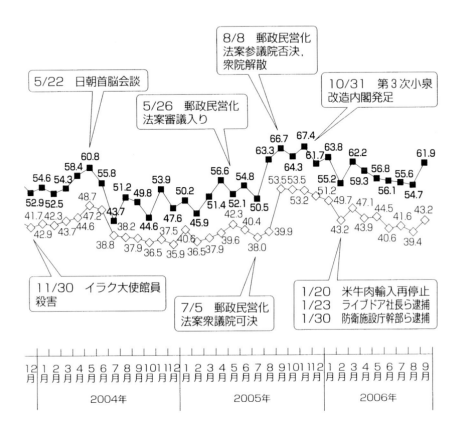

資料3　自民支持層と無党派層の内閣支持模様（中曽根内閣以降）

	中曽根	竹下	宇野	海部	宮沢	細川	羽田	村山	橋本	小渕	森	小泉
内閣支持率	40	35	28	47	33	68	47	37	43	37	22	50
不支持率	34	40	44	32	48	15	32	42	38	41	57	34
自民支持率	44	41	32	44	42	24	26	27	31	28	29	33
無党派層の比率	33	35	39	30	36	42	43	47	48	47	46	46
【自民支持層】												
内閣支持率	65	54	56	73	53	55	44	46	75	65	48	80
内閣支持層に占める割合	72	68	64	69	70	20	24	33	56	52	56	54
【無党派層】												
内閣支持率	20	18	15	26	16	62	38	27	27	23	11	36
内閣支持層に占める割合	16	17	21	16	17	38	35	34	30	29	22	33

（注）数字は％。いずれも在任中の平均値。宇野，羽田両内閣は調査1回だけ。

（出所）『朝日新聞』2006年9月20日，13面。

第Ⅱ部
各 論

国会の現状と課題
―改革の動きを中心に―

1 はじめに

　日本国憲法・第41条には，「国会は，国権の最高機関であつて，国の唯一の立法機関である」と明記されているものの，これまで，国会の存在意義が問われることも，しばしばであった。そのため，『国会の再生－その改革と政治倫理－』（藤本一美著：東信堂，1989年）や『ルポルタージュ－国会は死んだか？－』（毎日新聞特別取材班著：毎日新聞社，1996年）といったタイトルの書籍が刊行されてきた経緯がある。
　とはいえ，これまで，国会改革の動きがまったくみられなかったわけではない。たとえば，「衆議院は，国会審議を活性化し，国民に開かれた国会とするため，平成3年1月の第120回国会から，映像により審議等を公開することを目的とした国会審議テレビ中継を開始」したし，さらに，「審議等を直接国民に公開するため，平成11年1月召集の第145回国会からインターネットを利用したライブ中継」も実施するなどして，国会と国民とのあいだの距離を縮めることにつとめてきた*¹。
　また，参議院では，「議案に対する議員個々人の賛否を国民に明らかにすることは，議員の政治責任をより一層明確にすることになり，また，情報公開の点からも大きな意味を持つことになる。さらに，今日，幾つかの政党に

おいて党議拘束を緩和する方向に向かっている情況にかんがみ，本会議の表決において迅速に議員の採決結果を集計記録し，国民に明らかにすることが可能となる電子式投票装置を導入すべきであるとの意見が大勢を占めた」（「参議院制度改革検討会報告書」：1996年12月16日）ことを受け，1998年1月14日から，押しボタン式投票による採決がなされるようになった[*2]。

　そこで，本章においては，こうした改革の動きを視野に入れつつ，まずはじめに，国会のしくみについて論じる。つづいて，国会をとりまく現状を紹介する。そして最後に，国会改革との関連から，国会のかかえる課題について，簡単な私見を述べてみたい。

2 国会のしくみ

　もともと，大日本帝国憲法下において設置された帝国議会は，「天皇の大権に従属し，それは天皇の立法権の行使を協賛する機関にすぎなかった。これに対して，第二次大戦後の国会は，主権在民をうたう新しい憲法の下で，その役割を一新した」といわれる。だが，現実に，「わが国の国会が言論の府として，当初のねらい通りに運営され，かつ本来の機能を果たしているかといえば，必ずしもそうとばかりいえない面もある」。すなわち，「国会審議の形骸化がしばしば指摘されてきたし，また国会運営の在り方についても，国民の批判の声が高まってきた」からだ[*3]。そこで，本節では，こうした認識をもとにして，国会のしくみについて言及したい。

　ここでは，国会に関する規定がもられている日本国憲法・第4章（第41条〜第64条）を中心に，国会のしくみについて紹介する。

　まず，国会の地位に関しては，日本国憲法・第41条に，「国会は，国権の最高機関であつて，国の唯一の立法機関である」と明記されている。このように，「国会が国権の最高機関といわれるのは，国家権力とか国の統治権と呼ばれるものは，すべて国会によって定められた法律に基づいて発動され，国家権力の行使者である首相もまた，国会によって指名されるからである。

逆にいえば、政府や国家の権力は、すべて国会のコントロール下に置かれるというのが、憲法の目指す政治のあり方である」とされる[4]。

これに対して、『国会事典』は、「『最高』というのは政治的な意味であって、・・・法的に国会意思が他のすべての国家機関の意思に優越するという意味ではない」としている。したがって、ここでいう「最高」とは、「いわば、重要な機関であることを強調する『政治的美称』」でしかない[5]。なお、この点に関連して、国立国会図書館政治議会課長をつとめた成田憲彦氏も、日本国憲法が三権分立と"抑制と均衡"の制度をとり入れているために、「国会をとくに『国権の最高機関』とする理由はなく、この語はたんに『政治的美称』にすぎない」と述べている[6]。

かつての大日本帝国憲法では、「凡テ法律ハ帝国議会ノ協賛ヲ経ルヲ要ス」（第37条）、「天皇ハ帝国議会ノ協賛ヲ以テ立法権ヲ行フ」（第5条）、「天皇ハ法律ヲ裁可シ其ノ公布及執行ヲ命ス」（第6条）などとされており、法律が成立するためには、帝国議会の協賛と天皇の裁可が必要であった。だが、日本国憲法のもとにおいては、「国の唯一の立法機関」との文言にあるように、「立法権は国会にのみ属し、国会の他に立法権を有し、これを行使する機関は存在しない」わけである[7]。

つぎに、日本国憲法・第42条は、「国会は、衆議院及び参議院の両議院でこれを構成する」として、二院制（両院制）を規定している（なお、日本国憲法・第48条において、両議院議員の兼職禁止が記されている）。そして、「両議院は、全国民を代表する選挙された議員でこれを組織する」（日本国憲法・第43条）のである。通例、二院制を採用している国のほとんどが、連邦制をとっている。それにもかかわらず、わが国において、二院制が採用されたのは、「衆議院の行き過ぎを抑制し、それによって衆議院の機能を補完することで、その独自性を発揮すること」への期待があったからだ。しかしながら、参議院において、「直接選挙型を採択したこととあいまって、議会政治において政党化が急速に進み、その影響が参議院に及んだ」。そのため、周知のように、「参議院は、衆議院の単なる『カーボンコピー』に堕してし

まったという批判」も生じている[8]。

ところで，日本国憲法は，"衆議院の優越"を認めている。具体的には，①法律案の議決，②予算の議決，③条約の承認，④内閣総理大臣の指名においてである[9]。

まず，①の法律案の議決に関しては，日本国憲法・第59条２項において，「衆議院で可決し，参議院でこれと異なつた議決をした法律案は，衆議院で出席議員の三分の二以上の多数で再び可決したときは，法律となる」と明記されている。くわえて，「参議院が，衆議院の可決した法律案を受け取つた後，国会休会中の期間を除いて六十日以内に，議決しないときは，衆議院は，参議院がその法律案を否決したものとみなすことができる」（日本国憲法・第59条４項）のであり，衆議院は３分の２以上の多数による再可決をおこない，その結果，法律を成立させることができる。

つぎに，②の予算の議決である。衆議院には，「予算先議権」があり，かならず，「予算は，さきに衆議院に提出しなければならない」とされている（日本国憲法・第60条１項）。そして，「予算について，参議院で衆議院と異なつた議決をした場合に，法律の定めるところにより，両議院の協議会を開いても意見が一致しないとき，又は参議院が，衆議院の可決した予算を受け取つた後，国会休会中の期間を除いて三十日以内に，議決しないときは，衆議院の議決を国会の議決とする」（日本国憲法・第60条２項），"予算の自然成立"が認められている。

そして，③の条約の承認については，予算の場合と同内容の優越が衆議院にあたえられている（日本国憲法・第61条）。ただ，条約に関しては，予算の事例とは異なり，衆議院の先議権は明記されていない。だが，現実には，先例にしたがって，たいていの場合，衆議院にさきに案件が提出されるようだ[10]。

最後に，④の内閣総理大臣の指名について，言及する。内閣総理大臣の指名は，「国会議員の中から国会の議決で，これを指名する。この指名は，他のすべての案件に先だつて，これを行ふ」（日本国憲法・第67条１項）となっている。しかし，万一，「衆議院と参議院とが異なつた指名の議決をした

場合に，法律の定めるところにより，両議院の協議会を開いても意見が一致しないとき，又は衆議院が指名の議決をした後，国会休会中の期間を除いて十日以内に，参議院が，指名の議決をしないときは，衆議院の議決を国会の議決とする」ことが，日本国憲法・第67条2項にもられている。

これら以外では，「内閣の信任，不信任決議の議決権，臨時会や特別会の会期，会期の延長，また会計検査官の任命等についても，衆議院の優越が認められている」[11]。このように，国会の有する重要な権限に関して，衆議院の優越が認められているものの，憲法改正の発議については，「両議院の権限は対等であり，衆議院の優越は定められていない」点を付言しておく[12]。

それではここで，衆議院および参議院の定数と任期についてみてみよう。日本国憲法・第43条2項には，「両議院の議員の定数は，法律でこれを定める」とある。公職選挙法によれば，「衆議院議員の定数は，四百八十人とし，そのうち，三百人を小選挙区選出議員，百八十人を比例代表選出議員とする」（第4条1項）こととなっており，また，「参議院議員の定数は二百四十二人とし，そのうち，九十六人を比例代表選出議員，百四十六人を選挙区選出議員とする」（第4条2項）と明記されている。なお，衆議院の比例代表選出に関しては，全国を11のブロック（北海道，東北，北関東，南関東，東京都，北陸信越，東海，近畿，中国，四国，九州）にわけ，各選挙区ごとに当選者を決定する方式がとられている。また，参議院の比例代表選出は，非拘束名簿式比例代表制を採用しており，選挙区選出のほうは，各都道府県を単位としている。ここでいう非拘束名簿式とは，第19回参議院議員通常選挙（2001年7月29日）から導入されたもので，各政党が提出する「名簿では当選順位は決められておらず，有権者が候補者名または政党名のいずれかを記載して投票する方式」のことをいう。ちなみに，それまでは，「あらかじめ政党の側で候補者の当選順位を決めておく」拘束名簿式が採用されており，この方式では，「有権者は政党名を記載して投票」するようになっていた[13]（表1-1，表1-2参照）。

そして，任期については，衆議院議員が4年（日本国憲法・第45条：「解

散の場合には，その期間満了前に終了する」），参議院議員が 6 年（ 3 年ごとに議員の半数を改選）とされている（日本国憲法・第46条）。

なお，被選挙権は，「衆議院議員については年齢満二十五年以上の者」（公職選挙法・第10条 1 項），他方の「参議院議員については年齢満三十年以上

表 1 － 1　衆議院における各会派別の所属議員数

2007 年 7 月 12 日現在

会派名	会派略称	所属議員数
自由民主党	自民	305
民主党・無所属クラブ	民主	111
公明党	公明	31
日本共産党	共産	9
社会民主党・市民連合	社民	7
国民新党・そうぞう・無所属の会	国民	6
無所属	無	8
欠員		3
計		480

（出所）http://www.shugiin.go.jp/itdb_annai.nsf/html/statics/syu/kaiha_m.htm
（2007年7月20日）。

表 1 － 2　参議院における各会派別の所属議員数

2007 年 7 月 1 日現在

会派名	議員数	2007年 7月28日任期満了			2010年 7月25日任期満了		
		比例	選挙区	合計	比例	選挙区	合計
自由民主党	109	20	43	63	13	33	46
民主党・新緑風会	83	11	20	31	19	33	52
公明党	23	7	5	12	8	3	11
日本共産党	9	4	1	5	4	0	4
社会民主党・護憲連合	6	3	0	3	2	1	3
国民新党	4	1	1	2	1	1	2
各派に属しない議員	6	2	1	3	1	2	3
合　計	240	48	71	119	48	73	121
欠　員	2	0	2	2	0	0	0
総定数	242	48	73	121	48	73	121

（出所）http://www.sangiin.go.jp/japanese/joho1/kousei/kaiha/giinsu.htm
（2007年7月20日）。

の者」(公職選挙法・第10条2項)となっている。他方、選挙権は、衆議院議員、参議院議員ともに、「日本国民で年齢満二十年以上の者」(公職選挙法・第9条1項)と定められている。

また、いうまでもないが、衆議院議員、参議院議員および選挙人の資格について、「人種、信条、性別、社会的身分、門地、教育、財産又は収入によつて差別してはならない」(日本国憲法・第44条)。

ところで、「両議院の議員は、法律の定めるところにより、国庫から相当額の歳費を受ける」ことが、日本国憲法・第49条に明記されている。国会法・第35条によれば、「議員は、一般職の国家公務員の最高の給料額より少くない歳費を受ける」となっている。2005年5月1日現在、議員は月額132万8,000円の歳費を受けている[14]。さらに、年2回、合計635万4,480円の期末手当が支給される。したがって、議員の年収はおよそ2,230万円となり、これは諸外国の数値と比較しても、最高水準にあるといわれる。ちなみに、米国の議員歳費は、1999年現在で、年額13万6,700ドル(およそ1,700万円)、イギリス下院では、2002年現在で、年額5万5,118ポンド(およそ970万円)となっている[15]。

このほか、衆参両院の議員に対して、文書通信交通滞在費(月額100万円)、立法事務費(月額65万円:所属会派への交付)が支給されている。また、議員会館(衆議院は2棟、参議院は1棟)内の39.95平方メートルの部屋を事務室として、無料で使用できるほか、都心の一等地にある議員宿舎(衆議院は4カ所、参議院は2カ所)を10万円以下の料金で使用できる(朝夕には、議員を送迎するため、議員宿舎と議員会館のあいだを往復する無料のマイクロバスが運行される)。そして、JR・私鉄・バスの無料パスが配布されるほかに、最大4往復分の選挙区への航空クーポン券も手にする。くわえて、10年以上在職した議員は、年間412万円の議員年金を得ていた(在職年数が1年ますごとに、およそ8万200円ずつ増額)。だが、議員年金廃止法の施行日(2006年4月1日)以降の国政選挙において、当選をはたした国会議員に対しては、この制度が、適用されなくなったことを付言しておく。

さらに，議員の特権としては，不逮捕特権と免責特権が認められている。前者の不逮捕特権とは，「両議院の議員は，法律の定める場合を除いては，国会の会期中逮捕されず，会期前に逮捕された議員は，その議院の要求があれば，会期中これを釈放しなければならない」（日本国憲法・第50条）ことであり，後者の免責特権とは，「両議院の議員は，議院で行つた演説，討論又は表決について，院外で責任を問はれない」（日本国憲法・第51条）ことである。

　つぎに，国会の召集と会期について述べてみたい。国会は，内閣の助言と承認にもとづいて，天皇が国事行為としておこなう（日本国憲法・第7条2号）。召集される国会には，常会（通常国会），臨時会（臨時国会），特別会（特別国会）がある。常会とは，毎年1回召集されるもので（日本国憲法・第52条），「毎年一月中に召集するのを常例とする」（国会法・第2条）ものをいう。会期は，150日間（国会法・第10条）で，会期の延長は1回のみ認められている（国会法・第12条）。

　臨時会は，臨時の必要がある場合におこなわれるもので，内閣がその召集を決定することができる。だが，「いづれかの議院の総議員の四分の一以上の要求があれば，内閣は，その召集を決定しなければならない」とされる（日本国憲法・第53条）。このほか，衆議院議員の任期満了による総選挙がおこなわれたときや参議院議員の通常選挙がおこなわれたときは，その任期のはじまる日から30日以内に臨時会を召集しなければならないとされている（国会法・第2条の3）。会期は，両議院一致の議決により，決定される（国会法・第11条）。また，会期の延長は，両議院一致の議決によって，2回を超えない範囲で許されている（国会法・第12条）。

　つづいて，特別会である。これは，衆議院議員解散総選挙の日から，30日以内に召集されるものである（日本国憲法・第54条1項）。会期は，両議院一致の議決によって，決定されることとなっており（国会法・第11条），会期の延長は2回まで可能である（国会法・第12条）。

　通例，常会においては，新年度予算案と予算関連の法律案審議がなされる。また，臨時会がおこなわれるのは，内閣首班の決定や緊急を要する条約，法

律案，あるいは，災害対策のための審議を要する場合である。そして，特別会では，召集日に衆議院の正・副議長を選出し，内閣総理大臣の指名が実施される[*16]。

　ちなみに，衆議院の解散中に，なんらかの緊急事態が発生した場合，「参議院の緊急集会」が開かれるケースがある（日本国憲法・第54条2項）。だが，「緊急集会において採られた措置は，臨時のものであつて，次の国会開会の後十日以内に，衆議院の同意がない場合には，その効力を失ふ」（日本国憲法・第54条3項）とされている。なお，参議院の緊急集会は，これまでに，わずか2回しかおこなわれていない[*17]。

　では，こうして召集された国会が，本会議を開くための定足数はどのようになっているのであろうか。日本国憲法・第56条1項によれば，「両議院は，各々その総議員の三分の一以上の出席がなければ，議事を開き議決することができない」とされている。また，両議院の会議は，原則として公開である。だが，「出席議員の三分の二以上の多数で議決したときは，秘密会を開くことができる」とのただし書きが，日本国憲法・第57条1項に明記されている。本会議での議事録についてであるが，「両議院は，各々その会議の記録を保存し，秘密会の記録の中で特に秘密を要すると認められるもの以外は，これを公表し，且つ一般に頒布しなければならない」（日本国憲法・第57条2項）とされる。なお，「両議院の議事は，この憲法に特別の定のある場合を除いては，出席議員の過半数でこれを決し，可否同数のときは，議長の決するところによる」ことも日本国憲法・第56条2項に記されている（＝多数決の原則）。ちなみに，ここでいう「憲法に特別の定のある場合」とは，①憲法改正の発議の場合，②議員の資格争訟の裁判により議席を失わせしめる場合，③両議院の会議で秘密会を開く場合，④議員の除名の場合，⑤衆議院における法律案の再議決の場合をさしている[*18]。

　つぎに，議員の活動を補佐するものとして，議員秘書の存在がある。国会法・第132条には，「各議員に，その職務の遂行を補佐する秘書二人を付する。②前項に定めるもののほか，主として議員の政策立案及び立法活動を補佐す

る秘書一人を付することができる」との文言がみられる。後者の秘書は，政策担当秘書とよばれ，「国会改革の一環として，平成5年の国会法改正により，国会議員の政策活動を直接補佐する秘書を設けて，国会議員の政策立案・立法調査機能を高めるために創設」されたものである（図1－1参照）[*19]。選考にあたっては，「政策担当秘書（いわゆる「政策秘書」）に必要な知識及び能力を有するかどうかを判定する国家試験」のほかに（表1－3参照），「選考採用審査認定」がある。選考採用審査認定とは，「能力，経験，資格等について一定の社会的評価を得ている者を審査対象」とするもので，各議院の審査認定委員会が，政策担当秘書にふさわしいと認定した場合，認定者登録簿に氏名が記載されるものである。その審査認定の対象者としては，①高度の試験合格者（司法試験，公認会計士試験，国家公務員採用I種試験，外務公務員採用I種試験等に合格している者），②博士号取得者（博士の学位を授与されている者），③著書等を有する者（公務員又は会社，労働組合その

図1－1　参議院における政策担当秘書採用状況の推移

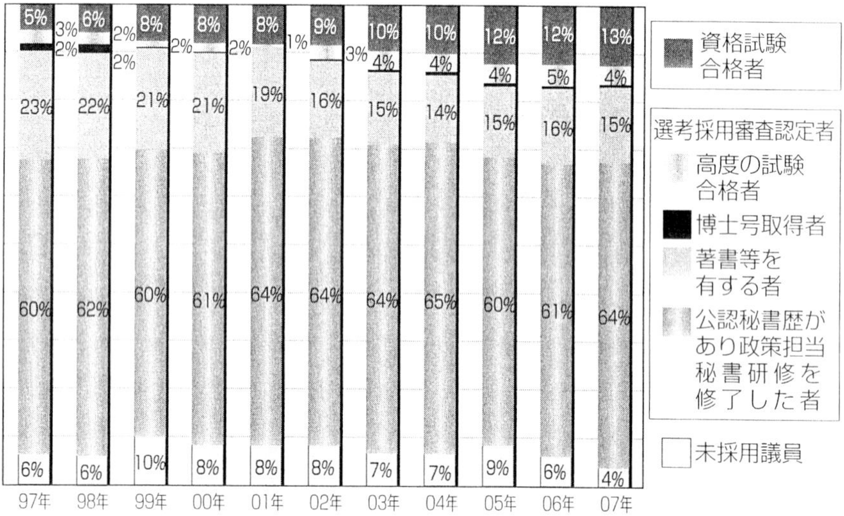

（注）議員数には欠員を含まない。

（出所）http://www.sangiin.go.jp/japanese/frameset/fset_f03_01.htm（2007年7月20日）。

第1章 国会の現状と課題 *91*

表1－3 資格試験の過去の実施状況

	受験申込者数	第1次試験受験者数	論文式採点対象者数	第1次試験合格者数	最終合格者数	対申込者合格率	対受験者合格率	合格者平均年齢
1993年度	1087名 (141名)	739名	150名 (10名)	150名 (10名)	63名 (2名)	5.8%	8.5%	28.6歳
1994年度	620名 (129名)	408名 (70名)	98名 (12名)	98名 (12名)	33名 (6名)	5.3%	8.1%	27.4歳
1995年度	686名 (100名)	430名 (50名)	117名 (10名)	117名 (10名)	42名 (4名)	6.1%	9.8%	27.0歳
1996年度	668名 (102名)	444名 (53名)	101名 (9名)	101名 (9名)	38名 (4名)	5.7%	8.6%	24.2歳
1997年度	747名 (116名)	494名 (52名)	125名 (11名)	125名 (11名)	39名 (3名)	5.2%	7.9%	28.7歳
1998年度	571名 (81名)	370名 (39名)	77名 (0名)	77名 (0名)	24名 (0名)	4.2%	6.5%	29.3歳
1999年度	566名 (72名)	368名 (44名)	81名 (7名)	81名 (7名)	22名 (2名)	3.9%	6.0%	27.2歳
2000年度	426名 (58名)	267名 (26名)	63名 (2名)	63名 (2名)	12名 (0名)	2.8%	4.5%	29.1歳
2001年度	535名 (77名)	326名 (36名)	81名 (7名)	81名 (7名)	24名 (3名)	4.5%	7.4%	29.6歳
2002年度	546名 (58名)	353名 (27名)	86名 (2名)	86名 (2名)	24名 (1名)	4.4%	6.8%	31.7歳
2003年度	515名 (61名)	335名 (26名)	82名 (4名)	19名 (2名)	19名 (2名)	3.7%	5.7%	32.1歳
2004年度	505名 (75名)	305名 (38名)	80名 (6名)	25名 (1名)	22名 (1名)	4.4%	7.2%	31.5歳
2005年度	493名 (68名)	286名 (28名)	87名 (3名)	29名 (1名)	26名 (1名)	5.3%	9.1%	29.7歳
2006年度	527名 (86名)	306名 (42名)	83名 (5名)	27名 (3名)	27名 (3名)	5.1%	8.8%	30.4歳

（注）2002年度までは，論文式採点対象者を第1次試験合格者としていた。
　　（　　）内は，女性を示す内数。合格者平均年齢は，最終合格者発表日現在。

（出所）http://www.sangiin.go.jp/japanese/annai/hisho/kako-jisshi.htm（2007年7月20日）。

他の団体（※）での在職期間が通算して10年以上で，かつ，専門分野における業績が顕著であると客観的に認められる著書等がある者：なお，「その他の団体」とは，「社会的な活動を組織的，継続的に行っている法人又は法人でない社団（財団を含む。）で代表者等の定めのあるもの」をさす），④政策担当秘書研修を修了した者（一定期間以上の公設秘書〔第一秘書・第二秘書〕歴を有する者で，かつ，各議院事務局が実施する政策担当秘書研修を受講し，その修了証書を受けている者）のいずれか一つが要件とされている（なお，年齢は採用可能日において，65歳未満の者）。

ちなみに，「政策担当秘書研修」の受講資格は，つぎのようになっている。

①公設秘書（第一秘書・第二秘書）として在職した期間が10年以上の者

②公設秘書（第一秘書・第二秘書）として在職した期間が5年以上10年未満であり，かつ，当該期間と次のa又はbの職務に従事した期間とを合算した期間が10年以上である者

　a．政党職員（国会議員が所属している政党の職員）の職務

　b．公設秘書に類似するものとして審査認定委員会が認める職務

　　b-1　私設の議員秘書

　　b-2　国若しくは地方公共団体の公務員又は会社，労働組合その他の団体（※）の職員としての政策立案，調査研究の職務

　※「その他の団体」とは，社会的な活動を組織的，継続的に行っている法人又は法人でない社団（財団を含む。）で代表者等の定めのあるもの。

議員秘書のほかにも，議員の補佐機関がもうけられている。その一つが，国立国会図書館である。同図書館は，「議員の調査研究に資する」ことを目的として設置されており，なかでも調査及び立法考査局が中心的な役割をになっている。国立国会図書館法・第15条には，同局の職務が規定されている。

①要求に応じ，両議院の委員会に懸案中の法案又は内閣から国会に送付せ

られた案件を，分析又は評価して，両議院の委員会に進言し補佐すると
ともに，妥当な決定のための根拠を提供して援助すること
②要求に応じ，又は要求を予測して自発的に，立法資料又はその関連資料
の蒐集，分類，分析，翻訳，索引，摘録，編集，報告及びその他の準備
をし，その資料の選択又は提出には党派的，官僚的偏見に捉われること
なく，両議院，委員会及び議員に役立ち得る資料を提供すること
③立法の準備に際し，両議院，委員会及び議員を補佐して，議案起草の奉
仕を提供すること。但し，この補佐は委員会又は議員の要求ある場合に
限つて提供され，調査及び立法考査局職員はいかなる場合にも立法の発
議又は督促をしてはならない。
④両議院，委員会及び議員の必要が妨げられない範囲において行政及び司
法の各部門又は一般公衆に蒐集資料を提供して利用させること。

　この調査及び立法考査局は，現在，12の室と15の課から構成されており，
職員数はおよそ190名である。ちなみに，2002年前半の国会議員などからの
依頼にもとづく調査のおもな項目としては，政治・行政・外交分野において
は，日本国憲法制定過程，国会改革，政治倫理，選挙制度，首相公選制，司
法制度改革，特殊法人改革，テロ対策，緊急事態対処（有事法制），外務省
改革，アフガニスタン復興支援などがあり，財政・経済・産業分野では，財
政再建，不良債権，デフレ対策，産業空洞化，地域経済振興，ODA，知的
財産権，WTO交渉，道路四公団，郵政民営化などが，そして，社会・労
働・文教分野としては，医療保険制度改革，年金制度改革，雇用対策，新学
習指導要領，大学改革，教育基本法改正問題，食品安全対策，狂牛病，地球
温暖化などがあった。なお，これらの依頼調査に対する回答件数は，年間お
よそ3万件にたっするという[20]。
　つぎに，両議院に設置されている法制局について紹介しよう。法制局は，
「議員の法制に関する立案に資するため」（国会法・第131条），おかれている。
6つの部にわかれる衆議院法制局の場合，法制局長のもとに，法制次長がい

る。そのほか，重要な法律問題に関する事務を掌理するための法制主幹がおかれている。6つの部は，おのおの担当する常任委員会および特別委員会ごとにその法制に関する事務をおこなっている。衆議院法制局の職員数は，2002年度定員で，77名である。職務内容としては，①議員発議の法律案の起草，②法律案に対する修正案の起草，③委員会の命を受けて行う法制に関する予備的調査，④議員等からの法律問題の照会に対する調査回答，⑤法制に関する資料の収集，整理及び調整となっている[21]。

　他方の参議院法制局も，法制局長のほか，法制次長，法制局長の特命事項を担当する法制主幹がおかれている。衆議院法制局と異なり，参議院法制局には，5つの部がもうけられており，各部は，2つの課にわかれている。職員数は，75名である[22]。参議院法制局のホームページをみると，その職務として，①議員立法の補佐，②修正案作成の補佐，③法制に関する調査の3つがあげられている[23]（図1－2参照）。

　くわえて，両議院には，おのおの事務局がおかれている。「議院の活動を直接に補佐し，事務を処理するため設置」されている衆議院事務局（職員数およそ1,800名）は，「議院の役員としての地位を有する事務総長の下に事務次長及び調査局長が置かれ，事務次長の下には，秘書課，議事部，委員部，記録部，警務部，庶務部，管理部，国際部，憲政記念館，憲法調査会事務局が，調査局長の下には，調査局が置かれ」ている[24]。もう一方の参議院事務局（職員数およそ1,300名）は，秘書課，議事部，委員部，記録部，警務部，庶務部，管理部，国際部，企画調整室，常任委員会調査室・特別調査室，憲法調査会事務局から構成されている[25]。

　ところで，国会には，うえで紹介した立法的権能にくわえて，財政的権能がある。これは，日本国憲法・第83条 ──「国の財政を処理する権限は，国会の議決に基いて，これを行使しなければならない」── にもとづくものである。なかでも，もっとも重要なものは，予算の議決であり，「内閣は，毎会計年度の予算を作成し，国会に提出して，その審議を受け議決を経なければならない」ことが，日本国憲法・第86条に記されている。このほか，国会

は，決算の審査（日本国憲法・第90条1項）や租税に関する議決（＝租税法定主義：日本国憲法・第84条）をおこなう。

さらに，「両議院は，各々国政に関する調査を行ひ，これに関して，証人の出頭及び証言並びに記録の提出を要求することができる」（日本国憲法・第62条），国政調査権を有している。

また，「国会は，罷免の訴追を受けた裁判官を裁判するため，両議院の議員で組織する弾劾裁判所を設ける」（日本国憲法・第64条）こともできる。

図1－2　議員立法の補佐フロー

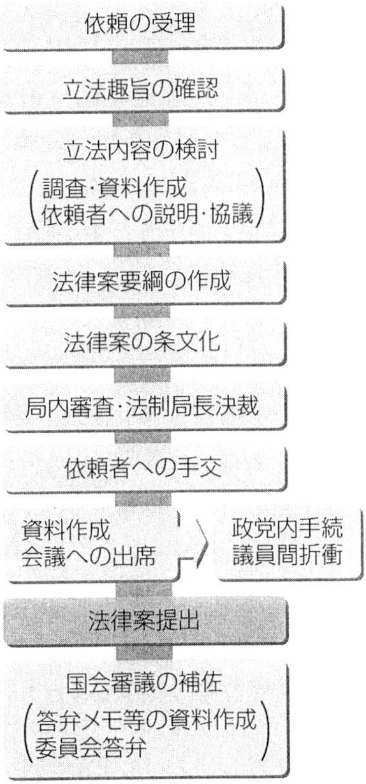

（出所）http://houseikyoku.sangiin.go.jp/introduction/job.htm#job03（2007年7月20日）。

3 国会をとりまく現状

（1）"議運"と"国対"

　国会には，議院運営委員会という組織がある。これは，「各議院に設置されている議院の運営に関する事項，国会法及び議院の諸規則に関する事項，議長の諮問に関する事項，裁判官弾劾裁判所及び裁判官訴追委員会に関する事項，国立国会図書館に関する事項などについて審議又は協議する常任委員会」であり，"議運"とよばれるものである。この議運は，「与野党が対立し，国会の審議が全面的にストップした場合にも開かれ，特に議院運営委員会の理事会は，断続的に開かれ事態を打開し，収拾するための各会派の妥協点を探る重要な場」となっている[26]。そのため，「国会の運営を決定する議院運営委員会にメンバーを出せるかどうかが，会派としては重要」であって，「『議運』にメンバーを出せれば，国会全体の運営についての発言権を持つ」こととなる。だが，議運にメンバーをだすことができない場合，「他会派が決めたことに黙って従う」ほかなく，とりわけ，「『議運』の理事を持っていないと，本格的に発言権を持ったことにならない」といわれる[27]。

　この議運と表裏一体の関係にあるのが，国会対策委員会＝"国対"だ。国対も，「国会の運営や議事の進行をつかさどる」機関ではあるが，「議運が国会の常任委員会であり，いわば公式機関であるのに対し，国対は政党の機関であり，制度的には国会内の会派の任意団体にすぎず，私的機関として位置づけられる」（傍点，引用者）点が異なる。この国対が，大きな役割をはたすようになり，"国対政治"ということばも生みだされるようになった。かくして，「非公式機関にすぎない国対が国会運営のすべてを左右することは，『密室政治』を助長する最大の要因となっており，批判の的になっている」（傍点，引用者）のだ[28]。

　しかしながら，自民党本部で政策立案の実務にたずさわった経験をもつ村川一郎氏は，国対の役割をたかく評価している。同氏によると，「国会対策

委員会の協議に乗せる前の各党国会対策幹部の話し合いが白日の下に照らされるなら，各党の取り引き，駆け引き，腹の探り合いの場が消えてしまうかもしれない。その結果，国会の衆参両院議院運営委員会は刺々しい雰囲気に包まれ，それが高じて国会運営がスムースさを欠き，何一つ満足ある効果を挙げられない恐れさえ生ずる。これを防いできたのが，各党国会運営の裏方師の国会対策委員会である」とのことである[29]。

（2）内閣提出法案と議員提出法案

さて，国会に提出される法律案には，内閣提出法案と議員提出法案がある。わが国の場合，表1－4からもわかるように，内閣提出法案が圧倒的に多く，その成立率もたかい。

では，なぜ，議員提出法案の数がこれほどまでに少ないのか。その理由として，国会法・第56条1項の規定をあげることができる。そこには，「議員が議案を発議するには，衆議院においては議員二十人以上，参議院においては議員十人以上の賛成を要する。但し，予算を伴う法律案を発議するには，衆議院においては議員五十人以上，参議院においては議員二十人以上の賛成を要する」と明記されているからだ。実際，かつて社会民主連合代表をつとめた江田五月氏は，「私のような小会派の議員が，議員立法を提出しようとしても，二十人の賛成議員を見つけることがまず第一の壁となる」と述べている[30]。

くわえて，所属会派の承認を得ることが先例となっているため，議員が法律案を提出することはきわめて困難となっている。これは，「会派からすれば，自己の方針と異なる議案や請願を提出されたり，所属議員同士で相反する議案等を提出されては困る」という理由からである[31]。

このほか，「政策立案に不可欠な情報と専門技術を官僚が独占的に保持していること，議院内閣制の下で国会，政党の政策立案能力が不足し，立法補佐機関も弱体であること」をあげる識者もいる[32]。

しかしながら，近年にいたって，議員提出法案は増加する傾向にある。と

りわけ，こうした傾向は，細川護熙・非自民連立政権の発足（1993年8月9日）以降，顕著であるという。その背景としては，「①与野党関係が流動化したこと，②冷戦の終結とともに，イデオロギーによる政治が終焉を迎え，政策を巡る各党間の隔たりが縮まったこと，③いわゆる政治主導の流れが強まったこと等が考えられる」。また，「質的にも，臓器の移植に関する法律，特定非営利活動促進法（NPO法），金融機能の再生・健全化関係各法，児童買春，児童ポルノに係る行為等の処罰及び児童の保護等に関する法律など，注目を浴びているものも多い」とのことである[33]。

ところで，自民党政権下における内閣提出法案は，同党内の「事前審査」を受けることとされている。これは，「政府が予算案や法案を国会に提出す

表1－4　国会における法案審議状況（第1回国会〔1947年〕～第157回国会〔2003年〕）

	第1回国会（1947年）～第126回国会（1993年）	第127回国会（1993年）～第157回国会（2003年）	総　計
内閣提出件数	7,210 （67.7%）	1,334 （62.2%）	8,544 （66.8%）
内閣法案成立件数（会期中成立）※	6,249（6,036） （85.4%） （成立率86.7%）	1,314（1,247） （84.7%） （成立率98.5%）	7,563（7,283） （85.7%） （成立率88.5%）
衆議院議員提出件数	2,541 （23.9%）	584 （27.2%）	3,125 （24.4%）
衆議院議員提出法案成立件数（会期中成立）※	920（875） （12.6%） （成立率36.2%）	206（182） （13.3%） （成立率35.3%）	1,126（1,057） （12.7%） （成立率36.0%）
参議院議員提出件数	893 （8.4%）	226 （10.5%）	1,119 （8.8%）
参議院議員提出法案成立件数（会期中成立）※	146（138） （2.0%） （成立率16.3%）	32（30） （2.0%） （成立率14.2%）	178（168） （2.0%） （成立率15.9%）

※成立件数には継続審議となり次会期以降に成立した法案を含む。
　（　）内は提出会期中の成立件数（内数）。
（注）衆議院事務局,参議院事務局及び国立国会図書館の資料により算出。

（出所）早川純貴・内海麻利・田丸大・大山礼子『政策過程論-「政策科学」への招待-』
　　　　（学陽書房，2004年），164頁。

る時は，必ず自民党の政務調査会（政調会）や総務会の了承を得る」ことを定めたもので，1962年2月23日付の文書（赤城宗徳・自民党総務会長から大平正芳・官房長官あて）に端を発する。この文書には，「法案審議について，各法案提出の場合は閣議決定に先立って総務会に御連絡を願い度い。尚政府提出の各法案については総務会に於て修正することもあり得るにつき御了承を願い度い」と記されていた。この事前審査によって，「予算や法案を成立させるには，自民党の了解が欠かせない」というわけだ[34]。したがって，「政府・自民党の手になる法律案は，国会提出に先立って関係官庁との間でにつめられ，かつ自民党の政調部会等で事前の審議が行われており，法律案としての完成度はかなり高い。しかも党内の決定過程では，『全会一致制』をとっており関係者を呼んで賛否両論がつぶさに検討され，問題のある法律案は国会への提出が見合わされる場合もある」のだ[35]。なお，こうして国会に提出される法律案に関して，つよい党議拘束がかかることは，周知のとおりである。

　なお，国会の場で成立した法律をめぐっては，"委任立法"が問題視されている。これは，「この憲法及び法律の規定を実施するために，政令を制定すること」（日本国憲法・第73条6号）をさしている。委任立法が増加してきた背景には，「国家活動の積極化にともない，技術的・専門的事項について状況の変化に速やかに対応しうる立法の要請が増大している」事実がある[36]。ちなみに，イギリスでは，こうした委任立法が，官僚によって恣意的に運用されることなく，法律の趣旨を的確に反映した内容になっているかどうかをチェックするための制度がつくられている。だが，わが国では，いまだにこの問題は放置されたままである[37]。

（3）「国会無能論」から「国会機能論」へ

　このような状況を受けて，ながきにわたり，「国会無能論」が展開されてきたこともまた事実である。だが，マイク・モチヅキ氏の研究によって，近年では，「国会機能論」が唱えられるようになった。同氏のアイディアのポ

イントは，"ヴィスコシティ"という概念にある。「ヴィスコシティとは，議会が実際の政策決定において，影響を与え得るか否かを意味している。具体的には，議会が法案を通すにあたって，それをいかに拒否し，修正するかだけではなく，どれほど時間をかけるか，どれほど議員に発言を認めるかなどである」。同氏によれば，「国会の会期の短さ，二院制，委員会制度などの制度的条件と，国会内部での全会一致ルールなどの慣習や先例」によって，「日本の国会が強いヴィスコシティを持ち，政策決定機関として，世論の高い支持を受けているばかりではなく，高い政策変換能力すらも持っている」のであって，「これらが政府・与党に不利に，野党に有利に働き，自民党一党優位体制の議院内閣制の下で，野党が強い影響力を立法過程で持つことを可能にしている」わけだ[*38]。

　また，前節で指摘したように，現在の参議院に対しては，衆議院の"カーボンコピー"でしかないとの批判がなされる。だが，この点に関して，国会研究の第一人者である大山礼子氏は，つぎのように述べている。すなわち，「衆議院の『カーボンコピー』という言葉からは，衆議院の言うなりになる，権限の弱い参議院というイメージが浮かぶ。しかし，参議院の権限は本当に弱いといえるのか。参議院の存在感を示すには，権限の強化が必要なのだろうか」と。そして，同氏は，「衆議院で可決し，参議院でこれと異なつた議決をした法律案は，衆議院で出席議員の三分の二以上の多数で再び可決したときは，法律となる」とした日本国憲法・第59条2項の規定に着目し，「出席議員の三分の二の多数の賛成を得られる見込みはゼロに等しい。つまり，衆議院が参議院に優越していることはたしかなのだが，現実の国会運営においては，衆議院には参議院の反対を押し切って法案を可決する権限はない，ということになる」としている。さらに，「参議院の権限は，諸外国の第二院と比較しても決して弱い方ではない」と言及し，「参議院の存在感が希薄なのは権限が弱いからではなく，権限が強すぎるためだといってよさそうだ」と結論づけている。だが，同氏も認めているように，「議院内閣制のもとでは内閣創出機能を持つ第一院の意思が優越すべきことはいわば当然であり，

それを前提としながら良識の府としての独自性発揮を求められる点に，第二院の立場のむずかしさがある」といえよう[39]。

（4）政府委員の功と罪

　最後に，政府委員の問題について述べたい。「政府委員とは，国会の本会議および各委員会において法律案などの説明のため，国務大臣を補佐するために両議院の議長の承認を得て，毎会期ごとに内閣が任命する行政部の職員（次官，関係部局長など）」のことをいった[40]。だが，現在では，政府委員は廃止され，政府参考人がおかれている。なお，政府参考人制度とは，技術的・専門的な事項に関する質問にかぎった答弁のために招致された官僚のことをさす[41]。この政府委員制度が廃止されたのは，1999年10月29日に召集された第146回臨時国会からである。

　政府委員の廃止をつよく主張してきたのは，小沢一郎・衆議院議員であった。同議員は，「最終的な責任をもって決めたのは政治家であるから，その当事者が答弁に立つのが自然であり，本来の民主主義のあり方である」として，「国会答弁は閣内大臣のほか，専門的な問題や細かい問題については政務次官などの政治家が担当し，政府委員（官僚）による答弁はすべて廃止する」との考えを表明していた[42]。このような小沢氏の考えに賛同して，「国会に出席している政府委員は膨大な数にのぼる。しかも，全員が必ずしも答弁に立つわけではない。『待機』しているだけの政府委員も多い。そのムダたるや，大変なものだ」と述べる議員もいた[43]。

　しかし，これらの意見に対して，たとえば，上田耕一郎・元参議院議員は，「国家機密や金権腐敗事件の追求は，問題の処理を実際におこなった責任者である局長らの実務官僚の答弁なしには一歩も進まなかっただろう。大臣相手だけでは『わかりません』『知りません』の連発にとどまって，誤った行政を是正できないことはあきらかだ。答弁すべき大臣が答弁できなかったり，拒否して政府委員に代行させることが問題なので，それを理由に政府委員制度自体をなくすのは，本末転倒もいいところだ」との批判を展開してい

た[*44]。

　ところで，現在の国会での動向をみると，「特例のはずの官僚の政府参考人出席も，実際は予算委でも常態化しており」，「与党からも『政府委員の廃止は失敗だったのではないか』（古賀誠・自民党元幹事長）といった声が出ている」のが実状である[*45]。

4　結び

　うえでみた政府委員制度の廃止とともに，国会改革の一環として導入されたのが，"党首討論"（クエスチョン・タイム）であった。その当時，小渕恵三首相は，第147回通常国会の答弁において，「先般の政府委員制度の廃止と今国会から設置される国家基本政策委員会における党首討論の実現は，我が国政治史上画期的な改革であります」（傍点，引用者）と語っているほどである[*46]。

　現に，はじめての党首討論を受けての『朝日新聞』の社説「継続こそ力なり　党首討論」をみても，「時間不足，突っ込み不足の感は否めない。欲求不満が残った」とはしているものの，「それでも，首相と野党の党首が一対一で向かい合い，舌戦を繰り広げることの意味はやはり大きいと評価したい」「十分に深まったとはいえないものの，民主政治の基本原則をめぐって党首同士が真剣に切り結ぶことは，これまであまりなかった。有意義な問答だったと思う」「党首討論は，本会議での代表質問ほどには形式ばっていないし，間延びもしない」と，かなり肯定的な評価がなされていた。そして，「党首討論は始まったばかりだ。力のこもった討論を，ともかく毎週コンスタントに続けることが肝要である」との期待感も表明していたのであった[*47]。

　ところで，第1回目の党首討論にさきだってひらかれた，衆参両院の与野党国会対策委員長会談では，党首討論に関して，「毎週水曜日の午後三時から四十分間，各院交互に開く」ことが合意されていた[*48]。それゆえ，『朝日新聞』は，「力のこもった討論を，ともかく毎週コンスタントに続けること

第1章 国会の現状と課題 *103*

表1−5 党首討論の通常国会での開催状況

通常国会	回数	首相（自民党総裁）	民主党代表	1回目の開催日
00年	6	小渕恵三→森喜朗	鳩山由紀夫	2月23日
01年	5	森喜朗→小泉純一郎	鳩山由紀夫	2月14日
02年	3	小泉純一郎	鳩山由紀夫	4月10日
03年	5	小泉純一郎	菅直人	2月12日
04年	2	小泉純一郎	菅直人	2月18日
05年	3	小泉純一郎	岡田克也	2月23日
06年	2	小泉純一郎	前原誠司→小沢一郎	2月22日
07年	1	安倍晋三	小沢一郎	5月16日

（注）敬称略。07年は5月16日現在。
（出所）『朝日新聞』2007年5月17日，2面。

が肝要である」（傍点，引用者）と論じたのであった。

　だが，その後の経過をみると，党首討論は，『朝日新聞』の社説が期待したような方向にはすすまなかったようだ。第166回通常国会でおこなわれた，党首討論に関する同紙の社説「党首討論　もっと憲法を論じよう」をみると，「ようやく今国会で初めての党首討論が実現した。安倍首相と小沢民主党代表が論戦を交わすのは昨年11月以来，半年ぶりのことである」（傍点，引用者）と記されている[*49]。これまでの通常国会においては，遅くとも，5月の大型連休まえに，第1回目の党首討論がおこなわれていたという。今回は，小沢代表が，7月の参議院選挙に向けた地方回りを優先させたために，こうした事態が生じたようだ[*50]（表1−5）。

　残念ながら，国会改革の一環として，鳴りもの入りで導入された党首討論は，当初の期待ほど，機能していないのが現実である。その文脈において，国会の存在意義を問う声もでてくることになる。こうした批判に反論するためにも，国会議員は，自分たちが，「全国民を代表する」（日本国憲法・第43条）立場にあることを再認識し，「国権の最高機関」（日本国憲法・第41条）である国会の場で活動していることをあらためて，肝に銘じてもらいたい。

注

* 1　http://www.shugiin.go.jp/itdb_annai.nsf/html/statics/ugoki/h11ugoki/h11.htm（2007年7月5日）。

　　なお，参議院においても，1992年1月24日から，本会議審議の院内テレビ中継が開始され，さらに，1999年4月1日からは，インターネットによる審議中継が本格実施されている（http://www.sangiin.go.jp/japanese/frameset/fset_d02_01.htm〔2007年7月5日〕）。

* 2　http://www.sangiin.go.jp/japanese/frameset/fset_d02_01.htm（2007年7月5日）。

* 3　藤本一美『増補　海部政権と「政治改革」』（龍溪書舎，1994年），136頁。

* 4　曽根泰教・金指正雄『ビジュアル・ゼミナール　日本の政治』（日本経済新聞社，1989年），18頁。

* 5　浅野一郎編『国会事典－用語による国会法解説－』〔第3版補訂版〕（有斐閣，1998年），4頁。

* 6　成田憲彦「日本国憲法と国会」内田健三・金原左門・古屋哲夫編『日本議会史録　4』（第一法規，1990年），63頁。

* 7　現代議会政治研究会編『議会用語ハンドブック』（ぎょうせい，1987年），3頁および6頁。

* 8　清水望「二院制」株式会社　大学教育社編『現代政治学事典』（ブレーン出版，1991年），763頁。

* 9　衆議院・参議院編『議会制度百年史－議会制度編－』（大蔵省印刷局，1990年），133－134頁。

*10　浅野編，前掲書『国会事典』〔第3版補訂版〕，143頁。

*11　現代議会政治研究会編，前掲書『議会用語ハンドブック』，11頁。

*12　衆議院・参議院編，前掲書『議会制度百年史』，134頁。

*13　http://www.soumu.go.jp/senkyo/pdf/senkyo_p4.pdf（2006年8月10日）。

*14　『朝日新聞』2005年5月1日，6面。

*15　大山礼子『国会学入門』〔第2版〕（三省堂，2003年），210頁。

*16　現代議会政治研究会編，前掲書『議会用語ハンドブック』，24－25頁。

*17 浅野編, 前掲書『国会事典』〔第3版補訂版〕, 47頁。

*18 現代議会政治研究会編, 前掲書『議会用語ハンドブック』, 38頁。

*19 http://www.sangiin.go.jp/japanese/jimukyok/hisho/hisho.htm（2005年6月10日）。

*20 http://www.ndl.go.jp/jp/aboutus/diet_service_02.html#outline（2005年6月10日）。

*21 http://www.shugiin.go.jp/itdb_annai.nsf/html/statics/osirase/houseikyoku.htm?OpenDocument（2005年6月10日）。

*22 http://houseikyoku.sangiin.go.jp/introduction/organization.htm（2005年6月10日）。

*23 http://houseikyoku.sangiin.go.jp/introduction/job.htm#job03（2005年6月10日）。

*24 http://www.shugiin.go.jp/index.nsf/html/index_kokkai.htm（2005年6月10日）。

*25 http://www.sangiin.go.jp/japanese/frame/guide1.htm（2005年6月10日）。

*26 浅野編, 前掲書『国会事典』〔第3版補訂版〕, 71-72頁。

*27 江田五月『国会議員』（講談社, 1985年）, 125頁。

*28 岩井奉信「国会対策委員会」大学教育社編, 前掲書『現代政治学事典』, 345頁。

*29 村川一郎『政策決定過程』（信山社, 2000年）, 83頁。

*30 江田, 前掲書『国会議員』, 129-130頁。

*31 向大野新治『衆議院-そのシステムとメカニズム-』（東信堂, 2002年）, 59頁。

*32 中島誠『立法学-序論・立法過程論-』（法律文化社, 2004年）, 65頁。

*33 同上, 209頁。

*34 星浩『自民党と戦後-政権党の50年-』（講談社, 2005年）, 45-46頁。

*35 藤本一美『国会の再生-その改革と政治倫理-』（東信堂, 1989年）, 6-7頁。

*36 工藤達朗「委任立法」大学教育社編, 前掲書『現代政治学事典』, 57-58頁。

*37 前田英昭『国会の立法活動-原理と実相を検証する-』（信山社, 1999年）, 64頁。

*38 岩井奉信『立法過程』（東京大学出版会, 1988年）, 24-25頁。

*39 大山, 前掲書『国会学入門』〔第2版〕, 154-159頁。

＊40　清水望「政府委員」大学教育社編，前掲書『現代政治学事典』，568頁。

＊41　『朝日新聞』1999年10月19日，２面。

＊42　小沢一郎『日本改造計画』（講談社，1993年），61頁。

＊43　中田宏・田近伸和『国会の掟』（プレジデント社，1995年），149－150頁。

＊44　上田耕一郎『国会議員』（平凡社，1999年），206－207頁。

＊45　『朝日新聞』2005年２月17日，４面。

＊46　『第百四十七回国会　衆議院会議録　第五号』2000年２月１日，５頁。なお，党首討論は，第146回臨時国会において，２回（1999年11月10日および11月17日），試験的におこなわれている。

＊47　『朝日新聞』2000年２月24日，５面。

＊48　『朝日新聞』2000年１月20日，２面。

＊49　『朝日新聞』2007年５月17日，３面。

＊50　『朝日新聞』2007年５月12日，４面。

第2章

地方議会の現状と課題
―活性化のための方策―

1 はじめに－問題の所在－

　日本国憲法・第93条1項をみると,「地方公共団体には,法律の定めるところにより,その議事機関として議会を設置する」と規定されている。

　だが,すでに1986年の段階で,『議会活性化への挑戦』(地方自治経営学会編:ぎょうせい)が刊行されるなど,地方議会は,ながきにわたって,「議事機関」としての役割を疑問視されてきた歴史がある。その一例をあげれば,「地方議会は審議の形骸化,セレモニー化が著しく,政策決定に積極的な役割を果たしてこなかったばかりか,行政に対する監視機能も低下し,執行機関による決定の追認機関になってしまった」のであって,「議会の構成メンバーが特定階層に偏り,住民代表機関としての役割を十分に果たしていない」との声もある[1]。このように,これまで,数多くの批判が,地方議会に対して投げかけられてきた。

　そのため,1997年7月8日にだされた,地方分権推進委員会(1995年7月3日発足)の第2次勧告・第6章「地方公共団体の行政体制の整備・確立」において,「地方議会の活性化」という項目がもりこまれた[2]。同勧告によれば,「地方分権の推進に伴う自己決定権と自己責任の拡大等に対応し,地方公共団体の意思決定,執行機関に対するチェック等において,地方議会の

果たすべき役割はますます大きくなると考えられる」として，国と地方公共団体が，(1) 議会の機能強化等，(2) 議会の組織・構成，(3) 議会の運営に関して，一連の措置を講ずる必要があると明記された。

　詳述すると，「(1) 議会の機能強化等」では，「地方公共団体における長と議会との機能バランスを保ちつつ，地方議会の組織に関する自己決定権を尊重し，一層の活性化を図る」ことが目的とされている。その目的を達成するために，①地方公共団体が，議決事件の条例による追加を可能とする規定（地方自治法・第96条2項）の活用につとめること，②国が，臨時議会の招集要件（地方自治法・第101条1項），議員の議案提出要件（地方自治法・第112条2項），議員の修正動議の発議要件（地方自治法・第115条の2）などの緩和を検討することが求められている。

　また，「機関委任事務制度の廃止に伴い議会の権限が拡大することを踏まえ，地方公共団体は，議員とそれを補佐する議会事務局職員の調査能力，政策立案能力，法制能力等の向上を図るための研修機会の拡大と研修内容の充実に努める」ことや「議会事務局職員の資質の向上と執行機関からの独立性の確保を図る観点から，専門的能力の育成強化を図るための共同研修の実施，相互の人事交流の促進等の措置を積極的に講じ，中核となる職員の養成，議会事務局の体制整備に努める」ことも，(1)の「議会の機能強化等」にもられている。

　つぎに，「(2)議会の組織・構成」をみてみよう。ここでは，①「地方公共団体は，常任委員会，議会運営委員会，特別委員会の設置に当たっては，常にその必要性等を十分吟味した上で行うものとし，必要に応じ，本会議中心の運営を検討するものとする」，②「国は，議員定数について，地域の実情等に応じた組織・構成の見直しが弾力的に行えるよう，人口段階を大括りにするなど，基準の一層の弾力化を図る。なお，この基準の見直しに当たっては，減数条例の制定状況を十分に勘案する」ことが課題としてあげられている。

　そして，最後の「(3) 議会の運営」には，3つの措置の必要性が記されている。すなわち，①「地方公共団体は，議会の公開性を高めるため，本会議に加え，委員会やその審議記録の公開を一層進め，議会関係の事務について

も，情報公開条例の対象に含めるものとする」，②「議会活動に対する住民の理解を深めるため，地方公共団体は，休日，夜間議会の開催，住民と議会とが直接意見を交換する場の設定等に努めるものとする」，③「無投票当選の増加，投票率の低下等の現状にかんがみ，国は，女性，勤労者等の立候補を容易にするために必要な環境の整備を進めるとともに，専門職，名誉職等議員身分のあり方についても，中期的な課題として検討を進める」と。

　では，これらの勧告を受けた地方議会は，はたして大きな変化をとげたのであろうか。これが，本章の問題意識である。なお，論述の順序としては，まずはじめに，地方議会のしくみを紹介する。つぎに，地方議会の実態について，言及する。そして最後に，地方議会活性化に向けた処方箋に関して，簡単な私見を述べてみたいと考えている。

2 地方議会のしくみ

　先述したように，日本国憲法・第93条1項には，「地方公共団体には，法律の定めるところにより，その議事機関として議会を設置する」との文言がもられている。そして，地方議会に関する詳細な規定は，地方自治法・第6章（第89条～第138条）に明記されている。ここでは，地方自治法の規定によりながら，地方議会のしくみに関して検討する。

　まず，はじめに，選挙権についてふれておこう。公職選挙法・第9条2項には，「日本国民たる年齢満二十年以上の者で引き続き三箇月以上市町村の区域内に住所を有する者は，その属する地方公共団体の議会の議員及び長の選挙権を有する」とある。そして，被選挙権としては，「都道府県の議会の議員についてはその選挙権を有する者で年齢満二十五年以上のもの」「市町村の議会の議員についてはその選挙権を有する者で年齢満二十五年以上のもの」（公職選挙法・第10条1項3号および5号）との規定がもられている。なお，「普通地方公共団体の議会の議員の任期は，四年」（地方自治法・第93条1項）であり，兼職・兼業は禁じられている（地方自治法・第92条）。

さて，地方議会の議員定数については，各地方自治体の条例によって定められている。しかし，それには，地方自治法によって，ある一定の枠が課されている。都道府県の場合，つぎのように規定されている（地方自治法・第90条2項）。

○人口75万未満の都道府県・・・・・・・・・・・・・・・・・・・・40人
○人口75万以上100万未満の都道府県・・人口70万を超える数が5万を増すごとに1人を40人に加えた数
○人口100万以上の都道府県・・・・人口93万を超える数が7万を増すごとに1人を45人に加えた数（その数が120人を超える場合にあっては，120人）

また，地方自治法・第91条2項によれば，市町村議会の議員定数は，以下のようになっている。

○人口2千未満の町村・・・・・・・・・・・・・・・・・・・12人
○人口2千以上5千未満の町村・・・・・・・・・・・・・・・14人
○人口5千以上1万未満の町村・・・・・・・・・・・・・・・18人
○人口1万以上2万未満の町村・・・・・・・・・・・・・・・22人
○人口5万未満の市及び人口2万以上の町村・・・・・・・・・26人
○人口5万以上10万未満の市・・・・・・・・・・・・・・・30人
○人口10万以上20万未満の市・・・・・・・・・・・・・・・34人
○人口20万以上30万未満の市・・・・・・・・・・・・・・・38人
○人口30万以上50万未満の市・・・・・・・・・・・・・・・46人
○人口50万以上90万未満の市・・・・・・・・・・・・・・・56人
○人口90万以上の市・・・・・・・・人口50万を超える数が40万を増すごとに8人を56人に加えた数（その数が96人を超える場合にあっては，96人）

したがって，わが国の地方議会議員の定数は，各地方自治体の条例によって設定されるものの，きわめて“画一的”とならざるを得ないのが実情である。

つぎに，地方議会の種類であるが，地方自治法・第102条には，「普通地方公共団体の議会は，定例会及び臨時会とする」（2項）とある。このうち，定例会に関しては，「毎年，条例で定める回数これを招集しなければならない」（3項）との規定があり，また，臨時会については，「必要がある場合において，その事件に限りこれを招集する」（4項）と定められている。なお，かつての2項は，「定例会は，毎年，四回以内において条例で定める限りこれを招集する」（傍点，引用者）との文言であったが，第159回通常国会で改正地方自治法が成立したことにより，回数制限が撤廃された。他方の臨時会が開催されるときは，首長が必要と判断した場合，議員の4分の1以上から会議に付議する案件を示して首長に招集の請求があった場合，および住民による条例制定改廃の直接請求が成立した場合とされる[*3]。

では，議員の議案提出権はどのようになっているのであろうか。地方自治法・第112条1項には，つぎのように記されている。すなわち，「普通地方公共団体の議会の議員は，議会の議決すべき事件につき，議会に議案を提出することができる」と。しかしながら，「予算については，この限りでない」とのただし書きが付されていることに留意する必要がある。つまり，「議会は，予算について，増額してこれを議決することを妨げない。但し，普通地方公共団体の長の予算の提出の権限を侵すことはできない」（地方自治法・第97条2項）わけだ。このように，「首長と議会の関係はけっして対等ではなく，首長が明らかに優位に立っている」のだ[*4]。しかも，このただし書きのなかの予算という部分について，「『予算にかかわる』『予算に関連する』ものと拡大解釈すると，実質的に，議員は条例を立案し，提出することができないことになる」危険性をはらんでいる，と指摘する識者もいる[*5]。

また，2項では議案の提出にあたって，「議員の定数の十二分の一以上の者の賛成がなければならない」との条件がもられており，無所属議員や少数

会派の議員などが議案を提出することはかなり困難な状況にある。なお，2000年4月1日に，地方分権一括法が施行されるまでは，この数字が「八分の一以上」であったことを付言しておく。このように，12分の1以上という要件はあるものの，地方議会議員には議案提出権が認められている。しかしながら，議員による議案提出はきわめて少なく，地方自治法・第149条1号にもとづき，ほとんどの議案が首長によって提出されているのが現状である。まさに，「地方議会は，立法機関としての役割をまったく放棄して，首長の提案する議案を承認するための『御用機関』」に堕してしまっているといえよう[6]。

　こうした点にくわえて，首長が議会よりも権限のつよいことを示す好例としては，地方自治法・第177条にある，「普通地方公共団体の議会の議決が，収入又は支出に関し執行することができないものがあると認めるときは，当該普通地方公共団体の長は，理由を示してこれを再議に付さなければならない」（1項），「前項第一号の場合において，議会の議決がなお同号に掲げる経費を削除し又は減額したときは，当該普通地方公共団体の長は，その経費及びこれに伴う収入を予算に計上してその経費を支出することができる」（3項）という文言や，あるいは，地方自治法・第179条1項の「普通地方公共団体の議会が成立しないとき，第百十三条但書の場合においてなお会議を開くことができないとき，普通地方公共団体の長において議会を招集する暇がないと認めるとき，又は議会において議決すべき事件を議決しないときは，当該普通地方公共団体の長は，その議決すべき事件を処分することができる」との規定などがあげられる。

　さて，つぎに，議会のもつ調査権についてふれておこう。地方自治法・第100条1項には，「普通地方公共団体の議会は，当該普通地方公共団体の事務（自治事務にあつては労働委員会及び収用委員会の権限に属する事務で政令で定めるものを除き，法定受託事務にあつては国の安全を害するおそれがあることその他の事由により議会の調査の対象とすることが適当でないものとして政令で定めるものを除く。次項において同じ。）に関する調査を行い，

選挙人その他の関係人の出頭及び証言並びに記録の提出を請求することができる」と記されている。これは，「100条調査権」とよばれるもので，国会の国政調査権に相当する[*7]。

　さらに，これら以外で，議会に関する規定としては，地方自治法・第119条「会期中に議決に至らなかつた事件は，後会に継続しない」に留意しておく必要がある。これは，「会期不継続の原則」を示すものである。また，地方自治法・第120条には，「普通地方公共団体の議会は，会議規則を設けなければならない」と記されているが，この点と関連して，「標準会議規則」をめぐる問題点 ── 全国の議会が画一的な議事運営をおこなっている ── が指摘されていることも忘れてはならない[*8]。

3 地方議会の実態

　本節では，地方議会の実態を浮き彫りにするため，"答弁調整"と政務調査費に着目し，それらをめぐる代表的な事例を紹介したい。

(1) 答弁調整

　北海道議会での審議模様を報じる過去の『北海道新聞』の記事をみると，そこには，「世界・食の祭典の赤字問題などを巡り中断している第三回定例道議会は，六日午前も横路（孝弘）知事の答弁調整に手間取り，本会議を開けず空転した」（カッコ内，引用者補足）[*9]，「定例道議会は六日午前，五日午後に引き続き空転した。民主党・道民連合の鈴木泰行氏（札幌市白石区）の代表質問で，道側がエア・ドゥへの支援や，住民投票制度の問題に対し，答弁調整に手間取ったため」[*10]とする記述がみられる。

　ここでいう「答弁調整」とは，議会で質問をおこなう北海道議会議員と北海道庁とのあいだにおいて，事前に，意見のすりあわせをおこなうことをさす。質問者は，北海道庁側に対して，質問を通知する。これを受けた道庁側は答弁を用意し，質問者に提示する。この答弁に対して，質問者が納得しな

い場合，道庁側は再度文言の修正をおこなう。こうした作業を質問者の納得を得るまでくりかえし実施するのが答弁調整だ。

　最大の問題は，こうした過程が，道民の目にふれないところで，至極当然におこなわれている点である。したがって，本会議の開始時刻が大幅に遅れることもしばしばで，しかも，そこでの議論も，質問書と答弁書の朗読がおこなわれているだけで，なんら白熱した雰囲気はない。こうした「『答弁調整』は堂垣内（尚弘）道政時代にも行われていたが，一言一句にまでこだわるようになったのは，自民党が野党に転じた昭和五十八年以降のこと」（カッコ内，引用者補足）とされる[11]。ちなみに，「一言一句にまでこだわる答弁調整は，全国的にも道議会特有の現象」とのことである[12]。

　若干ながくなるが，答弁調整のやり方を紹介するために，つぎの事例を引用しよう。

　　十月四日午前九時，農政部長の松田利民は登庁後，すぐに道議会の自民党政策審議委員室を訪ねた。同党の吉川貴盛（札幌市東区）の代表質問で，道営競馬ススキノ場外馬券場問題に関する再質問への答弁をめぐり本会議審議が中断してすでに四日目を迎えていた。

■答弁調整は不調

前日までの自民党側との「すり合わせ」で，再質問の答弁は出来上がっていた。今度は三日夕に自民党サイドから示された再々質問に対する答弁調整である。松田は面接試験を受ける受験生のような気持ちで，再々質問に対する答弁を示した。相手は同党政策審議委員長の桜田正明（北見市）と同筆頭副委員長の神戸典臣（胆振管内）の二人だった。

　　桜田「質問を理解していない。質問の趣旨をよく読みとって答弁してほしい」

　　松田「どういう点ですか」

　　神戸「頭のいい部長だ。こちらが指摘しなくても分かるだろう」

　　自民党は馬券場の開設断念に至ったことに対する知事の陳謝を求めて

いた。松田の持ってきた原稿には，自民党の要求に沿う部分はほとんど触れられていなかった。

午前十時半，議会運営委員会が始まった。総務部長の海老忠彦が手を挙げて発言を求めた。

「答弁が遅れ，大変恐縮しています。現在，問題点は数点に絞られていますが，いましばらく時間をいただきたい」

■「恐縮」納得せず

午後一時，松田が答弁の第二案を桜田と神戸に示した。原稿には「恐縮に存じている」「申し訳なく存じている」という表現が盛り込まれていた。

だが，二人は納得しなかった。道側は一回目の答弁で開設断念の理由に「札幌市の同意が得られない」ことを挙げたが，実際には札幌市が不同意の意向を表明した事実はなかった。第二案はこの点に関して，直接陳謝していなかった。

その二時間後，松田に代わって，筆頭副知事の鈴木正明が桜田，神戸に対応した。自治省出身の鈴木は議会担当。道の総務部長時代に議会対策を経験し，自民党とのパイプは太い。鈴木の登場は道側が最終見解を示す，というサインだった。

■嘆願でようやく

鈴木は答弁の第二案にあった「ご指摘のような点があったことについては恐縮に存じております」の前に，「札幌市の同意の説明において」という部分を書き足し，二人に嘆願するように言った。

「これでいかがでしょうか。ぜひよろしくお願いします」

まもなく本会議再開のブザーが鳴った。それは馬券場問題をめぐる攻防の第一ラウンドが終わったことを告げていた。（敬称略）[*13]

　こうしたやり方を問題視する声は，これまでもくりかえし，聞かれた。たとえば，『北海道新聞』は，社説「知事は『自分の言葉』で話せ」のなかで，

「本会議で発言する前に答弁内容を当の相手と相談する『答弁調整』は談合入札のようなもので，道民を愚ろうする悪習といわざるを得ない。第一期横路道政のころから始まった手法というが，こんなおかしな習慣は直ちにやめるべきだ」と，痛烈にこれを批判したり[14]，社説「道議会を道民に身近なものに」において，"すり合わせ"といわれ，事前に水面下で答弁調整する道議会特有の慣習も議会を見えにくいものにしている。道と議会側が質疑，答弁内容の一言一句まで調整し，本会議はただそれを読み上げるだけとなっている。これでは本会議で丁々発止の活発な論議を望むのはどだい無理で，緊張感も生まれてこない。議会として道政を十分監視しているといえるだろうか。こんなことが道と道議会の癒着体質を助長させている。議員の質問書を道職員が書くのは論外だが，双方のなれ合いを生んでいるのも事実だ。道政の主要な政策が，どこで，どんな形で決定され，議会がどうかかわったのか ―― 道民には見えてこない。こうして議会の権威を自ら失墜させている」と，つよくこれを非難している[15]。

実際，横路知事のあとをおそった，堀達也知事も，「答弁調整などで行き過ぎの面もあったと思う。議会と理事者は適切な緊張関係をもって活発な政策論議が必要。道議会において，議会運営のあり方の検討が進められているので，その成果を踏まえてよりよい関係を築いていきたい」と述べていた[16]。さらに，道庁の幹部も，「仕事の半分は議会対策だ」「職員が政策を勉強しない」と述べているし，議員の側からも，「読み合わせの質疑応答に緊張感も論戦もない」との感想がもれる。しかしながら，この状況が改善される様子はみられない[17]。それは，質問者，道庁職員の両者が，スムーズな議事進行をおこなううえで，答弁調整を必要不可欠なものと認識しているからにほかならない。

だが，2003年4月13日の北海道知事選挙で初当選した，高橋はるみ氏は，マスコミとのインタビューにおいて，答弁調整について問われ，「堀知事（と会談した時に）も必要ないと言っていました。最初の質問を事前に取らないのは非効率ですが，一字一句の擦り合わせにはびっくりしました。国会

で説明員の経験もあり，自分の言葉で答えて，議論をしたい」と述べ，答弁調整の廃止を明確に打ちだした[18]。おなじころ実施された，北海道議会議員を対象としたアンケート調査でも，「高橋はるみ知事が原則廃止を公約に掲げた，道議会の答弁調整をどう考えますか」との質問に対して，「現行のままでよい」と回答したのは，わずか1％で，じつに，95％の議員が答弁調整の問題点を認識していた（「全廃すべきだ」：20％，「過度の答弁調整は改善すべきだ」：75％，「無回答」：4％）。また，答弁調整によって，定刻開会のなされない北海道議会に関しても，「定刻開会を実現すべきだ」が73％，「ある程度の遅れは仕方ないが，改善すべきだ」が23％と，ほぼ全員の議員がこの点を問題視していたことがわかる（「定刻開会は難しい。現行のままでよい」：0％，「無回答」：4％）[19]。

　しかし，その後の定例記者会見（6月27日）で，高橋知事は，「（事前の話し合いがどこまで必要か）議会サイドと道庁で調整中だが，とにかく一言一句はやらない。骨子，要旨くらいはある程度やりとりをしないと，国会には無い再質問ルールがあって乗り切れなくなる」と述べるなど[20]，その姿勢を大きく後退させた。そして，定例道議会（開会：7月8日）をまえにした，7月7日，各会派代表者会議の場において，一字一句までをすりあわせる，従来の“答弁調整方式”をやめ，最初の答弁要旨のみを提示する“意見交換方式”を採用するとの考えを伝えたのであった[21]。

　では，はたして，議会の場において，知事がみずからのことばで語ることは不可能なのであろうか。たとえば，鳥取県の片山善博知事は，初当選（1999年）以来，「擦り合わせで結論が出て，議場で棒読みする議会では，県民に政策形成過程が分からない。オープンな議論をすることで透明性が確保できる」として，答弁調整をおこなっていない。もっとも，事前の質問通告はなされるが，知事は各部局からあがった関係資料をもとに，みずからのことばで応じている[22]。議会でのシナリオがなくなったことにより，鳥取県では，「議員の顔つきが変わった」（議会事務局）ばかりでなく，県職員も膨大な資料作成を強いられることなく，「むだな残業が減った」と，歓迎ムー

ドであるという*23。鳥取県の事例は，大いに参考にすべきものがあろう。ちなみに，片山知事は，高橋知事の表明した意見交換方式について，「事前の擦り合わせが残るなら，変わったとはいえない。住民に見えないところで物事が決まる議会は『死に体議会』だ」と，つよく批判をしている*24。

（2）政務調査費

　2000年5月24日の地方自治法の改正（2001年4月1日施行）によって，あらたに政務調査費がもうけられることとなった。従来，政務調査費の支給を根拠づける特定の法律は，存在しなかった。そのため，「普通地方公共団体は，その公益上必要がある場合においては，寄附又は補助をすることができる」（地方自治法・第232条の2）との規定にもとづき，各地方自治体が，交付要綱や規則を定めて支給していた。しかし，北海道では，ある道議会議員が，「道政調査研究交付金」の一部を愛人の生活費に流用するといった事例がみられた*25。こうしたなか，全国各地で，この使途に透明性をもたせることの必要性が訴えられるようになった。そこで，登場したのが，政務調査費である。

　改正地方自治法の第100条13項には，「普通地方公共団体は，条例の定めるところにより，その議会の議員の調査研究に資するため必要な経費の一部として，その議会における会派又は議員に対し，政務調査費を交付することができる。この場合において，当該政務調査費の交付の対象，額及び交付の方法は，条例で定めなければならない」と明記された。つづく，14項では「前項の政務調査費の交付を受けた会派又は議員は，条例の定めるところにより，当該政務調査費に係る収入及び支出の報告書を議長に提出するものとする」と定められ，収支報告書の提出が義務づけられることとなった。これによって，政務調査費に透明性をもたせることが期待された。

　しかしながら，政務調査費をめぐっては，依然として，さまざまな問題がみられる。たとえば，長野県では，議会内最大会派である県政会が，2001年10月に，1泊2日で，「9月定例議会反省会懇談会」を開き，そのときのコ

ンパニオン代（18万8千円）を政務調査費から支出していたのだ（図2－1
参照）[26]。

　さらに，札幌市議会では，自民党会派が，2001年度分の政務調査費（1億
2,480万円）の一部にあたる1,593万円あまりを同会派の所属議員で構成する
議員会に貸し付けていたことが明らかとなった。これをめぐっては，政務調

図2－1　長野県における政務調査費の実態

《政務調査費から支出された懇談会》

【日付】	【内容】	【場所】	【総額】	【1人当たり】
(2001年)				
5・28	各党代表	割烹	73,100	12,183
6・12	政調会	割烹	127,900	9,135
6・27	県建設業協会	料亭	73,862	7,386
7・4	社衛部会	料亭	53,846	10,769
7・10	商生部会	飲食	76,403	7,640
7・10	部会	飲食	190,850	?
8・8	農村部会	割烹	70,000	10,000
10・1	四期会	料亭	68,500	?
10・9	調査会	飲食	37,000	6,166
10・9	生環部会	飲食	78,000	6,000
10・11	文企部会	割烹	78,980	11,282
12・4	調査会	料亭	28,350	?
12・21	議会改革委	割烹	101,900	11,322
(2002年)				
1・11	三役会議	割烹	63,000	10,500
		【合計】	1,121,691	

《旧団長が議員拠出金から支出したと主張する「宴会」》

【日付】	【内容】	【場所】	【総額】	【1人当たり】
(2001年)				
4・18	2月議会反省会	料亭	515,088	13,207
10・24	9月議会反省会	旅館	967,978	31,225
		【合計】	1,483,066	
		【総計】	2,604,757	

（注）日付は帳簿の記載。1人当たりは推定金額。単位は円。生環部会は78,000円
　　のうち，35,000円を個人負担。

（出所）『朝日新聞』〔長野県版〕2004年2月17日，27面。

査費の使途違反であるとの声があがり，その返還を求める住民訴訟もおこっ
た*27。ちなみに，同訴訟は，一審の札幌地方裁判所で，流用の違法性が認
められつつも，原告の請求は棄却された。これは，2002年2月までに，その
流用分が，自民党議員会から返還されていたためであった。裁判長のことば
をかりれば，「議員会費の不足分を補うため，政務調査費を流用した。違法
だが，実質的に全額が返還され，市に損害は発生していない」というわけだ*28。
さらに，2004年10月20日の札幌高等裁判所での判決では，一審判決は破棄さ
れ，原告の主張がほぼ全面的に認められることとなった。そして，自民党議
員会は，1,542万円と金利の返還を命じられた。これは，返還された流用分
が，その後，あらためて所属議員に分配されていた（1議員あたり，50万円）
からであり，裁判長は，「この支出は会派のために使用したとの立証がなく，
条例に違反する違法な支出」と判断したのだ*29。

　また，函館市でも，政務調査費に関する住民監査請求の結果を不服として，
住民訴訟がおきている。ちなみに，この訴訟の口頭弁論のさなか，証人尋問
を受けた市議会議員が，「議員は一定の裁量権を持っている。裁量権を狭め
る議論をする市民はけちくさい」（傍点，引用者）と発言したことが物議を
かもした*30。

　さらに，近年では，東京都品川区議会の自民党区議団による政務調査費の
使途をめぐって，東京地方裁判所から判決がいいわたされ，話題となった。
判決では，住民が問題視した351件の飲食すべてに関して，「飲食する必要が
あったとは認めがたい」とされ，そのための出費およそ769万8千円を「目
的外支出」としていた。ちなみに，飲食の内訳は，しゃぶしゃぶ店が33回，
ウナギ店・フグ店が23回，すし店が23回，焼肉店が21回，中華料理店が56回，
居酒屋・小料理店が58回などとなっており，1回の平均支出は，およそ2万
2千円であった（1回あたりの最小の支出額：焼肉店の1,186円，1回あたり
の最高の支出額：高級中華料理店の19万7,967円）*31。

　このように，政務調査費の使途をめぐる問題は枚挙にいとまがない。元来，
政務調査費に関する条文が地方自治法のなかに明記された最大の理由は，先

述したように，その使途に透明性をもたせることにあった。だが，こうした事例をみるにつけ，地方自治法を改正し，政務調査費をもうけたことの意義が薄れてしまっているような気がしてならない。

　そこで，つぎに，実際に，地方自治体が，政務調査費に関して，どのような条例をもうけているのかについて，札幌市を例にとって，紹介しよう。札幌市では，地方自治法の改正にあわせて，2001年3月30日，「札幌市議会政務調査費の交付に関する条例」をもうけた[*32]。同条例によると，政務調査費は，「札幌市議会議員の調査研究に資するため必要な経費の一部として，議会における会派に対し」交付されるものである（第1条）。その交付額は，毎月40万円で，年間480万円とされる（第3条）。

　もっとも重要な使途の規準について，同条例第5条は，「会派は，政務調査費を，別表に定める使途に従って使用するものとし，市政に関する調査研究に資するために必要な経費以外のものに充ててはならない」と定めている。この別表は，①研究研修費（会派が研究会，研修会等を開催するために要する経費又は会派に所属する議員が他の団体の開催する研究会，研修会等に参加するために要する経費），②調査旅費（会派の行う調査研究活動のために必要な先進地調査又は現地調査に要する経費），③資料作成費（会派の行う調査研究活動のために必要な資料の作成に要する経費），④資料購入費（会派の行う調査研究活動のために必要な図書，資料等の購入に要する経費），⑤広報費（会派の調査研究活動，議会活動及び市の政策について市民に報告し，宣伝するために要する経費），⑥広聴費（会派が市政，会派の政策等に関する市民の意見の聴取等を行うために要する経費），⑦人件費（会派の行う調査研究活動を補助する職員を雇用する経費），⑧事務所費（会派の行う調査研究活動のために必要な事務所の設置・管理等に要する経費），⑨その他の経費（上記以外の経費で会派の行う調査研究活動に必要な経費）という9項目にわかれている。だが，問題は，収支報告書の提出に関して，「政務調査費の交付を受けた会派の代表者は，別記様式により，当該交付を受けた年度分の政務調査費について，収入及び支出の報告書（以下「収支報告書」

という。）を作成し，これを交付を受けた年度の翌年度の４月30日までに議長に提出しなければならない」（同条例第７条１項）とあるだけで，領収書の提出が義務づけられていなかった点である。これによって，不明朗な資金の流れが生じたわけだ。

しかし，先述した2004年10月20日の札幌高等裁判所の判決 ─ 政務調査費の返還を求める原告の主張がほぼ全面的に認められ，自民党議員会が，1,542万円と金利の返還を命じられた ─ を受けて，札幌市議会の７会派の団長・会長で構成する議会改革懇談会の場において，2005年度以降，領収書を公開し，政務調査費に透明性をもたせることが確認された（2005年２月22日）。

とはいえ，ここで留意せねばならないのは，収支報告書に添付される領収書の金額は，５万円以上のものにかぎられたという点だ。５万円以上という数字について，同懇談会の座長は，「事務の繁雑さと，先行する他都市の例を勘案した」と述べている。他都市の例というのは，すでに領収書の公開をきめているさいたま市と福岡市の例をさしている[33]。だが，事務の繁雑さを理由に，５万円未満の領収書を公開しないという発想はいかがなものであろうか。ここには，政務調査費が"公金"であるという意識は微塵もみられない。

くわえて，その議論の過程で，政務調査費の秘匿性の担保を主張する会派もあったとされる[34]。この主張もきわめて不可思議なものである。というのは，政務調査費が地方自治法のなかにもられることとなった背景の一つには，使途の透明化という目的があったはずだ。しかも，「札幌市議会政務調査費の交付に関する条例」では，政務調査費は，「札幌市議会議員の調査研究に資するため」，交付されると明記されている。本来，議員は，議会の審議を活発化させ，当該自治体の住民の暮らしを充実させていくために，調査研究をおこなっているはずである。そうであるならば，政務調査費をもちいて得た情報は共有されこそすれ，秘匿されるべき性格のものではない。議員は，この点を十分理解していないようだ。つまり，議会の主役は自分たち議

員ではなく，住民であるとの意識が希薄なのだ。そのため，こうした議員の利権＝第二の報酬(闇の報酬)を保持しようとする行動をとることとなる[35]。

このほか，議員の報酬をめぐっては，費用弁償など，さまざまな問題点が存することを付言しておく。

4 結び

最後に，地方議会活性化のための処方箋をあげておきたい。

周知のように，従来，「地方自治体の事業のうち多くのものが国の補助事業であることも，地方議会の関与を制約してきた」。だが，近年，「地方分権の進展にともなって機関委任事務はすでに廃止され，これまで首長優位の体制を支えていた基盤そのものが変わりつつある」のは明らかだ[36]。こうしたなかで，今後，地方議会のはたす役割がますます大きくなることは，想像に難くない。すでに，さきに紹介した地方分権推進委員会の第2次勧告でも，こうした認識が示されている。

このように，地方議会への期待は，急速にたかまりつつある。しかしながら，自治事務次官をつとめた松本英昭氏も指摘しているように，「地方公共団体の組織機関については，自治法等でかなり詳細に定められており，地方公共団体の自治組織権のもとに一定の範囲で条例で組織等を決定することを認めている」ものの，「基本的な枠組みは法定され，これと異なる独自の制度を定めることはできない」のが実状である。そのため，残念ながら，「我が国の地方公共団体の組織機関に関する制度は諸外国に比較して画一的な制度」となってしまっている[37]。なかでも，先述したように，「標準会議規則」にもとづいた，画一的な運営をおこなってきた地方議会は，その好例といえよう。そのような議会の場において，はたして，地方"主権"の時代にみあった議論の展開を期待することは可能であろうか。おそらく，その答えは，"否"であろう。

では，どのようにすれば，今後，地方議会を活性化させることができるの

か。いうまでもなく，地方議会議員とともに，有権者の側でも，さまざまな
アイディアをだしていくことが重要となろう。たとえば，地方自治法・第94
条にある「町村総会」の設置を追求するのも一策だ。現に，地方分権推進委
員会・第2次勧告のなかにも，「町村総会への移行」——「国は，小規模町村
が地方自治の一つのあり方として，条例により町村総会へ移行できることに
ついて周知する」—— という考え方がもられている[38]。もちろん，この考え
は，小規模町村のみを対象としたものであるが，住民の生の声を反映させる
には，有意義な視点であるように思われる[39]。

　また，「地方議会議員の大半が，農家の人々，商家の人々，中小企業の
人々，医者・税理士・住職など広い意味での自由業の人々など，いずれにし
ろ，平日昼間の時間帯に地元に居続けることが可能な人々であることは間違
いのないところである」という[40]。それならば，住居は当該地域に存しな
いものの，仕事の関係上，1日の大半を当該地域で過ごしている者の視点を
いかすことはできないであろうか。というのは，とりわけ，大都市の場合，
このような者たちが多数存在するからだ。たとえば，東京都千代田区の場合，
夜間人口は3万6,035名でしかないものの，昼間人口は85万5,172名と，その
約24倍にたっする（2000年国勢調査）。こうした地域では，住居はないもの
の，実際に昼間，当該地域で労働に従事している者の視点を大いに活用して
いくことができるはずである。現に，地方議会に二院制を導入するというア
イディアは憲法上，不可能ではないとされているのだ[41]。

　いうまでもなく，地方議会活性化のための万能薬は存在しない。しかし，
だからといって，"機能不全"におちいってしまっている地方議会の現状を
そのまま放置してよいはずがない。われわれ有権者は，このことをつねに肝
に銘じて，地方議会の動向に関心をはらっていくことが緊要であろう。

注

＊1　大山礼子「首長・議会・行政委員会」松下圭一・西尾勝・新藤宗幸編『岩波講座　自治体の構想4　機構』（岩波書店，2002年），21-22頁。

＊2　http://www8.cao.go.jp/bunken/bunken-iinkai/2ji/6.html（2005年6月10日）。

＊3　阿部斉・新藤宗幸『概説　日本の地方自治』（東京大学出版会，1997年），47頁。

＊4　阿部齊『新訂　現代日本の地方自治』（財団法人　放送大学教育振興会，1999年），20-22頁。

＊5　加藤幸雄「地方議会の制度と改革」西尾勝編『自治体デモクラシー改革-住民・首長・議会-』（ぎょうせい，2005年），140頁。

＊6　五十嵐敬喜・小川明雄『議会-官僚支配を超えて-』（岩波書店，1995年），202頁。

＊7　宇賀克也『地方自治法概説』（有斐閣，2004年），159-160頁。

＊8　詳しくは，拙著『現代地方自治の現状と課題』（同文舘出版，2004年），165頁を参照されたい。

＊9　『北海道新聞』1988年10月6日（夕），2面。

＊10　『北海道新聞』2002年3月6日（夕），2面。

＊11　『北海道新聞』1990年3月19日，4面。

＊12　『北海道新聞』1991年7月25日，1面。

＊13　『北海道新聞』1991年11月2日，4面。

＊14　『北海道新聞』1991年7月8日，5面。

＊15　『北海道新聞』1991年10月21日，5面。

＊16　『朝日新聞』〔北海道内地域版〕1999年3月30日，24面。

＊17　『北海道新聞』2003年3月28日，6面。

＊18　『北海道新聞』2003年4月14日（夕），3面。

＊19　『北海道新聞』2003年6月29日，7面。

＊20　『北海道新聞』2003年6月30日，3面。

＊21　『北海道新聞』2003年7月8日，2面。

＊22　『北海道新聞』2003年7月2日，4面。

＊23　『北海道新聞』2003年3月28日，6面。

＊24　『北海道新聞』2003年7月2日，4面。

＊25　『北海道新聞』1999年4月19日（夕），13面。

＊26　『朝日新聞』〔長野県版〕2004年1月29日，27面。

＊27　『北海道新聞』2002年8月10日，33面。

＊28　『朝日新聞』〔北海道版〕2003年10月29日，32面。

＊29　『北海道新聞』2004年10月20日（夕），1面。なお，同訴訟については，2006年9月21日，最高裁判所・第一小法廷において，これを不服としていた同会派の上告を棄却する判決がいいわたされた（『北海道新聞』2006年9月22日，36面）。

＊30　『朝日新聞』〔北海道版〕2004年11月2日，26面。

＊31　『朝日新聞』〔東京都心版〕2006年4月15日，31面。

＊32　札幌市議会では，2005年4月1日から，改正された「札幌市議会政務調査費の交付に関する条例」が施行されており，そこには，「1件当たりの金額が5万円以上の支出（規則で定める使途に係る支出を除く。）に係る領収書その他の証拠書類（以下「領収書等」という。）の写しを添えて，提出しなければならない」（第7条3項）とする文言などがもりこまれている。

＊33　『朝日新聞』〔北海道版〕2005年2月22日（夕），6面。

＊34　『朝日新聞』〔北海道版〕2005年2月15日，33面。

＊35　その後，札幌市議会では，議会改革検討委員会での議論をかさね，2009年度から，すべての支出に関して，領収書が開示されることとなった（『北海道新聞』2007年2月24日，3面）。

＊36　大山，前掲論文「首長・議会・行政委員会」松下・西尾・新藤編『自治体の構想4　機構』，22頁。

＊37　松本英昭『入門　地方自治法』（学陽書房，2003年），138頁。

＊38　http://www8.cao.go.jp/bunken/bunken-iinkai/2ji/6.html（2005年6月10日）。

＊39　事実，わが国においても，かつて，人口61名の東京都八丈支庁管内宇津木村で町村総会が開催されていた経緯もある（拙著，前掲書『現代地方自治の現状と課題』，167頁）。

＊40　西尾勝「地方選挙制度の改革構想」西尾編，前掲書『自治体デモクラシー改革』，82頁。

＊41　拙著，前掲書『現代地方自治の現状と課題』，167－168頁。

政務調査費の現状と課題
―目黒区議会のケースを中心に―

1 はじめに

　第16回統一地方選挙が，2007年4月8日と22日におこなわれた。今回の選挙で注目を集めたのは，"マニフェスト"であった。というのは，統一地方選挙をまえにした2月21日，公職選挙法改正案が成立し，首長選挙にかぎって，マニフェストの配布が認められるようになったからだ。

　また，今回の選挙では，政務調査費のあり方についても，関心が集まった。たとえば，2007年3月14日の『朝日新聞』の夕刊には，

　　（選択　07統一地方選）議員特権，駆け込み改革　政調費に領収書・
　　費用弁償を廃止

と題する記事が掲載されていた[1]。同記事によると，「地方議会の政務調査費（政調費）や，議会出席時に日当名目で支給される『費用弁償』を見直す動きが，統一地方選間近のここにきて活発になっている」とあり，「不透明な使い方が昨年から各地で問題になったことが火をつけた形」となって，今回の選挙戦において，とりわけ，政務調査費の問題が注目を集めた。

　さて，本章においては，この政務調査費について，検討をくわえる。論述

の順序としては，まずはじめに，政務調査費が導入された経緯について考察し，東京都目黒区議会を中心に，政務調査費の現状について紹介する。ここで，目黒区議会をとりあげるのは，同区議会における政務調査費のあり方をめぐって，「平成18年11月中旬より新聞・テレビで報道された不適切な支出問題が起きたという事実」があったからだ[*2]。そして最後に，政務調査費のあり方について，簡単な私見を述べてみたいと考えている。

2 政務調査費導入の経緯

そもそも，「政務調査費」ということばが，一般的に，つかわれるようになったのは，いつごろからであろうか。たとえば，朝日新聞社が提供している全文検索型の記事データベース「聞蔵Ⅱビジュアル・フォーライブラリー」によれば，『朝日新聞』に「政務調査費」の語がはじめて登場したのは，1989年4月14日のことであった。そこには，以下のように記されていた[*3]。

> **知事交際費公開を　東京都葛飾区議**
> 大阪地裁が大阪府知事や府水道部の交際費公開を命じる判決を出したのを受けて，13日，東京都葛飾区議で「税金を監視する会」代表，石田千秋さん（57）が都知事の交際費，また足立区千住元町のビニール加工業佐野勝郎さん（64）が都議会の政務調査費について，都に情報公開を求める請求を行った。

その後も，政務調査費に関する記事は増加し，総計で2,315件にもたっしている（2007年4月10日現在）。時系列的な動きをみると，「政務調査費」という語をふくむ記事の件数は，2001年から急増している。これは，同年4月1日から施行された改正地方自治法において，政務調査費があらたに制度化されることとなったからだ。改正された地方自治法・第100条13項は，「普通地方公共団体は，条例の定めるところにより，その議会の議員の調査研究に

資するため必要な経費の一部として,その議会における会派又は議員に対し,政務調査費を交付することができる。この場合において,当該政務調査費の交付の対象,額及び交付の方法は,条例で定めなければならない」と記している。

なお,衆議院地方行政委員会の場でおこなわれた同法改正の趣旨説明では,「地方議会の活性化を図るためには,その審議能力を強化していくことが必要不可欠であり,地方議員の調査活動基盤の充実を図る観点から,議会における会派等に対する調査研究費等の助成を制度化」していくことの重要性が強調され,「地方公共団体は,条例により,地方議会の議員の調査研究に資するため必要な経費の一部として,議会における会派または議員に対し,政務調査費を交付できるものとする」とされた。それを受けた条文が,前出の第100条13項である[*4]。

それでは,なぜ,2001年4月1日施行の改正地方自治法によって,政務調査費が制度化される以前の段階で,「政務調査費」の語が新聞紙上に登場していたのであろうか。これは,「議員の属する各会派に対し,都道府県政調査交付金などの名称」で交付された補助金(いわゆる「県政調査交付金」)のことであり[*5],「普通地方公共団体は,その公益上必要がある場合においては,寄附又は補助をすることができる」(地方自治法・第232条の2)との規定にもとづくものであった。

ちなみに,2001年4月1日施行の改正地方自治法によって,政務調査費が制度化されるまでの『朝日新聞』の見出しをひろっていくと,「議会も情報公開検討 政務調査費は非公開か 県議会改革委員会」(佐賀県版:1997年9月11日),「収入・支出,不審な一致 知事に『調査を』 県議政務調査費」(神奈川県版:1997年10月30日),「使途,具体的に報告 今年度から改善 県議の政務調査費」(神奈川県版:1997年12月20日),「『政務調査費』で意見分かれ結論出ず 県議会の情報公開」(高知県版:1998年5月23日),「県議会派への政務調査費の非開示不当 県へ異議申し立て」(茨城県版:1998年11月27日),「政務調査費は不透明 県議会などを調査 オンブズパーソン」

（栃木県版：1998年12月25日），「『知る権利』明確な形に　県政調査費，非公開扱いの見通し」（埼玉県版：1999年1月19日），「調査研究費　使途見えず（民主主義の学校3：1）」（神奈川県版：1999年3月21日），「政務調査費を県に開示請求　市民オンブズマン」（佐賀県版：1999年5月14日），「県議の調査費，『公文書ない』　オンブズマンに回答」（佐賀県版：1999年5月29日），「調査研究費を初公開　問題点浮き彫り　広島市議会」（広島県版：1999年6月24日），「政務調査費，自主公開を　オンブズマンが要望書」（佐賀県版：1999年7月1日）とあるように，「政務調査費」の不透明性が問題とされていた。

そうしたなか，「地方議員への調査費透明化　自民党，地方自治法改正案まとめる」[6]，「地方議員の調査費明文化　改正地方自治法が成立」[7]との見出しが紙面をかざり，2000年5月24日，政務調査費を明文化した，改正地方自治法が成立した。「地方議員への調査費透明化　自民党，地方自治法改正案まとめる」（傍点，引用者）との見出しからも明らかなように，改正地方自治法・第100条14項には，「政務調査費の交付を受けた会派又は議員は，条例の定めるところにより，当該政務調査費に係る収入及び支出の報告書を議長に提出する」ことが義務づけられている。これは，「情報公開を促進する観点から，その使途の透明性を確保することが重要になっております」との認識からもりこまれた条文である[8]。

3　政務調査費の現状－目黒区議会の場合－

では，政務調査費が地方自治法において制度化されたことによって，透明性は確保されるようになったのであろうか。ここでは，東京都目黒区議会のケースをみてみよう。目黒区議会をとりあげるのは，つぎのような「政務調査費問題の経緯」があったからだ[9]。

目黒区議会では，平成13年度から収支報告書に領収書（写し）の添付

を義務付けたのをはじめ，議会費からの飲食の排除，使途基準の見直しなど，全国の議会に先駆けて税金の使い方に対する透明性・公正性を確保する努力を続けてきました。

しかし，その一方で，平成18年11月中旬より新聞・テレビで報道された不適切な支出問題が起きたという事実は重く受け止め，早急に改善しなければなりません。

平成18年12月26日に第2回臨時区議会を開催し，次の点を議決して政務調査費の適正な支出の具体化に向けた取り組みを開始しました。

　それでは，ここでいう，「新聞・テレビで報道された不適切な支出問題」とは，どのようなものをさしているのかを紹介しよう。これは，政務調査費の使途をめぐって，公明党の区議会議員6人全員の辞職（2006年11月30日）という事態にまで発展した不祥事のことである。その契機となったのは，10月31日の「目黒区政務調査費の支出に係る住民監査請求」である[*10]。同請求によれば，公明党目黒区議団の政務調査費に関して，合計金額の595万6,227円が，「違法・不当な支出であると思われる」としている。こうしたなか，「公明党東京・目黒区議団は（11月）21日，使途について指摘を受け自主的に再度精査し，政務調査費請求の一部を取り下げ，約766万円を区に返還することにした」（カッコ内，引用者補足）のである[*11]。報道によれば，「車検費用5万6700円を『政務調査中の修理費』として請求，カーナビの購入費15万円を全額請求するなど，公私があいまいになっていた。沖縄で使ったタクシー代を都内での移動に使ったものと報告したケースもあった」ようだ。その結果，公明党都本部によると，2005年度分の政務調査費，およそ1,200万円のうち約773万円を11月24日付で，目黒区議会事務局に返還した[*12]。そして，約1,374万円を支出したとした，2005年度の収支報告書のうち，およそ923万円の支出（225件分）を「不適切だった」と訂正した[*13]。だが，6人の公明党・区議会議員全員が，開会中の定例区議会を最後まで欠席しつづけ[*14]，使途の詳細を明らかにしないまま辞職したことは，"説明責任"と

いう観点からも大きな問題がのこる。

　また，10月31日に受け付けられた「目黒区政務調査費の支出に係る住民監査請求」では，自民党の宮沢信男・議長の政務調査費に関しても，ふれられている。それによれば，合計金額：114万2,276円が，「違法・不法な支出であると思われる」とされた。

　これに対して，宮沢議長は「うっかりした請求だった」と述べ，「タクシー代や高速代など約2万7千円について（11月）22日までに収支報告書を訂正した」（カッコ内，引用者補足）という[15]。しかも，そのなかには，ボディーピロー（腰当て用クッション）代の2,310円もふくまれていたそうだ[16]。その後，一部の会派のあいだで，議長不信任決議案を提出する動きがでてきたことにくわえ，11月29日には，宮沢議長の所属する自民党の区議会議員のなかでも，同議長の自発的辞職をうながす声がでてくるようになった[17]。そして，ついに，30日，宮沢議長は，その職を辞すこととなった。同議長は，本会議の冒頭で，「政務調査費をめぐる多くの報道により区民に不信の念を抱かせた。事態の責任を大きく受け止め，議長の職を辞する」などと述べたものの，「自身の問題には一切触れなかった」という。しかも，今回の住民監査請求において問題視された，「自宅と同じ住所にある部屋を妻名義で『事務所』として借り，月額3万5千円を政務調査費から支払っていた」点は，放置されたままであった[18]。だが，問題となった家賃代も，12月6日になって，自主的に返還されたという[19]。このように，宮沢議員は，政務調査費の一部を返還したものの，12月22日には，資料購入費として計上された，「『りぶる』4冊分の購入は，目的外であるとする請求人の主張を認め，区長は，当該議員に対し『りぶる』4冊分の購入に要した金員に相当する額14,400円の返還を30日以内に請求することを勧告する」との監査結果がだされたのであった[20]。

　2007年1月19日には，この監査結果を不服として，監査請求をおこなった，市民団体「目黒区オンブズマン」の梅原辰郎・代表が，青木英二・目黒区長を相手どり，合計約1,407万円の返還請求を求める住民訴訟を東京地方裁判

所におこしている[21]。

さらに、目黒区では、2006年12月7日と27日、2007年3月7日にも、あらたな監査請求がでるなど、政務調査費をめぐる混乱がつづいた。そうしたなか、青木区長は、2003年度から2005年度にかけて、監査結果で問題とされたのとおなじような支出があった場合、その金額を返還するよう、全区議会議員に要請したようだ[22]。また、2007年3月末の時点で、公明党の区議団のほかに、あわせて13人の区議会議員が、合計で、およそ1,270万円分の支出を収支報告書から削除したという[23]。

さて、目黒区議会では、「全議員・会派の平成17年度政務調査費収支報告書を点検し、政務調査費のあり方、使途基準の見直し、額などについて提言を受ける」ことを目的とした第三者機関「目黒区政務調査費の交付に関する条例及び使途基準等に関する調査委員」の3名が会合をもち、「目黒区の政務調査費の制度について」と題する答申をだしている[24]。そして、「按分基準の設定や飲食費等の新たな制限等を考慮すると、概算で月額3万円程度の減額は可能と考える」とした答申をもとに、目黒区議会は、2007年3月31日、1人あたり月額17万円の政務調査費を3万円減額して、14万円にする条例改正案を可決した。くわえて、「さらに透明性を向上させるためには、有権者である区民が自由に閲覧できるよう、区議会のホームページで公開することを提言する。公開の範囲としては、収支報告書及び支出の目的などを記載した内訳書、研修等の報告書、広報紙等がある」との答申によって、「目黒区政務調査費の交付に関する規程」のなかに、「報告書の公開は、政務調査費収支報告書、支出内訳及び会計帳簿に記載された事項を区議会ホームページに掲載することにより行うものとする」との文言が明記されることとなった[25]。

4 結び

本章でとりあげた目黒区議会の場合、政務調査費をめぐるさまざまな問題が、露見した。だが、これは、目黒区議会において、領収書の写しの添付が

義務づけられていたからこそ，明らかとなった事実である。万一，「領収書が添付されていなければ，情報公開制度で開示請求しても，費目別に総額が書かれた収支報告書しか見ることができない」結果となり，「区民はもちろん区議会職員もチェックの手だてがない」ということになってしまいかねない状況であった[26]。その意味において，皮肉にも，今回の目黒区議会での不祥事は，領収書の存在がいかに重要であるかを明示することとなった。ちなみに，東京23区議会のうち，2006年4月の段階で，領収書（写しもふくむ）の添付を義務づけていたのは，7区議会（30.43％）だけであったという（中野区は，1件5万円以上について，提出を義務づけている）[27]。それが，2007年の春から，22の区議会で，領収書の添付が義務づけられることとなった（中野区では，従来どおり，1件5万円以上についてのみが対象となっている）[28]。これは，大きな前進といってよかろう。

　しかしながら，政務調査費に関する朝日新聞社の全国調査（対象は，47都道府県と15政令指定市，政令指定市以外の34の県庁所在市と東京23区の合計119議会）によると，「すべての支出で領収書を公開したり，公開の方針を決めたりしている議会」は，わずか約3割にとどまることが判明した（表3－1，表3－2参照）[29]。

　それでは，なぜ，すべての支出に関する領収書の添付が必要となるのであろうか。たとえば，2006年6月から，5万円以上にかぎって，領収書の提出を義務づけた札幌市議会の場合，2005年度の総支出金額のうち，領収書の添付によって，政務調査費のつかい道が明らかとなったのは，わずか37％分だけであった。つまり，「それ以外は闇の中」ということになる[30]。そのため，札幌市議会では，「議会改革検討委員会」での議論をかさね，2009年度からすべての支出に関する領収書が開示されることとなった[31]。

　札幌市議会において，こうした進展がみられた背景には，政務調査費をめぐる，ある裁判の結果が大きな影響をおよぼしている。具体的には，自民党会派が2001年度分の政務調査費の一部を「一時貸付金」として，同会派の会費に一時流用したことが，目的外使用にあたり，札幌市の条例に違反すると

第 3 章　政務調査費の現状と課題　*135*

表３－１　政務調査費の領収書の公開状況と議員1人あたりの交付額（都道府県）

都道府県	領収書	交付月額（万円）	都道府県	領収書	交付月額（万円）
北海道	▲	53	滋賀	▲	30
青森	×	31	京都	▲	50
岩手	●	31	大阪	×	59
宮城	●	35	兵庫	△	50
秋田	△	31	奈良	×	30
山形	×	31	和歌山	▲	30
福島	×	35	鳥取	●	25
茨城	×	30	島根	△	30
栃木	×	30	岡山	×	35
群馬	×	30	広島	×	35
埼玉	×	50	山口	▲	35
千葉	×	40	徳島	×	25
東京	×	60	香川	×	30
神奈川	×	53	愛媛	×	33
新潟	×	33	高知	▲	28
富山	×	30	福岡	×	50
石川	×	30	佐賀	×	30
福井	×	30	長崎	×	30
山梨	×	28	熊本	×	30
長野	●	29	大分	×	30
岐阜	×	33	宮崎	×	30
静岡	×	45	鹿児島	×	30
愛知	×	50	沖縄	×	25
三重	△	33			

（注）　●…公開，▲…条件つき公開，△…条件つき公開方針，×…非公開。

（出所）『朝日新聞』2007 年 2 月 10 日，1 面。

いう内容の裁判であった。この訴えに対して，二審の札幌高等裁判所は，自民党会派に，1,542万円と金利の支払いを命じる判決をだした。そして，最高裁判所・第一小法廷は，これを不服としていた同会派の上告を棄却する判決をいいわたしたのであった（2006年 9 月21日）[*32]。

　札幌市議会の場合，こうした "外圧" の存在が，改革の進展をうながしたことは否定できない。とはいえ，政務調査費のつかい道を全面公開し，透明性をもたせていくことは，腐敗を排除する意味からも，きわめて重要である。

　かつて，政務調査費の制度化を求めた衆議院地方行政委員会の議論におい

表３－２　政務調査費の領収書の公開状況と議員１人あたりの交付額（政令指定市と県庁所在市）

政令指定市と県庁所在市	領収書	交付月額 (万円)	政令指定市と県庁所在市	領収書	交付月額 (万円)
札幌	○	40	京都	▲	54
青森	×	9	大阪	▲	60
盛岡	●	5	堺	×	30
仙台	×	38	神戸	×	38
秋田	▲	10	奈良	×	8
山形	●	12	和歌山	×	17
福島	●	10	鳥取	●	3
水戸	×	9	松江	×	3.5
宇都宮	×	15	岡山	×	13.5
前橋	×	10	広島	▲	34
さいたま	▲	34	山口	×	3
千葉	×	30	徳島	●	7
横浜	×	55	高松	×	10
川崎	△	45	松山	●	10.2
新潟	○	15	高知	▲	10
富山	×	15	北九州	△	38
金沢	×	25	福岡	▲	35
福井	×	15	佐賀	×	5
甲府	●	4	長崎	●	15
長野	●	9.7	熊本	×	20
岐阜	×	18	大分	×	10
静岡	●	25	宮崎	×	8
名古屋	×	55	鹿児島	×	15
津	●	5	那覇	●	7
大津	●	7			

（注）●…公開，○…公開方針，▲…条件つき公開，△…条件つき公開方針，
　　　×…非公開。
（出所）『朝日新聞』2007 年 2 月 10 日，30 面。

て，「（2000年）四月一日に施行された地方分権一括法により，地方分権は今や実行の段階を迎えることとなり，地方公共団体の自己決定権や自己責任が拡大する中で，地方議会が担う役割はますます重要なものとなっております」（カッコ内，引用者補足）とする，地方自治法改正の趣旨説明がおこなわれた[33]。全国の地方議会議員は，このことばのもつ意味を再度深く吟味して，行動することが求められよう。

注

* 1 『朝日新聞』2007年3月14日（夕），19面。

* 2 http://www.city.meguro.tokyo.jp/kugikai/keika.htm（2007年4月20日）。

* 3 『朝日新聞』1989年4月14日，30面。

* 4 『第百四十七回国会　衆議院　地方行政委員会議録　第十一号』2000年5月18日，1頁。

* 5 加藤幸雄『新しい地方議会』（学陽書房，2005年），167-168頁。

* 6 『朝日新聞』2000年4月28日，4面。

* 7 『朝日新聞』2000年5月25日，4面。

* 8 『第百四十七回国会　衆議院　地方行政委員会議録　第十一号』2000年5月18日，1頁。

* 9 http://www.city.meguro.tokyo.jp/kugikai/keika.htm（2007年4月20日）。

*10 http://www.city.meguro.tokyo.jp/kansaj/181222kekka.pdf（2007年4月20日）。

*11 http://www.komei.or.jp/news/2006/1122/7527.html（2007年4月20日）。

*12 『朝日新聞』〔東京西部版〕，2006年11月25日，35面。

*13 『朝日新聞』〔東京都心版〕，2006年11月28日，31面。

*14 『朝日新聞』2006年11月30日（夕），22面。

*15 『朝日新聞』〔東京都心版〕2006年11月28日，31面。

*16 『朝日新聞』2006年11月30日（夕），22面。

*17 『朝日新聞』〔東京都心版〕2006年11月30日，33面。

*18 『朝日新聞』〔東京西部版〕2006年12月1日，35面。

*19 『朝日新聞』〔東京都版〕，2006年12月12日，34面。

*20 ちなみに，公明党の区議団の問題に関しては，監査請求での指摘をうわまわる，およそ773万円を返還していることもあって，「区の財政上の損害が回復しているので却下する」との結論がだされた（http://www.city.meguro.tokyo.jp/kansaj/181222kekka.pdf〔2007年4月20日〕）。

*21 『朝日新聞』2007年1月20日，33面。さらに，目黒区では，2007年3月23日，5人の区議会議員の2005年度分の政務調査費をめぐって，およそ550万円の返還請求を求める住民訴訟もおきている（『朝日新聞』〔東京都心版〕2007年3月24日，

29面）。

＊22 『朝日新聞』2007年2月18日〔東京都心版〕，31面。

＊23 『朝日新聞』2007年4月13日〔東京都心版〕，31面。

＊24 http://www.city.meguro.tokyo.jp/kugikai/tousin1.pdf（2007年4月20日）。

＊25 http://www.city.meguro.tokyo.jp/kugikai/kitei.pdf（2007年4月20日）。

＊26 『朝日新聞』〔東京西部版〕2007年2月2日，31面。

＊27 『朝日新聞』〔東京都心版〕2006年11月28日，31面。

＊28 『朝日新聞』2007年3月14日（夕），19面。

＊29 『朝日新聞』2007年2月10日，1面。

＊30 『北海道新聞』2007年1月6日，30面。また，2004年4月から，「全国の指定市に先がけて領収書の添付を義務づけた」福岡市議会においても，「対象を5万円以上に限り，添付義務を一部議員に限定した」ため，2004年度および2005年度に領収書を添付した市議会議員は，およそ4割にとどまったという（『朝日新聞』〔西部版〕2007年2月10日，32面）。

＊31 『北海道新聞』2007年2月24日，3面。

＊32 『北海道新聞』2006年9月22日，36面。

＊33 『第百四十七回国会　衆議院　地方行政委員会議録　第十一号』2000年5月18日，1頁。

日米関係の現状と課題
―「ショー・ザ・フラッグ」という"外圧"―

1 はじめに

　「ショー・ザ・フラッグ」(Show the Flag) ―― このことばを嚆矢として，戦後日本の安全保障政策は大転換をせまられることとなった。すなわち，自衛隊がはじめて海外の戦闘地域周辺に"派兵"されるという由々しき事態が生じたのだ。

　今回の安全保障政策転換の直接の契機は，2001年9月11日に米国で発生した同時多発テロ事件である。この日，テロリストは，民間の旅客機をハイジャックし，ニューヨークの世界貿易センタービルや首都ワシントンD.C.の国防総省（ペンタゴン）の建物に突入していった。事件から1週間後におこなわれた，ルドルフ・ジュリアーニ＝ニューヨーク市長の記者会見では，世界貿易センタービルの被害による死者・行方不明者の数は，実に5,874名にたっするとされた[*1]。

　これほどの惨劇に直面した米国政府は，今回のテロ事件の首謀者をイスラム過激派指導者のオサマ・ビンラディンであると特定し，10月7日には，ビンラディンが潜伏するとされるアフガニスタンに対し，報復攻撃を開始した。これが，「不朽の自由」作戦である。

　ところで，小泉純一郎首相は，同時多発テロ事件発生以降，終始一貫して，

米国からの "外圧" を巧妙に利用することによって，日本の安全保障政策の大転換をはたした。そこで，以下においては，9月11日の同時多発テロ事件発生後の小泉政権の対応について，検討したい。論述の順序としては，まずはじめに，11月2日に公布・施行された，いわゆる「テロ対策特別措置法」の内容と国会での論戦の一部を紹介する。つぎに，同時多発テロ事件後，同法が公布・施行されるまでのあいだにおこなわれた，小泉首相とジョージ・W・ブッシュ大統領との2回の日米首脳会談の概要を述べる。そして最後に，「ショー・ザ・フラッグ」ということばとそれに対する小泉首相の政治手法について，考えてみたい。

2 「テロ対策特別措置法」をめぐる国会での論戦

2001年10月29日，いわゆる「テロ対策特別措置法」が，自民・公明・保守の与党三党などの賛成によって，成立した（図4-1参照）。この法律の正式名称は，「平成十三年九月十一日のアメリカ合衆国において発生したテロリストによる攻撃等に対応して行われる国際連合憲章の目的達成のための諸外国の活動に対して我が国が実施する措置及び関連する国際連合決議等に基づく人道的措置に関する特別措置法」というものであり，112もの文字数からなっている。

このテロ対策特別措置法の目的は，「我が国が国際的なテロリズムの防止及び根絶のための国際社会の取組に積極的かつ主体的に寄与する」こととされている。その大きな柱として，つぎの3つの活動がもりこまれている。第1番目は協力支援活動である。これは，諸外国の軍隊などに対して物品・役務の提供，便宜の供与などをおこなうための措置である。第2の捜索救助活動は，諸外国の軍隊などの活動に際しておこなわれた戦闘行為によって遭難した戦闘参加者（戦闘参加者以外の遭難者もふくむ）の捜索・救助をおこなう活動である。第3の被災民救援活動は，被災民を救援するために実施する，食糧・衣料・医薬品などの生活関連物資の輸送，医療そのほかの人道的精神

第 4 章　日米関係の現状と課題　*141*

図 4-1　テロリズム防止・根絶に向けた国際社会の取組への協力の枠組

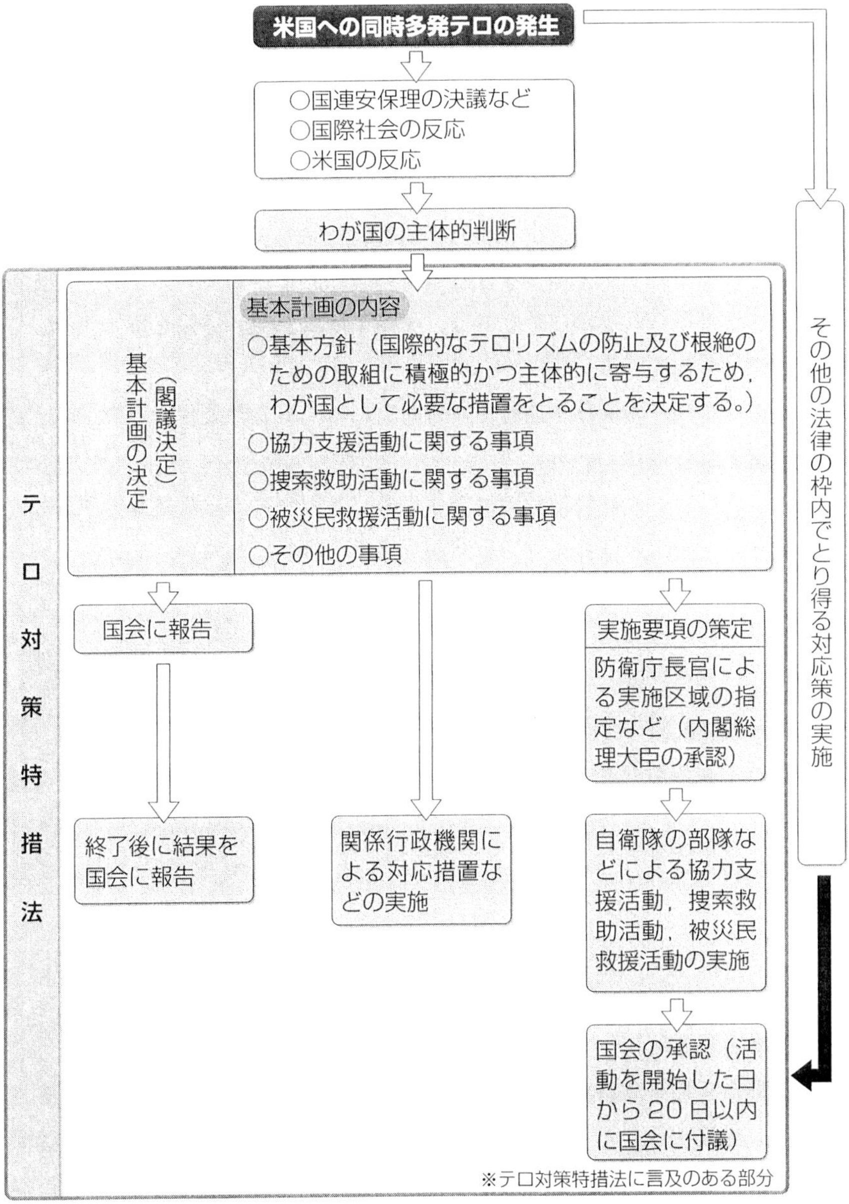

米国への同時多発テロの発生

○国連安保理の決議など
○国際社会の反応
○米国の反応

わが国の主体的判断

テロ対策特措法

基本計画の決定（閣議決定）

基本計画の内容
○基本方針（国際的なテロリズムの防止及び根絶の
　ための取組に積極的かつ主体的に寄与するため，
　わが国として必要な措置をとることを決定する。）
○協力支援活動に関する事項
○捜索救助活動に関する事項
○被災民救援活動に関する事項
○その他の事項

国会に報告

終了後に結果を
国会に報告

関係行政機関に
よる対応措置な
どの実施

実施要項の策定

防衛庁長官によ
る実施区域の指
定など（内閣総
理大臣の承認）

自衛隊の部隊な
どによる協力支
援活動，捜索救
助活動，被災民
救援活動の実施

国会の承認（活
動を開始した日
から 20 日以内
に国会に付議）

その他の法律の枠内でとり得る対応策の実施

※テロ対策特措法に言及のある部分

（出所）防衛庁編『2002 年版　日本の防衛』，108 頁。

にもとづく活動のことである。

　また，これらの活動をおこなう範囲であるが，日本の領域にくわえ，公海とその上空，さらには外国の領域（その国の同意がある場合のみ）とされている。もちろん，日本の領域以外での活動に際しては，当該地域で戦闘がおこなわれていないことが前提となっている。

　さらに，上記の3つの活動が実行にうつされた場合，首相は「これらの対応措置を開始した日から二十日以内に国会に付議して，これらの対応措置の実施につき国会の承認を求めなければならない」とされている。万一，国会の場で承認が得られなかったときは，すみやかに上記の活動を終了することが義務づけられている。

　そして，これらの活動を遂行する自衛官には，一定の条件つきながら，武器の使用が認められている。

　では，ここで，テロ対策特別措置法をめぐる国会での政府首脳の答弁の一部を紹介し，同法がはらんでいる問題点を浮き彫りにしたい。

　まずはじめに，自衛隊の活動範囲についてである。ちなみに，1999年5月24日に成立した「周辺事態法」（「周辺事態に際して我が国の平和及び安全を確保するための措置に関する法律」）には，自衛隊の活動範囲は「我が国領域並びに現に戦闘行為が行われておらず，かつ，そこで実施される活動の期間を通じて戦闘行為が行われることがないと認められる我が国周辺の公海（海洋法に関する国際連合条約に規定する排他的経済水域を含む）及びその上空の範囲をいう」（同法第3条1項3号）と明記されており，限定がなされていた。

　それが，今回のテロ対策特別措置法では，自衛隊の活動範囲は「我が国領域及び現に戦闘行為（国際的な武力紛争の一環として行われる人を殺傷し又は物を破壊する行為をいう）が行われておらず，かつ，そこで実施される活動の期間を通じて戦闘行為が行われることがないと認められる」（同法第2条3項）地域へと拡大されたのである。具体的には，「公海（海洋法に関する国際連合条約に規定する排他的経済水域を含む）及びその上空」（同1号）

と「外国の領域（当該対応措置が行われることについて当該外国の同意がある場合に限る）」（同2号）とされた（図4-2）。

この活動範囲に関連して，10月5日の衆議院予算委員会の場で，共産党の山口富男議員は，つぎのような質問を投げかけた[*2]。

> もしアフガニスタンから別にテロ組織が移動した，そうしたら，それに応じて戦線がそちらに行き，自衛隊の支援もそれに応じて各地に広がっていくのか，そのことを聞いているのです。そして，法律の中ではそのことは無限定になっているんじゃないか，このことをお聞きしているのです。

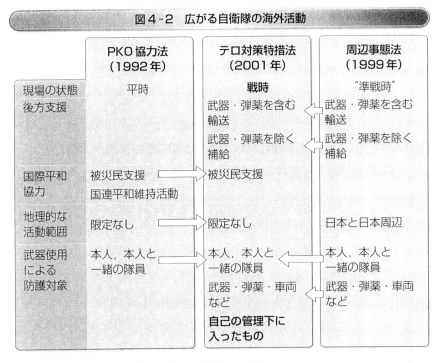

(出所)『朝日新聞』2001年10月29日（夕），1面。

これに対して，小泉首相は，以下のように述べた。

　それは，無限定といえば無限定ですよ，どこで戦闘が行われているか
わからないんだから。ただし，限定しているといえば限定しているの
ですよ。言葉のあやで，ここがちょっとややこしいかもしれないけれ
ども。というのは，なぜ無限定かというと，どこで戦闘行為が行われ
るかわからないんだから。限定しているといえば，戦闘行為が行われ
るところには行かないんだから，限定しているでしょう。
　それは，どこで戦闘，ニューヨークで戦闘が行われた，日本で戦闘が
行われた，アフガニスタンで戦闘が行われた，わからないんだから。
そういう意味においては無限定。世界じゅうどこで起きるかわからな
い。その意味でいえば，確かに無限定。しかし，戦闘行為が行われて
いるところには行かない，限定されているんです。武力行使はしない，
限定されているんです。

　つぎに，ここでいう「戦闘行為」とはいかなるものをさしているのかにつ
いてふれてみたい。たとえば，中谷元・防衛庁長官は，10月15日の衆議院
「国際テロリズムの防止及び我が国の協力支援活動等に関する特別委員会」
（テロ対策特別委員会）での審議の席上，不可思議な認識を示した[3]。

　飛行機が飛んだり，ミサイルが発射されるということをとらえて戦闘
行為ということはありません。

　このほか，国会での「事前承認」の問題については，10月9日の参議院予
算委員会の場で，つぎのような質疑応答がなされた[4]。

　国民は，ＰＫＯでもない，周辺事態でもない，そして自衛隊は遠くイ
ンド洋まで行く，あるいはどこかの国へ上陸をする，こういう法律で

すから，やっぱり国民の皆さんに事前に明らかにして，国会でそれな
らいいと，事前承認をとるのは，これは私は，そう総理，事後承認だ
なんて言わなくて，すんなり事前承認をとる，自信を持って総理，出
したらどうですか，事前承認をとるということで。

民主党の平田健二議員の質問に対して，小泉首相は，以下のように応じた。

国民から支持を得ている小泉内閣がどういうことをやるか，審議をは
み出すようなことはないということで私は御理解いただけるんではな
いかと。事前承認を得るべきだという意見は意見として，立場はわか
りますけれども，そうでない意見もあるのではないかと。

この発言をみると，小泉首相が，いかにシビリアン・コントロール（文民
統制）を軽視しているかという事実が明らかとなろう。
　しかも，この点に関しては，10月15日の小泉首相と鳩山由紀夫・民主党代
表との党首会談の席においても最大の焦点となっていた。だが，小泉首相は，
与党である公明党と保守党への配慮から，民主党の要求する「事前承認」を
あくまでも拒否する姿勢をとった。この点に関して，たとえば，『朝日新聞』
の社説「これでは納得できない　党首会談決裂」は，「野党第1党の民主党
の賛成も得て，法案に幅広い支持があることを内外に印象づけたい首相周辺
は，『事前承認』受け入れの意向を民主党側に伝えていた」としたうえで，
「ところが，小泉・鳩山会談に先だって開いた与党幹事長会談で，雲行きが
変わった。公明党と保守党が『事前承認』に強い難色を示し，『事後承認』
が妥協の限界であることを与党間で申し合わせた」との経緯を紹介している。
そして，「文民統制の原則を貫くためにも事前承認は欠かせぬ要件である」
と論じている[5]。
　また，自衛官の武器使用をめぐっても，小泉首相は，十分な説明責任をは
たすことはなかった（10月11日の衆議院テロ対策特別委員会）[6]。

もう神学論争をやめようと私は言いたいぐらいなんですよ。近くの仲間が危機に瀕して，自然の常識で助けることができるんじゃないかと。その場合には，この武器はいけない，あの武器はいけないというよりも，最初から決まっているんだから，武力行使はしない，戦闘行為には参加しない，そこはもう常識でやりましょうと。
　そういうことで法律をつくっているんですから，それは法律の条項で，法律をどう解釈するんだ，十メートル離れていたらいいけれども五十メートル離れていたらだめだとかいうのは，もうそういうのはやめようと。そこら辺はある程度現場の指揮官に判断できるのではないか。また，そのような判断を与えることができるために枠組みだけはしっかりつくっておこうというのが大事であって，これをやり出したら切りがないんですよね，だからそれは，御意見は全く私は同感な面が多いんです。

　さらに，挙げ句のはてには，小泉首相自身，テロ対策特別措置法と憲法との関係を問われ，同特別措置法のもつ矛盾点をあっさりと認めてしまったのだ[7]。

　　いろいろ知恵を出して，憲法の前文と憲法九条の間のすき間，あいまいな点があるところを，どうやって国会議員の皆さんの知恵をかりながら日本ができることをやろうかということを考えている。
　　確かにあいまいさは認めますよ，あいまいさ。すっきりした，明確な，法律的な一貫性，明確性を問われれば，答弁に窮しちゃいますよ。大体，憲法そのものが難しいです。学者でさえも違憲論，合憲論あるんだから。一貫性というか，そこはすき間がある，解釈によっていろいろ活躍あるいは役割が持てるという中で考えたんですから。

　以上みてきたように，今回のテロ対策特別措置法は大きな矛盾に満ちあふれ，また数多くの問題点をはらんでいることが明らかとなった。だが，小泉

首相はわずか3週間あまりの審議だけで同法を成立させ，日本の安全保障政策の抜本的転換をはかったのだ。

　では，なぜ小泉首相は，これほどまでにテロ対策特別措置法の成立を急いだのか。その理由を探るために，次節では2回の小泉・ブッシュ会談の内容を検証する。

3 小泉・ブッシュ首脳会談

（1）2001年9月25日の日米首脳会談

　日米首脳会談にさきだつ9月19日，小泉首相は記者会見を開いた。冒頭，同首相は，「今回，米国で発生したテロに対しましては，我々としては，米国に対する攻撃のみならず，これは世界人類に対する自由・平和，民主主義に対する攻撃だと強い憤りをおぼえております。そういう認識の下に，テロ根絶に向け，日本としても米国始め関係諸国と協力しながら，主体的な取り組みをしたいと思いまして，以下のような具体的な措置をとることを決めました」と述た[*8]。小泉首相のいう，"主体的な取り組み"とは，以下の7点であった（図4-3参照）。

　　1つ，国連安保理決議で「国際平和及び安全に対する脅威」とされた本件テロに関し措置をとる米軍等に対し，医療，輸送・補給等の支援活動の目的で，自衛隊を派遣するための所要の措置を講ずる。
　　2つ，米軍施設及びわが国重要施設の警備をさらに強化するための所要の措置を講ずる。
　　3つ，情報収集のための自衛隊艦艇の派遣をする。
　　4つ，出入国管理等に関する情報交換等の国際協力の強化を図る。
　　5つ，周辺及び関係諸国に対し，人道的・経済的に必要な支援，その一環として，米国に協力するパキスタン及びインドに対する緊急経済支援を行う。

図4-3　国際テロとの闘い（日本の対応：概要）

1．国際的な連帯強化のための外交努力

- 特使等の派遣や総理大臣親書の発出，二国間会談・多数国間会議や電話会談を通じて，テロの防止・根絶に向けた国際的な連帯強化のための外交努力を展開。

2．テロ対策特別措置法に基づく支援

- テロ対策特別措置法（10月29日成立）に基づき，協力支援活動として自衛隊艦船による米海軍艦船への補給及び自衛隊航空機による輸送支援を実施。（2002年1月29日以降，英海軍艦船へも補給を実施。）

3．テロ対策に関する国際協力

- テロ防止・根絶への国際的法的枠組み強化：爆弾テロ防止条約を締結し，テロ資金供与防止条約に署名。
- テロ資金源対策：タリバン、ウサマ・ビンラディン及び同人と関係する個人・団体並びにその他のテロリスト等に対し資産凍結等の措置を実施。
- テロ資金供与防止条約及び国連安保理決議1373の履行のため法整備等を推進中。

4．難民支援

- アフガニスタン難民のためのテント，毛布等の物資を3回にわたってUNHCRに提供。うち2回は自衛隊機・艦船によりパキスタンまで輸送。
- 国連機関等の行う難民支援活動に対し，9月27日の国連のドナー・アラートを受け10月4日に最大1億2,000万ドルまでの支援を行うことを発表。
- ジャパン・プラットフォームの枠組みでアフガニスタン難民支援活動に参加する日本のNGOを支援。

5．アフガニスタンの和平・復興

- 12月22日，アフガニスタン暫定政権を政府承認。
- 2002年1月18日，国連開発計画（UNDP）に設置されるアフガニスタン暫定政権基金に100万ドルを拠出することを決定。
- 2002年1月21日～22日，東京でアフガニスタン復興支援国際会議を開催。日本は，正式政権が樹立されるまでの向こう2年6か月の間に5億ドルまでの支援，そのうち最初の1年間については最大2.5億ドルまでの支援を行う用意があることを表明。

6．周辺国支援

- パキスタンを支援するため，約4,000万ドル（47億円）の二国間支援，公的債務繰延等の緊急の経済支援を表明（9月21日）。さらに，今後2年程度にわたり，前述の4,000万ドルを含め総額3億ドルの無償資金協力実施等の追加的経済支援を表明（11月16日）。また，（インドと共に）同国の核実験に対する日本の措置の停止を発表（10月26日）。
- ウズベキスタンに10億円（約770万ドル），タジキスタンに計12.4億円（約970万ドル）を支援（そのうちタジキスタンへの200万ドルの緊急援助は実施済）。

（出所）外務省編『外交青書』〔2002年版〕，14頁。

6つ，自衛隊による人道支援の可能性を含めた避難民支援を考える。

7つ，世界及び日本の経済システムの混乱回避のため，各国と協調し，適切な措置を講ずる。

そして，小泉首相は，このとき明らかにした，7つの「御土産」をたずさえ，ブッシュ大統領との日米首脳会談にのぞんだ。しかしながら，小泉首相の思惑とは裏腹に，ブッシュ大統領は，この「御土産」を手放しで歓迎しなかったようである。

その証左に，財務省関係者によれば，「ブッシュ大統領の関心は自衛隊派遣よりも，日本経済がテロで傷ついた米経済の足を引っ張ることのないように，ということ」に集中していた。そのため，今回の小泉・ブッシュ会談では，実に会談時間の8割が経済問題の討議に費やされたという[*9]。この事実を裏づけるかのように，ブッシュ大統領は，会談の席上，「米国経済はテロで大きな打撃を受けた。航空会社への支援，ニューヨークの再建など，やれる施策はただちに実行している。日本にも努力をしてもらいたい。不良債権処理をふくめた改革をぜひとも実行してもらいたい」と語っていたのである[*10]。このことばからも明らかなように，ブッシュ大統領が日本に求めていたのは，自衛隊の"派兵"などではなく，同時多発テロ事件により疲弊した米国経済を下支えすることであった。

さらに，ブッシュ大統領は「日本は戦闘員を送っての武力行使には制約があるが，そのことによって同盟国としての価値が下がるわけではない」とさえ，述べている。それにもかかわらず，小泉首相は，「武力行使にならない範囲で可能なかぎりの貢献ができるよう新法をつくる準備をすすめている」と明言するなど，はからずもブッシュ大統領との認識のズレ（＝パーセプション・ギャップ）を露呈する格好となった。

つまり，ブッシュ大統領が米国経済のサポートを切望していたのに対して，小泉首相の頭のなかには，当初から，自衛隊の"派兵"という文字しか存在していなかったということだ。

（2）2001年10月20日の日米首脳会談

　前回の顔合わせから，1カ月もたたない，10月20日，ふたたび，小泉・ブッシュ会談が開催された。今回の会談は，中国（上海）でのアジア太平洋経済協力会議（APEC）非公式首脳会合にあわせて，設定されたものであった。

　この席においても，前回同様，ブッシュ大統領は「首相の経済改革はどうなっているか」と問い，日本の不良債権処理問題に大きな関心を示した[*11]。しかも，ブッシュ大統領は，わざわざ，「父の第41代ブッシュ大統領は，現在日本が抱えているような不良債権の問題について，貴総理と同様，長期的な視点を重視した解決策をとった」とつけくわえるなど，みずからの関心事が日本の不良債権問題にあることをことさら強調し，その点を小泉首相にさとらせようとした[*12]。

　だが，小泉首相の興味は，あくまでも自衛隊の“派兵”問題にしかなかったようである。その証左に，小泉首相は，「日本は武力行使には参加できないが，自衛隊に役割をあたえることに，国民のあいだで理解を得つつある」とつよく訴えかけているのだ。これに対し，ブッシュ大統領は「軍事作戦自体に参加しないことは，日本との友情に比較して，第二義的なことであり，日本の米国への支持に自分は心の底から感謝している。復興の努力にはぜひ日本に参加してほしい。日本はカンボジア和平での成功の経験をもつ。アイデアやすすめ方に考えがあると思う」と応じている。ここからも，両首相の発言のあいだに，ズレがあるのがみてとれる。

　しかも，このとき，ブッシュ大統領は，タリバン政権崩壊後のアフガニスタンの新政権の枠組みづくりについて，米国，ロシアおよびアフガニスタン周辺6カ国の計8カ国によって，これをすすめていくとの考えを披露したとされる。ということは，ブッシュ大統領は日本に対し，積極的な人的関与などを求めているのではなく，あくまでも資金面での協力を期待していたわけだ。しかしながら，小泉首相の脳裏には，相変わらず，自衛隊“派兵”ということばしかなかったようである。そのため，同首相は，ブッシュ大統領が最優先事項としている課題を共有することができなかった。

4 結び－「ショー・ザ・フラッグ」という"外圧"－

　うえでみた2回の日米首脳会談の様子からも明白なように，今回のテロ事件に際して，ブッシュ大統領が日本に期待していたものは，資金面での援助であって，けっして自衛隊の"派兵"ではなかったという事実だ。それにもかかわらず，小泉首相は自衛隊の"派兵"に終始固執した動きをみせた。その過程で，政府・与党がつねに話題としてきたのが，冒頭で紹介した，「ショー・ザ・フラッグ」ということばである。これは，リチャード・アーミテージ米国務副長官が柳井俊二・駐米大使との会談において語ったことばだとされる。アーミテージ氏は，かつてみずからが中心となって『米国と日本－成熟したパートナーシップに向けて－』と題する報告書を作成し，日本が集団的自衛権行使への道を開くことを求めた人物である。同副長官は，かねてより「日米安保に関する協力は進めなければなりません。だから安保分野について我々が静観しているかと言われるなら，そうではないということです」と語るなど，日本の安全保障政策に大きな不満を抱いていた[*13]。したがって，今回，同副長官が，「ショー・ザ・フラッグ」と述べ，日本に対し，"外圧"をかけたとしてもなんら不思議ではない。

　だが，ここで，留意したいのは，もともと，アーミテージ氏が求めていたのは，艦艇による基地への物資輸送であって，情報収集のためのイージス艦派遣ではなかったという点である[*14]。だが，イージス艦の派遣実現をめざしていた小泉首相や自民党国防族らは，アーミテージ国務副長官の"外圧"を巧妙に利用することによって，国内の議論を自分たちにとって都合のよいように運んでいこうとしたのだ。つまり，小泉首相は，国防族らと協力し，「日本発アーミテージ経由の"外圧"」を発生させることによって，日本の政策決定システムに影響をあたえようとしたわけである。

　ところで，小泉首相は，2001年9月27日付の「小泉内閣メールマガジン」において，「緊急時こそリーダーシップが求められる。国際社会で日本の責

務をしっかり果たしていきたい」と述べ，断固とした姿勢で，テロリズムにのぞむ決意を表明している。また，10月4日付の同メールマガジン誌上では，「テロリズムに対しては，各国が協力して，それぞれ主体的に立ち向かっていかなければならない」と語っている。

　これら二つの小泉首相の発言に異論を唱えるつもりはない。しかしながら，首相のいうように，わが国が「主体的」なかたちで，「リーダーシップ」を発揮して「国際社会での日本の責務をしっかり果たして」いくには，"外圧"を利用したテロ対策特別措置法という対応ではあまりにもお粗末すぎるのではなかろうか。

　わが国が，今回のテロ事件に際してとるべき方策は，テロ対策特別措置法の早期成立ということ以外にも多数あったはずだ。たとえば，テロ組織網への資金源を断ち切るといった措置は早急にとられるべきものであった。しかしながら，小泉首相の関心は，当初から一貫して，自衛隊"派兵"に傾注してしまっていた。

　このような"外圧"の利用による，なし崩し的な安全保障政策の転換はけっして許されるべきものではない。だが，小泉首相は，こうした政治手法を得意としている。そこにこそ，小泉政権の"恐ろしさ"があるとみてよい。

注

* 1 『朝日新聞』2001年9月19日（夕），19面。しかし，結局，この数字は，数回の修正をへて，2,749人に変更された。ちなみに，ニューヨーク市当局によると，死者・行方不明者のリストは，同時多発テロ事件発生から2週間後の時点で，実に6,700人を超えていたとされる。だが，その後，生存の確認や重複計算の判明などもあり，テロ発生後1年たった2002年9月の段階では，その数値は2,801人に，同年12月には2,792人に，そして，翌2003年10月には2,752人というように，再三修正されていた（『朝日新聞』2004年1月24日〔夕〕，3面）。

* 2 『第百五十三回国会　衆議院　予算委員会議録　第二号』2001年10月5日，35-36頁。

* 3 『第百五十三回国会　衆議院　国際テロリズムの防止及び我が国の協力支援活動等に関する特別委員会議録　第六号』2001年10月15日，41頁。

* 4 『第百五十三回国会　参議院　予算委員会議録　第二号』2001年10月9日，8頁。

* 5 『朝日新聞』2001年10月17日，2面。

* 6 『第百五十三回国会　衆議院　国際テロリズムの防止及び我が国の協力支援活動等に関する特別委員会議録　第三号』2001年10月11日，33頁。

* 7 『第百五十三回国会　衆議院　予算委員会議録　第二号』2001年10月5日，24頁。

* 8 http://www.kantei.go.jp/jp/koizumispeech/2001/0919sourikaiken.html （2006年8月10日）。

* 9 『週刊朝日』2001年10月12日号，145頁。

*10 『朝日新聞』2001年9月27日，4面。

*11 『朝日新聞』2001年10月21日，4面。

*12 http://www.mofa.go.jp/mofaj/kaidan/s_koi/apec2001/j_us_kaidan.html （2006年8月10日）。

*13 『世界週報』2001年7月3日号，8頁。

*14 『週刊朝日』2001年10月19日号，28頁。

在日米軍再編の現状と課題
―岩国市の住民投票を中心に―

1 はじめに

2005年10月29日，日米安全保障協議委員会（=「2+2」）は，「日米同盟：未来のための変革と再編」（いわゆる「中間報告」）をとりまとめた（図5−1，図5−2）。そこには，「空母艦載機の厚木飛行場から岩国飛行場への移駐」と題する項目がある[*1]。

米空母及び艦載機の長期にわたる前方展開の能力を確保するため，空母艦載ジェット機及びE−2C飛行隊は，厚木飛行場から，滑走路移設事業終了後には周辺地域の生活環境への影響がより少ない形で安全かつ効果的な航空機の運用のために必要な施設及び訓練空域を備えることとなる岩国飛行場に移駐される。岩国飛行場における運用の増大による影響を緩和するため，以下の関連措置がとられる。
○海上自衛隊EP−3，OP−3，UP−3飛行隊等の岩国飛行場から厚木飛行場への移駐。
○すべての米海軍及び米海兵隊航空機の十分な即応性の水準の維持を確保するための訓練空域の調整。
○空母艦載機離発着訓練のための恒常的な訓練施設の特定。それま

での間，現在の暫定的な措置に従い，米国は引き続き硫黄島で空母艦載機離発着訓練を実施する。日本国政府は，米海軍航空兵力の空母艦載機離発着訓練のために受け入れ可能な恒常的な訓練施設を提供するとのコミットメントを再確認する。

○KC‐130を受け入れるために海上自衛隊鹿屋基地において必要な施設の整備。これらの施設は，同盟の能力及び柔軟性を増大するために，日本の他の場所からの追加的な自衛隊又は米軍のC‐130又はP‐3航空機の一時的な展開を支援するためにも活用される。

○岩国飛行場に配置される米海軍及び米海兵隊部隊，並びに民間航空の活動を支援するために必要な追加的施設，インフラ及び訓練区域の整備。

図5－1　日米協議の全体像

会議	日米協議の段階		
2002年12月	「2＋2」共同発表 安全保障全般に関する日米協議の強化を確認		
2005年 2月	共通戦略目標（第1段階）を確認	日米の役割・任務・能力（第2段階）	兵力態勢の再編（在日米軍の兵力構成見直し）（第3段階）
	検討 抑止力の維持　地元負担の軽減		
2005年10月	「日米同盟：未来のための変革と再編」 役割・任務・能力の検討のとりまとめ　再編に関する勧告		
2006年 5月	「再編実施のための日米のロードマップ」 再編案の最終取りまとめ		

（出所）防衛庁編『2006年版　日本の防衛』，177頁。

第5章 在日米軍再編の現状と課題　157

図5-2　在日米軍などの兵力態勢の再編（航空機の移駐など）

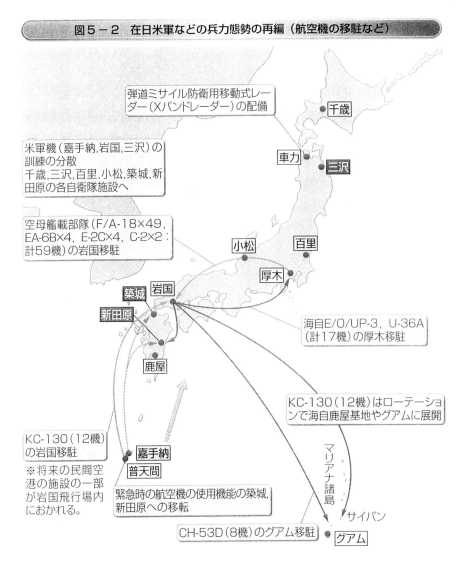

(出所)　防衛庁編『2006年版　日本の防衛』，187頁。

この問題をめぐって，山口県岩国市では，2006年3月12日，住民投票が実施された。結果は，「受け入れに賛成」が5,369票，「受け入れに反対」が43,433票であった（「無効票」：879票，「持ち帰りその他」：1票）。そして，この投票結果を受けて，16日，井原勝介・岩国市長は，「米空母艦載機の岩国基地への移駐案を撤回すること。その上で，厚木基地周辺住民の負担軽減のための方策について，全国的な視野で検討すること」「海上自衛隊航空機の厚木移駐案を撤回すること」を求めた要請書（「米空母艦載機の岩国基地への移駐案について〔要請〕」）を関係省庁に提出した[*2]。

さて，本章では，在日米軍再編をめぐる岩国市の対応について，紹介する。そして，在日米軍再編と地方自治体の関連について簡単な私見を述べてみたい。

2 岩国市の動き

岩国市議会では，2005年6月23日，「米海軍厚木基地機能の岩国移転に反対する要望決議」を全会一致で可決している[*3]。

> 地域住民は長年にわたり航空機による騒音や墜落の危険性等，基地による諸障害に悩まされ続けており，これ以上の基地機能の拡大，強化は受忍の限度を超え，到底受け入れられるものではない。
> こうしたことから，本市議会としては，過去においても基地機能の拡大，強化や平穏な市民生活を脅かすNLPの実施についての反対決議を採択しており，今回報道された米海軍厚木基地機能の移転は，沖合移設事業完了後の新滑走路を使用した夜間離着陸訓練の実施ということが危惧され，さらに本市のまちづくりの根幹をなす総合計画にも支障を来すことが懸念されることなどから，これを到底容認することはできない。

岩国市議会の動きに呼応するかのように，7月4日，岩国市自治会連合会は，移設反対を決議した。くわえて，周辺自治体の議会においても，移設反対を決議するところが出現した[*4]。さらに，7月19日には，広島県西部の3市2町（廿日市市，大竹市，江田島市，大野町，宮島町）が，首長・議会議長からなる「岩国基地NLP移転計画反対期成同盟」を設立するなど，岩国市をバックアップする体制が強化されていった。

　ところが，こうした動きとは裏腹に，岩国商工会議所は，すでに6月28日の段階で，3つの条件つきながら，空母艦載機の受け入れとNLP（夜間発着訓練）の実施を容認する決議（「米軍再編成についての決議」）をおこなっていたのだ[*5]。

　一　現在工事中の新滑走路に加え，新滑走路からさらに数キロの沖合海上に訓練専用滑走路を緊急建設し，周辺への騒音公害を限りなく低減させるよう措置すること。
　一　市民の多年の悲願である民間空港の再開について可及的速やかに承認し，軍民の併用にあらゆる便宜を取り計らうこと。
　一　米軍再編成に伴い，岩国など国防に貢献する地域を対象に「沖縄振興特別措置法」に準ずる地域振興特別措置法の法制化を急ぎ，その特措法によって基地の存在で遅滞したインフラを整備，教育や文化，スポーツ，福祉，医療，環境など関連施設の充実を図り，活力ある地域社会を実現すること。関連産業の岩国移転についても，大規模雇用を誘発して地域経済の活性化を図りたいという地元の意向に配慮して全面的に支援すること。

　そうしたなか，10月29日，2＋2による「中間報告」がだされた。「中間報告」の説明のため，11月4日に，山口県庁を訪れた北原巌男・防衛施設庁長官は，以下の点を明らかにした[*6]。

○日米協議が中間報告取りまとめの最終段階まで難航したため，地元自治体への概要の説明が中間報告直前になってしまった。

○日米両政府としては，地元の負担軽減と抑止力を維持するとの基本原則の下，今般の中間報告を取りまとめたもの。

○空母艦載機の厚木飛行場から岩国飛行場への移駐について・米空母及び艦載機の長期にわたる前方展開能力を確保するため，空母艦載機約57機を岩国飛行場に移駐（現在工事中の滑走路沖合移設事業が完了する平成20年度以降）。

○移駐する岩国飛行場周辺の負担軽減を図るため，海上自衛隊の航空機約17機を厚木飛行場に移駐，KC‐130空中給油機の移駐先は，海上自衛隊鹿屋基地を優先して検討。

○空母艦載機によるNLP訓練は，出来るだけ多くの訓練を硫黄島で実施。岩国飛行場においては，従来，厚木基地で実施されていた低騒音機（E‐2C，4機）によるNLPを実施。

○人員については，米軍は1,500人，支援部隊が100人で，あわせて1,600人増。自衛隊は600人減（いずれも家族は除く）。

○訓練の移転について

在日米軍と航空自衛隊との相互運用性の向上，訓練活動による影響の軽減を図る観点から，嘉手納飛行場，三沢飛行場，岩国飛行場から当該飛行機以外の軍用飛行場への訓練の分散を拡大する。

○政府としては，地元の御理解を得るべく引き続き誠心誠意調整をさせていただき，中間報告で示された内容の実現に向けて取り組む考えであり，よろしくお願いする。

さらに，同月16日，岩国市役所を訪問した額賀福志郎・防衛庁長官は，つぎのような考えを表明した[7]。

・在日米軍再編問題は，地域の問題であると同時に国の問題であると

いう思いで，経済対策や雇用問題に対し，我々も万全の体制を敷いた。

・今後，最終報告に向けて，色々な協議をしていくわけだが，その過程で，状況報告をしたり，地元の意見を聞いていくという形を作りたい。

・「NLP」については，地域では行わないのが原則であり，全体としては硫黄島で行う。

・その他不明な点については，施設庁の責任者を連れて来てしっかりと説明をしたい。

・「これ以上の基地機能強化につながらないようにしてほしい」ということだが，地元が心配な点についてはよく説明して，負担についても最小限の形となるように努力をしたい。

・沖合移設事業は市街地の住民の騒音軽減，あるいは工場地帯の上空飛行の危険回避のため行われた。これは正直な話である。

・その後，世界的な安全保障環境の変化，いつどこでなにが起こるか予測できない状況の中で，安全保障体制をどうしていくか，アメリカと同時に日本も行うこととなった。

・沖合移設とは次元が違う中でスタートしたが，日本の米軍基地，自衛隊基地，新しい脅威に機動的，柔軟に対応できるかということを考える中で岩国の見直しもなされて，中間報告の内容となった。

・沖合に出すから（艦載機を持ってきて）いいというわけでなく，できるだけ新しい負担にならないように最大の努力をしていく。

・昨日，県知事に話をした。知事，市長，由宇町長の３者で疑問点，問題点を整理して我々に質すということだが，それに対しては，事実関係に基づいて説明したい。

・そういうものを続ける中で，岩国の負担と全体の接点の合意点を作る努力をしたい。重ねてよろしくお願いしたい。

額賀長官の発言にもあるように，はやくから，「中間報告」の中身に難色を示していた山口県，岩国市，由宇町は，「『中間報告』における岩国基地再

編案に対する質問事項について（照会）」という文書（11月24日付）を3首長の連名で，防衛施設庁長官あてに提出した[8]。「先に日米両国政府間で合意された在日米軍基地再編の『中間報告』における岩国基地再編案について，下記のとおり疑問点や懸念事項等があり貴職の見解を求めたいので，速やかに回答されますようお願いします」との書きだしではじまる文書は，「1　基本的事項」と「2　個別的事項」の2つからなっていた。

　前者の「1　基本的事項」には，以下の5項目が記されていた。

（1）地元自治体（山口県・岩国市・由宇町）への事前協議がないままに決定された「中間報告」の内容は，今後，地元の要望を踏まえ，修正が可能と考えてよいか。また，「パッケージ全体」について合意がなされない場合，一部の合意があったとしても，「最終報告」は成立し得ないものと理解してよいか。併せて，「最終報告」に向けた，地元説明を含む全体スケジュールを示されたい。

（2）国の安全保障政策に協力しながら住民生活の安全・安心を守るという観点で，地元が従来から堅持している「今以上の基地機能の強化は容認できない」という基本方針をどのように受け止め，理解しているのか。また，その趣旨については，繰り返し国に説明し理解を得ており，CH-53Dヘリ配備の際にも「今後とも地元の意向は十分尊重する」との回答を得て受入れを容認した経緯がある。こうした経緯と今回の移駐案を提示することとの整合性を問う。

（3）空母艦載機の岩国移駐は，「騒音の厚木から岩国への単なるたらい回し」ではないかとの懸念を抱いており，これに関する見解と岩国移駐の必要性を示されたい。また，「海兵隊と海軍の統合運用」が艦載機移駐の理由の一つとの説明があったが，これはどのようなものか説明されたい。

（4）空母艦載機の岩国移駐は，岩国での「NLPのなし崩し的な実施」につながる恐れがあるとの懸念があるが，NLPを岩国基地で実施しな

いという保証はあるのか。

（5）岩国基地沖合移設事業については，以前，国から，騒音や安全性の問題を改善・除去するため，地元の長年の要望に応えて実施するものであり，基地機能強化を意図としたものではないとの説明を受けているが，今回の再編との整合性を問う。

さらに，後者の「2　個別的事項」は，つぎのようにわかれていた。

（1）空母艦載機の厚木飛行場から岩国飛行場への移駐について
（2）空母艦載機離発着訓練について
（3）海上自衛隊機の厚木移駐について
（4）KC‐130の移駐について
（5）訓練の移転について
（6）訓練空域の調整について
（7）追加的施設について
（8）その他

これに対し，12月21日，広島防衛施設局長から示された回答（「平成17年11月24日付け『「中間報告」における岩国基地再編案に対する質問事項について（照会）』に対する回答」）には，「在日米軍の兵力構成見直しに係る累次の日米間の協議については，将来の日米同盟の方向性を検証し，地域及び世界の安全保障環境の変化に同盟を適応させるために行ってきたものであり，このような国の安全保障に関わる米国との政府間交渉という性格上，事前に地元と十分に調整することができなかったことについては御理解を得たい」（傍点，引用者）との文言があった[*9]。

つまり，政府は，事前に，地元自治体と十分な協議をせず，「中間報告」をとりまとめた事実を認めたわけだ。なお，岩国市によれば，この回答書では，33の質問項目のうちの26項目の回答が記されていたにすぎなかった[*10]。

その後，2006年1月20日には，防衛庁と防衛施設庁の担当者が，岩国市議会を訪問し，「中間報告の変更は考えていない」と発言した。これを受けた井原市長は，「予想の範囲内。今までと何ら変わることはなく，これからも国と交渉していきたい」と，従来の主張をくり返したが，移設反対決議を採択した岩国市議会の桑原敏幸・議長は，「いつまでも反対と言っても前に進まない。市は様々な課題を抱えており，住民の幸福のために何がいいか検討したい」と述べ，これまでの方針を転換した[11]。ここにきて，市長と議長との認識のズレが露見することとなった。

そこで，井原市長は，2月7日，「岩国市住民投票実施発議書」をだすという手段を講じた[12]。

今回の移駐案は，「今以上の基地機能の強化は容認できない」という従来の基本方針に反し，容認できないと考えている。一方，市議会においては平成17年6月に全会一致で反対決議がされているが，最近においては，受け入れを前提にした各種の意見が出されている。岩国の将来のあり方を決定する重要な課題について，市長と市議会の意見が実態として乖離し始めており，岩国市としての公式な判断が困難となるおそれがある。

引き続き，市議会との協議調整に努めることはもちろんであるが，3月20日の合併までに岩国市として責任ある対応をするために，直接市民の意思を確認する必要がある。

よって，岩国市住民投票条例第4条第1項第3号の規定により，住民投票の実施を発議する。

ここで，留意しておかなければならないのは，「岩国市住民投票条例」の第2条（1）で，「市の権限に属さない事項」を住民投票の対象外としている点だ[13]。これに関連して，2月2日の市長記者会見の席上，「条例の一文に，市の権限に属さない事項という規定がありますが，移転案のような国が

基本的に対外的に交渉をするものを，条例の趣旨から考えると住民投票には
かるのはいかがなものかという批判もありますがこれについてどう思われま
すか」との質問が記者から投げかけられた。

これに対して，市長は，「米軍再編では米軍再編全体で神奈川，沖縄，岩
国含めて全体について賛否を問うというのは対象にならないと思います。こ
れは我々の権限ではないと思います」としたうえで，「しかし，その中で岩
国移駐案について，岩国市に関係する部分については，国が協議をしてきて
いる，意見を求めてきている中で，岩国市民の安全，安心にかかわるという
観点から我々は意見を求められていますので，意見を言おうとしています。
市民の安全，安心にかかわる事項というのは，市の事務にかかわるとか，か
かわらないという問題ではなくて，市政の基本として最重要な事項です。当
然，市の重要な事務になると思います。論を待たないということになります」
と断言している[14]。

かくして，3月12日の住民投票が確定した。

3 岩国市の住民投票

さて，岩国市では，住民投票までのあいだに，在日米軍再編問題に関する
意見を募集した。住民投票を1週間後にひかえた3月5日の時点で，126件
（54件：カッコ内の件数は，岩国市民の意見集計）の意見がよせられた。内
訳は，「賛成」が6件（3件），「条件付賛成」が7件（1件），「反対」が87
件（41件），「その他」が25件（9件）となっていた[15]。

また，事前の世論調査（2月25・26日実施）でも，「米軍の空母艦載機部
隊の岩国移転に賛成ですか，反対ですか」との問いに，回答者の71％が「反
対」と回答していた（「賛成」：11％）[16]。

そこで，住民投票反対派は，「岩国市住民投票条例」第12条の規定 ―
「住民投票は，投票した者の総数が当該住民投票の投票資格者数の2分の1
に満たないときは，成立しないものとする。この場合においては，開票作業

その他の作業は行わない」── に着目し，「投票に行かない，との意思表示も
ある」「市長は公費を使い，市長選の事前運動をしている」と非難し，住民
投票の棄権をよびかける戦術をとった。さらに，2月20日には，元岩国市長
の大井喜栄氏が，岩国市を相手どり，住民投票発議の取り消しを求める行政
訴訟をおこすなど，住民投票反対派の動きが活発化した*17。

　こうしたなか，井原市長は，「市長緊急声明～あなたが選ぶ岩国の未来～」
（3月5日付）をだした。そこで，「必ず！投票に行って下さい。あなたの声
を国に届ける最後のチャンスです！」と訴えたのだ。同時に，「私は，住民
投票の結果を尊重し，誠意を持って国と交渉することを固く誓います」とし
て，賛成多数の場合，「受け入れを前提に，騒音負担の軽減などを要請する」，
反対多数の場合，「今回の移駐案の撤回を求めた上で，厚木基地周辺住民の
負担軽減の方策を国全体で検討するよう要請する」との決意を表明した。

　結局，3月12日におこなわれた住民投票の投票率は，58.68％と，「岩国市
住民投票条例」第12条の規定をクリアした。そして，冒頭でも紹介したよう
に，「受け入れに賛成」が5,369票，「受け入れに反対」が43,433票という結果

表5-1　岩国市における住民投票の結果

●確定投票

	確定投票			
	当日有資格者数	投票者数	棄権者数	投票率
男	39,910	22,059	17,851	55.27
女	44,749	27,623	17,126	61.73
計	84,659	49,682	34,977	58.68

●確定開票

	票数	投票総数に対する割合	有効投票総数に対する割合
投票総数	49,682	―	―
有効投票総数	48,802	98.2	―
受け入れに賛成	5,369	10.8	11.0
受け入れに反対	43,433	87.4	89.0
無効票	879	1.8	―
持ち帰りその他	1	―	―

（出所）http://www.city.iwakuni.yamaguchi.jp/html/vote.html（2006年3月17日）。

に終わった。これを投票総数に対する割合でみると，前者が10.8％，後者が87.4％であった。つまり，投票資格者（84,659人）のうちの51.3％が受け入れ "NO" の意思表示をしたこととなる（表5－1）。

4 結び

　3月20日の由宇町，玖珂町，本郷村，周東町，錦町，美川町，美和町との市町村合併を目前にひかえた段階での岩国市の住民投票の実施をめぐっては，各方面から，さまざまな批判がなかったわけではない。もちろん，今回の住民投票の結果に法的拘束力がないとはいえ，われわれは，43,433人の声をいとも簡単に黙殺してよいのであろうか。

　自民党 "国防族" の一人である，山崎拓・衆議院議員も「在日米軍再編に関する『中間報告』を日米両政府が昨年10月末にまとめたとき，私は『地元抜きでまとめてしまったのが問題だ』と指摘した。まとめる前に政府は丁寧に地元に説明すべきだと考えていた」と語っているように，さきの「中間報告」のとりまとめにあたっては，地元の声に十分耳をかたむけてこなかったことは明らかだ[18]。現に，「中間報告」とりまとめ以前の時点で，岩国市および周辺市町で実施された世論調査（7月8日〜10日実施）でも，「岩国基地に厚木基地の機能を移転することに賛成ですか，反対ですか？」との質問に対して，じつに，75.9％が反対と答えていたのだ（「賛成」：16.5％，「分からない」：7.6％）[19]。

　それゆえ，井原市長は，「安全保障に関わる問題といえども，根拠や必要性を堂々と説明し，主権者たる市民の声をきちんと聴くべきです。難しいからといって，民主政治の基本である説明責任を果たさず，一方的に押し付けようとするのは納得できません。いったん白紙に戻して，全国でどのように負担を分散するのか正面から議論すべきでしょう」と訴えていたのだ[20]。

　その意味で，

最終報告に向けたスケジュールについては，「2＋2」共同文書で示された個別の施設・区域に関連する措置について，具体案を最終的に取りまとめ，具体的な実施日程を含めた計画を2006年3月までに作成することとしている。

　その間，米軍との協議の状況について，適宜，地元自治体等に御説明し，御理解と御協力が得られるよう最大限の努力をしてまいりたい

（「平成17年11月24日付け『「中間報告」における岩国基地再編案に対する質問事項について（照会）』に対する回答」：傍点，引用者）と述べながらも，地元自治体の声を十分吸いあげてこなかった日本政府の責任はきわめて大きい。

　もちろん，安全保障は，国の専管事項であるかもしれない。しかしながら，小泉純一郎政権は，「三位一体改革」というかけ声のもとに，「地方のことは地方が自ら決定する地方分権の実現」を重要政策課題の一つにかかげているのだ[*21]。その反面，在日米軍再編のプロセスにおいて，小泉政権は，地方自治体の意向を十分にくみとろうとはしない。われわれは，小泉政権のこうした"二枚舌"的な対応を看過してよいはずがなかろう。

注

*1 http://www.mofa.go.jp/mofaj/area/usa/hosho/henkaku_saihen.html（2006年3月17日）。

*2 http://www.city.iwakuni.yamaguchi.jp/contents/7d631114261c31a/7d631114261c31a25.htm（2006年8月15日）。

*3 岩国市議会の資料。

*4 2005年7月10日段階で，10市町で決議がなされている（『朝日新聞』2005年7月10日〔山口県版〕，35面）。

*5 岩国商工会議所の資料。

*6 http://www.city.iwakuni.yamaguchi.jp/contents/7d57040a0e2c1f5/7d57040a0e2c1f54.htm（2006年3月17日）。

*7 http://www.city.iwakuni.yamaguchi.jp/contents/7d57040a0e2c1f5/7d57040a0e2c1f55.htm（2006年3月17日）。

*8 http://www.city.iwakuni.yamaguchi.jp/contents/7d57040a0e2c1f5/other/7d57040a0e2c1f56.pdf（2006年3月17日）。

*9 http://www.city.iwakuni.yamaguchi.jp/contents/7d57040a0e2c1f5/other/7d57040a0e2c1f57.pdf（2006年3月17日）。

*10 http://www.city.iwakuni.yamaguchi.jp/cgi-bin/odb-get.exe?WIT_template=AC020000&WIT_oid=icityv2::Contents::3024&TSW=upqqbef（2006年3月17日）。

*11 『朝日新聞』〔山口県版〕，2006年1月21日，27面。

*12 http://www.city.iwakuni.yamaguchi.jp/html/hatsugi.pdf（2006年3月17日）。

*13 http://www.city.iwakuni.yamaguchi.jp/html/zyourei.pdf（2006年3月17日）。

*14 http://www.city.iwakuni.yamaguchi.jp/contents/7d541c0c3a30011/7d541c0c3a300114.htm（2006年3月17日）。

*15 http://www.city.iwakuni.yamaguchi.jp/contents/7d57040a0e2c1f5/7d57040a0e2c1f518.htm（2006年3月17日）。

*16 『朝日新聞』2006年2月28日，38面および〔西部版〕，35面。

*17 『中国新聞』2006年3月6日，29面。

*18 『朝日新聞』2006年3月17日，15面。

＊19　『中国新聞』2005年7月16日，15面。

＊20　「市報いわくに」No.1387（2006年1月1日），2頁。

＊21　「小泉内閣メールマガジン」第118号（2003年11月27日付）。

日米経済摩擦の現状と課題
─マスメディアの報道を中心に─

1 問題の所在

　これまでの日米関係において，米国側からの"外圧"が重要な役割をはたしてきたことは周知のとおりである。"外圧"発生の一因として，日本側のマスコミ報道を指摘することができよう。この点に関して，新聞社のワシントン特派員経験者たちの著作をみてみたい。たとえば，毎日新聞社の鈴木健二氏は，「今日のような大衆情報化社会では国民に『危機』感を掻き立てるのは，多くの場合，受け手である国民に『危機』を運ぶマスコミの『危機』観なのである」としたうえで，「マスコミ自身が『危機』を発掘して，国民に強要する場合もある。不正常なマスコミの『危機』観によって『危機』が肥大化したり，あるいは突然に縮小したりもする」と断言している[*1]。

　では，なぜ，マスコミ報道は，ことさらに日米間の"危機"を強調するのであろうか。この点について，鈴木氏は，つぎのように述べている。すなわち，「始末が悪いのはマスコミ自身に自ら『危機』をつくりだしているとの認識が薄いこと」であり，「『売らんかな』のセンセーショナリズムがこれに拍車をかける」というわけだ[*2]。

　さらに，朝日新聞社の記者であった安藤博氏も，「報ずるとすれば，報復関税導入決議，日本車打ち壊しといった，頭に血がのぼるようなトラブルや

派手な行動が飛び出したときである」との事実を認めている。つまり、「摩擦の仲介者」であるマスコミ報道は、「摩擦に火をつけ、またその火が燃え続けるように、薪をつぎつぎにカマドに放り込んでいく」のだ。しかも、「ふいごで風を送るように、摩擦の火をあおる」ことによって、「カマドの火に勢いをつける」わけだ[*3]。また、安藤氏がワシントン特派員時代に記した日米関係に関する記事について、その内容がプラス的なものであるか、あるいはマイナス的なものであるかによって、その量をくらべると、その割合は、じつに1対3以上であったという[*4]。

このように、新聞社のワシントン特派員の経験をもつ人物たちが認めているように、"外圧"の発生過程において、日本側マスコミ報道がはたした役割はきわめて大きい。この点に関連して、『ワシントン・ポスト』紙の記者をつとめた石澤靖治氏は、つぎのように述べている[*5]。

> 外圧期待の構造の中で、日本にとって大事なことは、米国の事情であり意向であった。その意味で、常に米国の意向に注意を払って、その動きをこと細かに伝えながら、日本政府や国民に警告を与えるという報道は、マスメディアとして「国益」として考えることもできたのである。意識的にであれ、無意識的にであれ、少なくともマスメディアはそのように考えてきたはずである。またそれは、長い間改めて問い直すまでもなく、戦後の日米関係の中での、日本にとっての大前提だったのである。
> そのため、日本のマスメディアは米国政府の日本に対する「怒り」や「憤り」をリポートすることで、日本政府や国民に不安をかきたてて、間接的な「外圧」となった。

では、こうしたマスコミ報道の傾向は是正されたのであろうか。残念ながら、その答えは"否"である。そこで、本章においては、米国産牛肉の輸入再開問題をめぐるマスコミ報道に注目し、その問題点を浮き彫りにしてみたい。

第6章　日米経済摩擦の現状と課題　*173*

2 マスコミ報道にみる米国産牛肉輸入問題

　日本側のマスコミ報道に着目するまえに，米国産牛肉輸入問題の経緯について簡単に紹介しておこう（図6－1）。

　2003年12月23日，米国ワシントン州で飼育されたホルスタイン種の牛1頭がBSE（牛海綿状脳症）に感染していた事実が明らかとなった。そのため，翌24日，日本政府は，米国からの牛肉輸入の停止措置を講じた。その後，全頭検査を求める日本側とその必要性を認めない米国側とのあいだで，米国産牛肉の輸入再開に向けての協議がおこなわれたものの，なかなか事態が進展

図6－1　米国産牛肉輸入をめぐるおもな動き

2003年12月		米国でカナダ生まれのBSE感染牛見つかる。米国産牛肉の輸入を停止
2004年	2月	大手牛丼チェーンが相次いで牛丼の販売を休止
	9月	「すき家」が豪州産牛肉を使って牛丼販売を再開
	10月	「松屋」が中国産牛肉などで「牛めし」販売を再開
	同	日米協議で輸入再開を基本合意
2005年	3月	ブッシュ米大統領が電話会談で小泉首相に早期の輸入再開を要請
	5月	厚生労働，農林水産両省が米国産牛肉などの輸入再開条件を食品安全委に諮問
	6月	ジョハンズ米農務長官が島村農相（当時）との電話会談で輸入の早期再開を要請
	同	米農務省が2頭目のBSE感染牛を確認，米国生まれで初の感染
	8月	米国で特定危険部位の除去で1,000件超の手続き違反発覚
	9月	米上院本会議で日本が米国産牛肉の輸入を再開するまで日本産牛肉の輸入を禁じる法案を可決
	10月	「なか卯」が豪州産牛肉で牛丼販売を全面再開
	同	食品安全委プリオン専門調査会が「汚染リスク低い」と結論
	12月	「生後20か月以下」などを条件に輸入再開

（出所）『読売年鑑』〔2006年版〕，249頁。

しなかった。2004年の大統領選挙での再選をめざして，畜産関係者の票固めをねらっていた，ジョージ・W・ブッシュ大統領は，小泉純一郎首相との首脳会談（2004年9月21日）の場において，この問題の解決をつよくせまった[6]。だが，ブッシュ大統領は，米国産牛肉の輸入再開に関する明確な言質を小泉首相から得ることができなかった[7]。

こうした状況のなかで，米国連邦議会では，対日制裁決議案がだされた。その提出日は，下院においては，2005年3月3日，他方，上院では，18日であった。

ところで，連邦議会に提出される決議案は，「法的拘束力を有しておらず，仮に可決されたとしても，メッセージ以上の意味は持たぬ」。しかも，おびただしい数の決議案がだされる連邦議会では，決議案が可決される可能性はきわめてひくく，「選挙区に対する単なるメッセージ」の意味あいがつよい。それにもかかわらず，先述したように，これまで，「日本のマスメディアは議会の対日圧力活動を決議案や法案の推移をはじめ詳細に報道してきている」。そのため，ある連邦議会スタッフは，「日本のマスメディアの議会報道がある意味では日米の紛争を激化してきたと指摘している」ほどである[8]。

ちなみに，第106議会（1999年～2000年）では，下院に提出された法案と両院共同決議案の総数は，5,815本（議員一人あたりの法案提出数：13.4本）であった。おなじ時期，上院に提出された法案と両院共同決議案の総数は，3,343本（議員一人あたりの法案提出数：33.4本）あった。これらのうち，下院の法案通過率は16.5％，上院の法案通過率は24.5％で，しかも，最終的に，法律として成立する割合は，わずか6.3％にまで低下する。このように，「法案提出数が非常に多いことも，アメリカ連邦議会の特色の一つである」が，「多くの法案は，委員会で審査されず廃案となる」のである[9]。

さて，連邦議会・下院での対日制裁決議案の提出に関して，たとえば，『読売新聞』は，「対日制裁決議案を提出　牛肉問題，米下院に」と題する記事（175文字）をかかげた[10]。本文では，以下のように記されている[11]。

米国でのBSE（牛海綿状脳症）発生で日本が米国産牛肉を輸入停止している問題で，米下院農業委員会のジェリー・モラン議員（共和党，カンザス州選出）らは3日，下院に「日本が速やかに輸入を再開しなければ米政府に対日経済制裁の発動を求める」との決議案を提出した。

牛肉問題を巡り，米議会で対日制裁の具体的な行動が起こされたのは初めて。

　また，「米産牛肉　『禁輸続けば制裁』　下院議員が対日決議案」という見出しを掲げた『朝日新聞』の記事（632文字）では，「可決されても政府に対する拘束力はない」と指摘しつつも，「米議会が初めて決議案という形で早期解決を迫ったことで，牛肉輸入再開問題は政治色を強めそうだ」と述べられている[12]。『読売新聞』と異なり，『朝日新聞』では，決議案が，「農業州選出議員を中心に超党派の約40人」によって，共同提出されたことが紹介されている。また，同記事では，2月24日に，コロラド州選出のウェイン・アラード上院議員（共和党）によって発表された書簡についてもふれられている。これは，カンザス州やミズーリ州をはじめとする農業州選出の超党派議員20名が署名した加藤良三・駐米大使宛の書簡のことで，その文面には，「日本政府が輸入禁止を早期に解除しなければ，米議会は報復措置を探ることになる」と記されていたという[13]。

　ちなみに，この書簡については，『朝日新聞』以外にも，『毎日新聞』と『日本経済新聞』が報じている。『毎日新聞』は，「上院国際経済小委員会のヘーゲル委員長（共和党・ネブラスカ州）など畜産が盛んな選挙区出身の有力議員ら」が署名した書簡の文面にふれ，「米議会はこれまでも輸入再開を強く求めてきたが，公式に『報復』という言葉を持ち出したのは初めて」と記している。もっとも，「直ちに報復法案提出に動く可能性は低いとみられる」と付言している点を忘れてはならない[14]。また，『日本経済新聞』では，書簡に署名した議員として，前出のチャック・ヘーゲル委員長と上院財政委員会のマックス・ボーカス民主党筆頭理事（モンタナ州）の名が記されている。さらに，

ほかの2紙と異なり,「ヘーゲル議員は書簡とは別に,加藤大使やシーファー次期駐日大使にも輸入早期再開の重要性を伝えた」事実が紹介されている[*15]。

さて,話題を下院での対日制裁決議案の提出にもどそう。『毎日新聞』は,「牛輸入解禁せねば,対日制裁を発動 — 米下院が決議案」と題する331文字の記事を掲載した[*16]。そこでは,『朝日新聞』同様,「可決されても米政府に対する拘束力はない」とのただし書きが付されていた。そして,「米側が日本の輸入再開手続きの長期化にいら立ちを募らせていることを示しており,日本政府は苦しい対応を迫られそうだ」とのみとおしを記していた。

これら3紙と異なり,『日本経済新聞』は,3月4日付・夕刊の1面に,852文字からなる記事を掲載した。「牛肉輸入再開,米,対日圧力強める — 下院に報復決議案,関税上げなど想定」と題した記事でも,「決議に法的拘束力はない」ことが明記されていた。だが,直後に,「問題解決に向けた米議会の強い決意を示すもの。日本との交渉にあたるブッシュ政権に大きな圧力として働く」との記述がみられることから,この決議案のもつ意味を過大に解釈した読者も多くいたにちがいない。くわえて,『日本経済新聞』の記事では,「日本の禁輸措置がこれ以上長引くようだと,深刻な通商摩擦に発展する恐れも出てきた」との文言もみられ,他紙にくらべ,日米間の"危機"を若干強調しすぎている感がぬぐえない。

ところで,下院での対日制裁決議案の提出を報じた,前出の『毎日新聞』の記事には,「一方,米上院は同日,米政府がカナダでのBSE発生後から停止していたカナダ産牛の輸入を7日から一部解禁する方針に反対する決議案を可決した。解禁は延期される見通し」との文言がみられる。つまり,連邦議会では,日本に対して,牛肉の輸入再開をつよく求めているものの,カナダからの牛肉の輸入に関しては,その解禁をさきのばしにするという戦術をとっているのだ。これは,「カナダからの牛肉の輸入が再開されれば,牛肉の価格が低下するため,米国内の畜産農家が,これに反対している」からである。このように,「米加の紛争は,完全に政治的なものであって,健康や安全とは無関係であるのが特色だ。したがって,安全性を問題視する日本と

全頭検査を実施しようとしない米国とのあいだの議論とは，かなり色彩が異なる」との関係者の発言には，留意する必要があろう[17]。

つぎに，上院での対日制裁決議案の報道に目を転じよう。

まず，『朝日新聞』は，「上院も制裁決議案　米産牛肉禁輸問題」との記事を３月18日付・夕刊の１面に掲載している。下院での制裁決議案提出を報じた記事が３面に掲載されていたことを考えれば，"危機"を加熱しているといえなくもない。だが，記事を報じた文字数自体は，421文字へと減少している。同記事は，「牛海綿状脳症（BSE）に感染した牛が見つかってから停止されている米国産牛肉の輸入再開問題で，米上院議員９人は17日，日本が牛肉の輸入を再開しなければ米通商代表部（USTR）が日本に対して報復の経済制裁措置をとるよう求める決議案を議会に提出した」との記述ではじまっている。そして，下院での対日制裁決議案の提出にもふれたのち，「日本政府に対する政治的圧力はさらに強まりそうだ」との観測をくわえている。

さらに，『朝日新聞』は，決議案提出にあわせて記者会見したサウスダコタ州選出のジョン・スーン上院議員（共和党）の発言 ——「畜産業が盛んな州を代表する我々は堪忍袋の緒が切れた」「米国の消費者と牧場主は米国産牛肉が安全なことをよく知っている。日本が輸入を再開しない科学的な根拠は何もなく，輸入禁止は不公正な貿易障壁であり，米国の強い反応を招くことになる」—— も紹介している。

つぎに，『毎日新聞』は，「米上院でも対日制裁決議案提出 —— 牛肉輸入問題」と題する記事を掲載した[18]。これは，わずか119文字の記事であるため，事実のみが記されているにすぎない。

つづいて，『読売新聞』をみてみよう。『読売新聞』の記事は，「米産牛肉輸入　上院も対日制裁案」との見出しが付されている[19]。同紙の場合，『朝日新聞』，『毎日新聞』とは異なり，下院での対日制裁決議案提出に関する報道とくらべ，記事にさかれた文字数はほぼ倍増している（332文字）。『読売新聞』も『朝日新聞』同様，スーン議員の発言 ——「ずいぶん我慢してきたが，今や日本に強い圧力をかける時だ」—— を掲載し，「上下両院で対日制裁

の動きが具体化したことになる」としている。また，同紙は，「米議会や畜産業界では，日米牛肉貿易の規模と匹敵する品目として，米国が輸入する日本製タイヤに報復関税をかける案などが取りざたされている」という点についても言及しており，これは『朝日新聞』，『毎日新聞』と異なる視点である。

さらに，他紙とのちがいをあげるならば，『読売新聞』は，すでに15日付・夕刊の2面に，「対日制裁決議案　週内にも米上院提出　牛肉輸入再開求める」という記事（498文字）を掲載している。そこでは，「チャック・グラスリー財政委員長（共和党）ら大物議員を含む上院議員7人が，加藤良三駐米大使を呼んで日本の早期輸入再開を要請した」ことや「18日のライス長官訪日を前に米議会では牛肉問題を巡る対日強硬論が急速に高まっている」点，さらには，「米政府は対日制裁に否定的だが，上下両院で決議案が可決されるようだと，対日圧力を強めるのは必至だ」との予測が記されている[20]。また，『読売新聞』はすでに，この時点で，「上院議員らが対日牛肉輸出に匹敵すると指摘している，日本の対米タイヤ輸出などが標的になる可能性もある」ことについてふれている。

最後に，下院での対日制裁決議案の提出を1面で報じた『日本経済新聞』である。同紙は，上院での対日制裁決議案に関する記事も，下院の場合とおなじく，1面に掲載している[21]。しかし，文字数は，507文字へと減少している。「牛肉輸入問題，制裁決議案，上院でも ── 米議会，対日圧力強める」と題する記事では，「具体的な制裁を明示せず，米政府に決定を委ねている」制裁決議案について，「ライス米国務長官が十八日夜に来日，十九日に小泉純一郎首相らと会談するのに合わせ対日圧力を一段と強め，日本の譲歩を引き出す狙いがある」「ライス長官訪日時に日本政府が輸入再開時期の明示など米側の満足するような回答を示せなかった場合，議会で対日制裁論が一段と盛り上がる恐れがある」と述べるなど，コンドリーザ・ライス国務長官の来日と米国産牛肉の輸入問題を密接にリンケージさせている。また，同紙は，「上下両院の決議案とも，本会議で可決したとしても法的拘束力はない」としつつも，「対日経済制裁の可能性を振りかざしながら，日本に輸入再開を

迫る上下両院の足並みがそろった」と論じている。

　『日本経済新聞』も，『読売新聞』同様，「牛肉輸入問題，米議会，強まる制裁論 ── 対日決議案，上院も提出へ」との記事を事前に，12日付・夕刊の段階で，1面において報じている。1,246文字からなる記事には，「日米牛肉摩擦を巡る最近の動き」と題する〈表〉もふくまれている。同記事では，「日本が米国牛肉の輸入再開に応じなければ米政府に報復措置として制裁発動を求める決議案を週明けにも上院に提出する意向を明らかにした」スーン上院議員の発言にくわえて，「地元選挙区では『日本製タイヤを使わなくてもいい』といった（日本製品ボイコットの）声も出ている」とのパット・ロバーツ上院議員（共和党，カンザス州選出）やアラード上院議員らの発言を紹介している。

　また，「輸入再開時期すら明示しないでいる日本政府に，議会の不満が限界に近づいている表れだ」「米議会の強い決意を示すもので，日本と交渉を続けているブッシュ政権に一段と強い圧力となるのは確実だ」「こうした米議会の動きを受け，ブッシュ政権も一段と強く日本に輸入再開を求め始めた。大統領は九日，小泉純一郎首相との電話会談で，輸入再開時期の明示を強く迫った。十八日に訪日するライス国務長官も米政権の意向を改めて強く表明する見通しだ」との記述がみられることからも，『日本経済新聞』は他紙とくらべて，対日制裁決議案提出の動きが，行政府の対応をうながす，大きな契機になるとみているようだ。

3 結び

　以上みてきたように，日本側のマスコミ報道は，上下両院での対日制裁決議案の提出に注目していたことがわかる。なかでも，『日本経済新聞』は，他紙とくらべ，これらの記事にさいた文字数も多く，掲載面もすべて1面であった。

　ところで，米国側のマスコミは，この問題をどれくらいの頻度で，報じているのであろうか。米国内で飼育された牛のBSE感染が明らかとなった2003

年12月23日以降，2005年4月20日までの報道に関して，"Japan" と "beef" の両方をキーワードにふくむ記事の件数をみると，たとえば，『ニューヨーク・タイムズ』紙では179件あるものの，『USA　トゥディ』紙では，わずか40件しかない。他方，日本側マスコミ報道では，同時期に，「米」と「牛肉」をふくむ記事件数は，『朝日新聞』では757件，『日本経済新聞』では，989件にもおよんでいる。

　これらの数字はなにを物語っているのであろうか。1990年代初頭に，かつて新聞社のワシントン特派員をつとめた者たちの警鐘があったにもかかわらず，依然として，日本側マスコミ報道は，日米関係の"危機"を強調する傾向があるということだ。

　この点に関連して，前出の石澤氏によると，1991年のCIA（中央情報局）のリポートをめぐる報道は，日米間におけるマスコミ報道のちがいを示す好例といえそうだ。当時の『朝日新聞』をみると，「日本人は人種差別主義者　CIA要請の専門家が報告書」[22]「組織存続図るCIAが『謀略』？　日本人非難リポートに抗議相次ぐ」[23]と題する記事が掲載されている。また，『日本経済新聞』でも，「『日本人は人種差別主義者』，米CIA委託報告書」[24]「日本人は人種差別主義者，CIA報告に波紋広がる　──　関係者は関与を否定」[25]との見だしがみられる。このリポートの存在に関して，『ワシントン・ポスト』紙では，「フォローアップの記事が一回掲載されただけ」で，「東京からこの記事のリアクションをレポートするようにという，ワシントンの本社からの要請もまったくなかった」し，「他の米国のメディアの日本支局も，同様にこれをまったく無視した」というのである。他方，日本側では，新聞が「何度もこのことを報じた」だけでなく，「それに関する書籍までもが緊急出版された」のであった。石澤氏によると，このケースは，「日本のメディアが米国からの日本へのネガティブな情報を，くり返して大きく報道することを如実に物語る典型的な例」ということになる[26]。

　残念ながら，今回の米国産牛肉の輸入再開問題をめぐるマスメディアの報道をみると，いまなお,こうした傾向は改善されていないということがわかる。

注

＊1　鈴木健二『日米「危機」と報道』（岩波書店，1992年），50-51頁。

＊2　同上，151頁。

＊3　安藤博『日米情報摩擦』（岩波書店，1991年），iii-iv頁およびvi頁。

＊4　同上，146頁。

＊5　石澤靖治『日米関係とマスメディア』（丸善，1994年），157頁。

＊6　コロラド州デンバーに本部をおく，米国最大の牛肉生産者の利益集団である，全米肉牛生産者協会（NCBA）は，2004年大統領選挙の折りに，ブッシュ大統領への支持を打ちだし，5,000ドルの献金をおこなったといわれる（『AERA』2005年4月25日号，30-31頁）。

＊7　この点については，拙著『日米首脳会談の政治学』（同文舘出版，2005年），70-72頁を参照されたい。

＊8　草野厚『アメリカ議会と日米関係』（中央公論社，1991年），54頁および67頁。

＊9　廣瀬淳子『アメリカ連邦議会-世界最強議会の政策形成と政策実現-』（公人社，2004年），54頁。

＊10　『読売新聞』2005年3月4日（夕），2面。

＊11　なお，下院・農業委員会の一般農産物・リスク管理小委員会の委員長をつとめるモラン議員には，NCBAから，2003年と2004年に，1,750ドルの政治献金がおこなわれている（『AERA』2005年4月25日号，30頁）。

＊12　『朝日新聞』2005年3月4日（夕），3面。

＊13　「「牛禁輸続けば報復措置探る」　米議員団が書簡」『朝日新聞』2005年2月25日（夕），3面。文字数は，184文字。

＊14　「「米産牛　輸入しなければ報復も」── 米上院議員20人，駐米大使に書簡」『毎日新聞』2005年2月25日（夕），5面。文字数は，417文字。

＊15　「日本の牛肉輸入再開遅れれば，米議員ら，報復も」『日本経済新聞』2005年2月25日（夕），2面。文字数は，423文字。

＊16　『毎日新聞』2005年3月4日（夕），5面。

＊17　米国側関係者へのインタビュー（2005年3月22日）。

＊18　『毎日新聞』2005年3月18日（夕），5面。

＊19　『読売新聞』2005年3月18日（夕），2面。

＊20　NCBAは，2003年と2004年に，グラスリー財政委員長に対して，1,500ドルの政治献金をおこなっている（『AERA』2005年4月25日号，30頁）。

＊21　『日本経済新聞』2005年3月18日（夕），1面。

＊22　『朝日新聞』1991年6月9日，3面。

＊23　『朝日新聞』1991年6月12日（夕），2面。

＊24　『日本経済新聞』1991年6月9日，7面。

＊25　『日本経済新聞』1991年6月13日，8面。

＊26　石澤靖治『幻想の日米摩擦－現場で見た誤解と無理解－』（ティビーエス・ブリタニカ，1992年），230－233頁。

個人情報保護の現状と課題
―マスメディアの論調を中心に―

1 はじめに

　2001年3月27日,「個人情報の保護に関する法律案」(以下,たんに個人情報保護法案と略記する)が第151回通常国会(2001年1月31日～6月29日)に提出されたものの,同法案は実質的な論議をへることなく,継続審議となってしまった(図7-1参照)。

　本章では,同法案の概要を検討し,それに対するマスメディアの見解を紹介する。というのは,それによって,このときの個人情報保護法案のもつ問題点の一端が浮き彫りになると考えるからだ。

2 個人情報保護法案の概要

　個人情報保護法案は,全7章と附則からなる。その章立ては,以下のようになっている。

　　第1章　総則(第1条～第2条)
　　第2章　基本原則(第3条～第8条)
　　第3章　国及び地方公共団体の責務等(第9条～第11条)

図7−1　個人情報保護基本法制に関するこれまでの経緯

＜1980年＞

9月　　プライバシー保護と個人データの国際流通についてのガイドラインに関する
　　　　OECD理事会勧告

＜1988年＞

12月16日　「行政機関の保有する電子計算機処理に係る個人情報の保護に関する法律」
　　　　　公布

＜1999年＞

6月28日　総理答弁（参議院本会議・住民基本台帳法一部改正法案質疑）
　　　　＊修正案附則第1条第2項（※）の「所要の措置」とは，**民間部門をも対象とし
　　　　た個人情報保護に関する法整備を含めたシステムを速やかに整えること**など
　　　　を示すものと認識しております。…政府としては，個人情報保護のあり方につ
　　　　いて総合的に検討した上で，法整備を含めたシステムを速やかに整えていき
　　　　たいと考えております。
　　　　（※）「この法律の施行に当たっては，政府は，個人情報の保護に万全を期す
　　　　るため，速やかに，**所要の措置**を講ずるものとする。」

7月23日　高度情報通信社会推進本部「個人情報保護検討部会」初会合

11月19日　個人情報保護検討部会「我が国における個人情報保護システムの在り方につ
　　　　　いて（中間報告）」
　　　　＊我が国の個人情報保護システムの中核となる基本原則等を確立するため，
　　　　全分野を包括する基本法を制定することが必要である等

12月 3日　高度情報通信社会推進本部決定「我が国における個人情報保護システムの確
　　　　　立について」
　　　　＊個人情報保護検討部会中間報告を最大限尊重し，我が国における個人情報
　　　　保護システムの中核となる基本的な法制の確立に向けた具体的検討を進める

＜2000年＞

2月 4日　高度情報通信社会推進本部「個人情報保護法制化専門委員会」初会合

6月 2日　個人情報保護法制化専門委員会「個人情報保護基本法制に関する大綱案（中
　　　　　間整理）」

10月11日　個人情報保護法制化専門委員会「個人情報保護基本法制に関する大綱」

10月13日　情報通信技術（IT）戦略本部決定「個人情報保護に関する基本法制の整備につ
　　　　　いて」
　　　　＊「個人情報保護基本法制に関する大綱」を最大限尊重し，次期通常国会への
　　　　提出を目指し，個人情報保護に関する基本法制の立案作業を進める

＜2001年＞

3月27日　「個人情報の保護に関する法律案」提出（第151回国会）

＜2002年＞

3月15日　「行政機関の保有する個人情報の保護に関する法律案等4法案」提出（第154
　　　　　回国会）

12月 6日　「与党三党修正要綱」公表
　　　　＊与党三党としては，政府原案に対する修正方針を取りまとめ，政府に提示し，
　　　　法案の次期通常国会への再提出を求めることとした

12月13日　「個人情報の保護に関する法律案」等審議未了廃案（第155回国会）

＜2003年＞

3月 7日　「個人情報の保護に関する法律案」等再提出（第156回国会）

（出所）http://www.kantei.go.jp/jp/it/privacy/houseika/hourituan/kentou.html（2006年11月10日）。

第4章　個人情報の保護に関する施策等（第12条〜第19条）

第5章　個人情報取扱事業者の義務等（第20条〜第54条）

第6章　雑則（第55条〜第60条）

第7章　罰則（第61条〜第64条）

附　則

　このうち，第4章および第5章にはおのおの節がもうけられており，第4章では，「第1節　個人情報の保護に関する基本方針」（第12条），「第2節　国の施策」（第13条〜第15条），「第3節　地方公共団体の施策」（第16条〜第18条），「第4節　国及び地方公共団体の協力」（第19条）が，また，第5章には，「第1節　個人情報取扱事業者の義務」（第20条〜第41条），「第2節　民間団体による個人情報の保護の推進」（第42条〜第54条）がある。

　ちなみに，わが国において，個人情報の保護を目的とした法律としては，1988年12月16日公布された，「行政機関の保有する電子計算機処理に係る個人情報の保護に関する法律」（以下，たんに行政機関個人情報保護法と略記する）がある。だが，行政機関個人情報保護法は，法律の名称が示すとおり，あくまでも「行政機関」を対象とするものであって，「民間機関」は対象外とされている[1]。そこで，同法案を議論していた，衆・参両院の内閣委員会では，おのおの，「個人情報保護対策は，国の行政機関等の公的部門のみならず，民間部門にも必要な共通課題となっている現状にかんがみ，政府は早急に検討を進めること」との附帯決議を採択した[2]。その後，当時の経済企画庁，大蔵省，通商産業省，郵政省などといった，関係省庁において，さまざまな検討がかさねられてきた[3]。

　こうした動きを受けてでてきたのが，今回の個人情報保護法案というわけである。まず，個人情報保護法案の目的（同法案第1条）をみてみよう。

　この法律は，高度情報通信社会の進展に伴い個人情報の利用が著しく拡大していることにかんがみ，個人情報の適正な取扱いに関し，基本

原則及び政府による基本方針の作成その他の個人情報の保護に関する
施策の基本となる事項を定め，国及び地方公共団体の責務等を明らか
にするとともに，個人情報を取り扱う事業者の遵守すべき義務等を定
めることにより，個人情報の有用性に配慮しつつ，個人の権利利益を
保護することを目的とする。

　つぎに，個人情報保護法案第2条では，ことばの定義がなされている。

　　○「個人情報」・・・「生存する個人に関する情報」(識別可能な情報)
　　○「個人情報データベース等」・・・「個人情報を含む情報の集合物」
　　(検索が可能なもの。一定のマニュアル処理情報をふくむ)
　　○「個人情報取扱事業者」・・・「個人情報データベース等を事業の
　　用に供している者」(国，地方公共団体等のほか，とりあつかう個人情
　　報の量などが個人の権利利益を害するおそれが少ないなどの一定の者
　　をのぞく)
　　○「個人データ」・・・「個人情報データベース等を構成する個人情報」
　　○「保有個人データ」・・・「個人情報取扱事業者が，開示，内容の
　　訂正，追加又は削除，利用の停止，消去及び第三者への提供の停止を
　　行うことのできる権限を有する個人データ」

　そして，これら第1章の「総則」を受けて，第2章では，「基本原則」が
記されているのである。それによると，「個人情報が個人の人格尊重の理念
の下に慎重に取り扱われるべきもの」であること，また，「個人情報を取り
扱う者」が，「基本原則にのっとり，個人情報の適正な取扱いに努めなけれ
ばならない」ことがもりこまれている（第3条）。
　こうした認識のもとに，「利用目的による制限」（第4条：利用目的の明確
化，その達成に必要な範囲内でのとりあつかい），「適正な取得」（第5条：
適法かつ適正な方法による取得），「正確性の確保」（第6条：利用目的の達

成に必要な範囲内での正確性，最新性の確保)，「安全性の確保」(第7条：
とりあつかいにあたり，安全管理のための措置が講じられるような配慮)，
「透明性の確保」(第8条：とりあつかいにあたり，本人が適切に関与し得る
ような配慮) についてふれられている。

　これらの基本原則をより具現化したものが，第5章の「個人情報取扱事業
者の義務等」である。したがって，第1節の「個人情報取扱事業者の義務」
は，原則として第2章の基本原則に対応している。

　○利用による制限
　　・「利用目的の特定」(第20条)
　　・「利用目的による制限」(第21条)
　　・「第三者提供の制限」(第28条)
　○適正な取得
　　・「適正な取得」(第22条)
　○正確性の確保
　　・「データ内容の正確性の確保」(第24条)
　○安全性の確保
　　・「安全管理措置」(第25条)
　　・「従業者の監督」(第26条)
　　・「委託先の監督」(第27条)
　○透明性の確保
　　・「取得に際しての利用目的の通知等」(第23条)
　　・「保有個人データに関する事項の公表等」(第29条)
　　・「開示」(第30条)
　　・「訂正等」(第31条)
　　・「利用停止等」(第32条)
　○その他
　　・「個人情報取扱事業者による苦情の処理」(第36条)

つづいて，第6章の「雑則」に記された「適用除外」についてふれる。第55条では，「個人情報取扱事業者のうち次の各号に掲げる者については，前章の規定は適用しない。ただし，次の各号に掲げる者が，専ら当該各号に掲げる目的以外の目的で個人情報を取り扱う場合は，この限りでない」としている。

○「放送機関，新聞社，通信社その他の報道機関　報道の用に供する目的」
○「大学その他の学術研究を目的とする機関若しくは団体又はそれらに属する者　学術研究の用に供する目的」
○「宗教団体　宗教活動（これに付随する活動を含む。）の用に供する目的」
○「政治団体　政治活動（これに付随する活動を含む。）の用に供する目的」

ちなみに，行政法学者の宇賀克也氏によれば，同条項は，「報道の自由，学問の自由，信教の自由，政治活動の自由の重要性に鑑み，取材活動，研究活動等が過度に萎縮することのないように配慮したものである」とのことだ。しかしながら，同氏は，「報道機関が五章の規定の適用を除外されていても，取材先に強力な規制が及ぶことによって，間接的に報道の自由に影響が及ぶことはありうる」との問題を提起している[4]。

くわえて，同法案には，出版社，フリージャーナリスト，作家などに関して直接言及がなされていないということも付言しておきたい。

3　個人情報保護法案をめぐるマスメディアの論調

そこで，以下においては，こうした報道の自由を脅かす危険性をひめた個人情報保護法案に対して，マスメディアがいかなる評価をくだしているのか

について紹介する。とくに，ここでは，『朝日新聞』，『毎日新聞』，『読売新聞』，『日本経済新聞』，『産経新聞』という五大紙の社説について着目してみたい。

「日経テレコン21」で，「個人情報保護法案」と「社説」の2つをキーワードとして検索した結果，『朝日新聞』では4件，『毎日新聞』では6件，『読売新聞』では3件，『日本経済新聞』では1件，『産経新聞』では0件という数値が得られた（2002年3月11日現在）。しかし，このうち，『毎日新聞』の1件は，「〔追跡〕メディア　個人情報保護法案　メディアの『報道の自由』は」と題する記事であり，本文中に「社説」の語をふくんでいるものである[*5]。したがって，ここで対象とする社説は，『朝日新聞』の4件，『毎日新聞』の5件，『読売新聞』の3件，『日本経済新聞』の1件の計13件ということになる。この数字をみるかぎりでは，個人情報保護法案については，五大紙のうち，『毎日新聞』がきわめて大きな関心をよせているといえる。これに，『朝日新聞』，『読売新聞』がつづいている。のこりの『日本経済新聞』と『産経新聞』の2紙は，あくまでもこの数字についてのみ述べるならば，個人情報保護法案の問題にあまり注目していないということになる。

つぎに，検索の結果を時代別にみると，1988年のものが3件（『朝日新聞』：2件，『日本経済新聞』：1件），1999年のものが2件（『毎日新聞』：1件，『読売新聞』：1件），2000年のものが0件，2001年のものが7件（『朝日新聞』：2件，『毎日新聞』：3件，『読売新聞』：2件），そして2002年のものが1件（『毎日新聞』：1件）となっている。このうち，1988年の数字については，先述したように，同年12月16日に，行政機関個人情報保護法が公布されたことが大きく関係しているようである。

では，まずはじめに，行政機関個人情報保護法に対する社説の論調をとりあげてみよう。『朝日新聞』は1988年5月1日に，「個人情報保護で国会に望む」とする社説をかかげた[*6]。このなかで，同法案の国会提出について，「やっと国会に提出された。久しく待たれた法案である」（傍点，引用者）「個人情報が本人の手が届かない所で，野放しに近い形で収集，利用されて

いる現状にくらべれば，一歩前進」と述べている。このように，法案段階ではあるものの，行政機関個人情報保護法に関して，『朝日新聞』は一定の評価をあたえているように思われる。これは，『日本経済新聞』の場合でも同様であり，おなじころ掲載された同紙の社説「公共，民間の個人情報保護への注文」においても，「大きな前進」というようなことばがみられる*7。

とはいえ，両紙ともに行政機関個人情報保護法案の国会提出を手放しで歓迎しているわけではなさそうである。たとえば，『日本経済新聞』は，「個人情報の収集，蓄積，流通について国民の関心は比較的薄かったが，ここにきて個人情報が一カ所に蓄積されたり知らないうちに利用されることへの不安感が高まっている」と記している。そして，わが国においては，経済協力開発機構（OECD）の勧告 ──「プライバシー保護のためのガイドライン」（1980年9月）にもとづく法整備がなされてこなかったとし，「今国会にやっと提案された個人情報保護法案は，OECDの八原則にのっとったものと説明されているが，各省庁の情報を開示したくないという抵抗にあって，原案が大きく後退，問題が多い」（傍点，引用者），また，「最大の問題はどこにどんな情報があるのか，国民に全面的に知らせないこと」「開示についてもその内容と方法が問題である。開示しなくてもいいものが多過ぎるのだ」との辛辣な意見を述べている。

他方の『朝日新聞』も，「先進民主主義国で一般化しているプライバシーの概念に立ってこの法案をみると，問題点も少なくない」として，今後の法案審議過程でこうした点が十分考慮されるよう，注文をつけている。さらに，「法案には重大な問題点がある」として，「役所がどんな個人情報を持っているか，その全容がこの法案ではわからないこと」を指摘し，同時に，「せっかくの開示請求権を二重，三重に制約しているのには合点がいかぬ」との不満もにじませている。

これらの社説が掲載されたのとおなじ年の『朝日新聞』の社説「個人情報保護に必要なこと」では，「政府・自民党の態度は納得できない。抜本的修正なしに法案が成立した場合，むしろ弊害の方が多いことを考えて，野党も

修正をかちとる努力をしてほしい」と論じている[*8]。これは、「とりわけ中央官庁には、集めた情報は自分のものという思いこみが強い。それが今度の法案にも表れている」との問題意識から提起されたものである。さらに、「原案のまま成立したらどうなるか。本人の知らぬところでその人に関する大量の情報が合法的に集められ、政府の都合のよいように利用される恐れさえある」との警告を発したうえで、「この法案は、政府が集めるコンピューター処理用の個人情報だけを対象にしているが、個人情報にはほかに手書きのものもあれば、企業が集めるものもある。これらについてもやがて保護法をつくっていく必要がある」と記し、民間企業をもふくめたかたちでの法整備を求めている。

そのおよそ10年後の『毎日新聞』の社説「住民基本台帳　個人情報保護法の詰めを」は、「効率よい行政を目指す以上、行政事務のコンピューター管理は避けられないが、プライバシー侵害に道を開いてはならない」と訴え、「国民が不安をぬぐいきれない」理由として、「法律で禁止しても役所は裏で何をするか分からないという根強い不信感があるのと、プライバシー侵害は重大犯罪だという意識が社会に定着していない」事実に着目している[*9]。その意味で、同紙は、「住民基本台帳法改正の前に、まず行政、団体、企業を含む総括的な個人情報保護法を議員立法で作ることが必要」と主張している。なお、この問題に関連して、『読売新聞』は、「バランスが重要な情報保護法」と題する社説のなかで、「官民の両部門で充実した立法を急ぐ必要がある」と説いている[*10]。

こうした流れのなかで、2001年3月27日になって、個人情報保護法案が国会に提出されるのである。翌28日に掲載された『読売新聞』の社説「個人情報保護　『報道の自由』尊重した審議を」では、「苦情処理に関する措置などと合わせ、基本的に妥当な内容と言っていい」としつつも、「しかし、これで十分と言うわけにはいかない」と記している[*11]。そして、報道機関のあつかいに関して、「一定の配慮が示された」との認識を示してはいるものの、「外部の干渉を一切排除する制度的な保障が不可欠」と述べ、その後の

国会審議で,「報道分野は基本原則からも全面的に適用除外とする」ことを求めている。しかし,『読売新聞』は全体をとおして,それほどつよい調子で同法案への批判を投げかけているわけではない。

これに対して,およそ2カ月後の『朝日新聞』は,「この法案は通せない個人情報保護法案」というセンセーショナルなタイトルの社説を掲げた。そこでは,「政府案には問題が多過ぎる。このまま成立させるわけには到底いかない。廃案にして仕切り直しとし,あるべき姿に向けて衆知を集めるべきだ」とまで記されている*12。同紙はその理由を「『民』に厳しく『官』には甘い」からだとしている。また,「表現の自由の重要性に対する認識が欠けている」のも「大きな懸念材料」の一つと考えている。具体的には,「取材活動は制約され,国民の知る権利が脅かされることになりかねない」という点である。

こうした『朝日新聞』とおなじ認識にたつのが,『毎日新聞』の社説である。「考えよう憲法／11 表現の自由 『優越する重み』問い直して」では,表現の自由との関係で,同法案が「重大な問題を突きつけている」との問題意識を提起したうえで,「行政機関が管理する個人情報を統制するのが目的だったはずなのに,いつの間にか民間の個人情報取扱事業者の規制へと性格が変わった」点をするどく指摘している*13。さらに,2週間後の同紙の社説「考えよう憲法／12 プライバシー 情報化社会に合った保護を」においても,「蓄積する個人情報の量を考えれば,官により厳しくなければならない」にもかかわらず,「個人情報保護法案は官は対象外となり,まるでマスコミ規制法のような内容」であることに痛烈な批判がくりひろげられ,結論部では,「その方が国民の情報を管理しやすい」のかとする疑問までもが提示されている*14。

その後,こうした論調ははげしさをます。たとえば,1カ月後の『毎日新聞』の社説「新聞週間 『たしかな目』でありたい」では,「注視しなければならないのは,昨今の行政機関による報道規制の動きだ」として,「運用によっては,表現の自由,報道の自由を著しく損なう恐れが強い」との懸念

が表明されている[*15]。そして，「表現の自由は，多様な人間の英知を結集する民主主義の根幹だ。表現の自由のない社会がもろく，弱いことは，歴史が証明している。改めて，抜本的な見直しを強く求めたい」と記している。

また，『朝日新聞』の「『官』には甘いのか　個人情報保護」においては，「『官』がやることは常に間違いがない，といった発想では，民間に比べ甘過ぎると批判されても仕方があるまい」との政府批判が展開されている[*16]。そのうえで，「プライバシーに対する公務員の意識を高めるためにも，厳正な規定が必要だ」と注文をつけている。

だが，これとくらべて，『読売新聞』の「行政個人情報　法改正急ぎ保護体制の充実図れ」は，個人情報保護法案のなかの情報取得の点に関して，「公務員は不正な取得をしない，という見方は楽観的すぎる。『適正な取得』は官民を通じた個人情報保護の基本原則だ。きちんと明記すべきだ」と，いちおうの非難をおこなってはいるものの，前出の『朝日新聞』の場合とくらべ，そのトーンはかなり弱い[*17]。

そして最後に，『毎日新聞』の「個人情報保護　官も民も白紙から練り直せ」をみてみよう[*18]。同社説では，冒頭，個人情報保護法案が第151回国会で成立せずに，継続審議となった点を「救いではないか」（傍点，引用者）としている。その理由は，同法案が報道機関などによる「本来自由であるべき情報収集を制約する内容となっている」ためだ。それゆえ，同紙は，「民主社会の"安全弁"としての報道の役割や機能を制約する法規制が許されてよいはずがない」と断じている。

以上の論述からも明らかであるが，新聞各社の論調にはかなりの温度差がみられる。この点は，さきに述べた社説の掲載回数となんらかの関係があるように思われる。すなわち，掲載の回数がもっとも多い『毎日新聞』は，個人情報保護法案に対する手厳しい批判を再三にわたっておこなっている。これとほぼおなじようなスタンスをとっているのが，『朝日新聞』であろう。これら2紙に対して，『読売新聞』などでは，つよい調子での政府批判はあまりみられなかった。

4 結び

　このように，個人情報保護法案がマスメディアに対して，きわめて厳しい内容をもつにいたった背景には，自民党内におけるマスメディアへの嫌悪感がある。これは，森喜朗政権時代に，マスメディアが政府をつよく批判した事実をよしとしない自民党議員が多数存在していることに端を発している。

　だが，マスメディアへの規制の問題については，さらに大きな要因があるように思えてならない。この点について，マスメディアの実態にくわしい桂敬一氏は，こうした動きをつぎのように分析している。すなわち，「政府は，市民が自己統治能力を高めて市民社会をつくっていくのを，阻もうとしている。国権の強大化を図り，その権限でメディア規制も強め，市民に，人権は政府が守ってあげる，とする姿勢をみせているのです」と[19]。

　近年の政府による施策をみていると，桂氏の警告はきわめて的を射たものであることがわかる。それゆえ，今後，われわれは政府の動向をよりいっそう注視していく必要があるといえよう。

注

* 1 　同法第１条では，「この法律は，行政機関における個人情報の電子計算機による処理の進展にかんがみ，行政機関の保有する電子計算機処理に係る個人情報の取扱いに関する基本的事項を定めることにより，行政の適正かつ円滑な運営を図りつつ，個人の権利利益を保護することを目的とする」と明記されている。

* 2 　『第百十三回国会　衆議院　内閣委員会議録　第十一号』1988年11月８日，27－28頁および『第百十三回国会　参議院　内閣委員会会議録　第十二号』1988年12月８日，43－44頁。

* 3 　総務省資料。

* 4 　宇賀克也「個人情報保護法案の検討」『法学教室』第250号，12頁。

* 5 　『毎日新聞』1999年10月26日，25面。

* 6 　『朝日新聞』1988年５月１日，５面。

* 7 　『日本経済新聞』1988年５月14日，２面。

* 8 　『朝日新聞』1988年10月29日，５面。

* 9 　『毎日新聞』1999年６月16日，５面。

*10 　『読売新聞』1999年11月20日，３面。

*11 　『読売新聞』2001年３月28日，３面。

*12 　『朝日新聞』2001年６月４日，２面。

*13 　『毎日新聞』2001年９月３日，５面。

*14 　『毎日新聞』2001年９月17日，５面。

*15 　『毎日新聞』2001年10月16日，５面。

*16 　『朝日新聞』2001年10月12日，２面。

*17 　『読売新聞』2001年11月18日，３面。

*18 　『毎日新聞』2002年１月15日，５面。

*19 　原寿雄・田島泰彦・桂敬一「座談会　メディア規制にどう対抗するか」『世界』2001年10月号，97頁。

第Ⅲ部
補　論

"聖域なき"構造改革の現状と課題
―日米関係の視点から―

※本補論は,「2003年度 札幌大学公開講座（第24回）日本社会はどこへ行くのか ― どう変わる，どう変える ― 」における報告「小泉改革に『聖域』あり？ ― 日米関係の視点から ― 」に若干の修正をおこなったものである。

1 はじめに

　本日（2003年10月8日）は，「小泉改革に『聖域』あり？ ─ 日米関係の視点から ─ 」というタイトルで，お話をさせていただきたいと思います。実は，正直申しまして，わたくし，今日を迎えるのがひじょうに憂鬱でした。と申しますのも，このタイトルを事務局に提出いたしましたのは，7月くらいのことでありまして，それは自民党総裁選挙（9月20日）まえでありました。万万が一，自民党総裁選挙で小泉純一郎さんが落選していたら，わたくしはここで，どういい訳すべきかと，この夏のあいだずっと悩んでおりました。ですが，小泉さんが無事（？）に，9月20日の総裁選挙で当選されたことで，とりあえず，いい訳をせずに，このタイトルのままで，今日のお話をすすめさせていただくことができるというわけであります。

　では，再度，本日の題目をご覧ください。そこには，「小泉改革に『聖域』あり？」と「？」をつけております。これは，小泉改革には，どうも聖域があるのではないかと考えられるからです。小泉さんは，威勢よく，「聖域なき構造改革」といっておられますが，いま申し上げましたように，そこには，なんらかの聖域があるのではないかという疑問から，「？」をつけました。

　ところで，この会場は，拝見しましたところ，わたくしより人生の先輩である方がたくさんいらっしゃいます。ですので，その方々をまえにして，わたくしが戦後の日本政治について語りましても，実際に，その時代に俺は生きていたが，それはちがうといった，おしかりを受けることが多々あろうかと思われます。そこで，サブタイトルに，自分の専門領域である「日米関係の視点から」という文言をくわえました。小泉改革に関しては，日本政治の分野からはいろいろいわれていますが，米国との関係を少しまじえて，小泉さんがふだんのご発言どおり，これまでの自民党政治とは異なる，あたらしいものを提示しておられるのかどうかをみていきたいというのが，わたくしなりの本日の若干のスパイスです。お料理のお味がよくなるようにと思い，

わたくしなりに，あえてスパイスをきかせたつもりですが，もしかするとこのスパイスが入りすぎて，おいしくないお料理ができあがってしまうかもしれません。ですが，そのへん，どうかご辛抱いただき，これからの時間，おつき合い願えれば幸いに存じます。

2 戦後の日米首脳会談の特色

（1）第1回日米首脳会談

　では，お手元のレジュメにしたがいまして，話をすすめていきたいと思います。

　まず，はじめに，「戦後の日米首脳会談の特色」という項目をつくりました。さきほど，わたくしは，これまで日米関係を研究してきたと申しましたが，そのなかでも，とくに日米首脳会談のことを終始一貫してやってまいりました。テレビなどで，ひんぱんにとりあげられる日米首脳会談は，実は敗戦の年である，1945年以前には一度も開催されておりません。日本の首相と米国の大統領がはじめて会談したのは，1951年9月4日であります。場所は米国のカリフォルニア州サンフランシスコで，日本側からは当時の首相でありました吉田茂が，他方の米国側からは当時，大統領であったハリー・S・トルーマンが出席しました。そして，吉田・トルーマン両首脳による会談がおこなわれたのです。ちなみに，この首脳会談がおこなわれたとき，おなじサンフランシスコの地では，日本の独立を話し合うための講和会議が開かれています。講和会議は，5日間にわたり，サンフランシスコ市内のオペラハウスでおこなわれましたが，その開会式のあと，近くのパレスホテルで米国全権団主催のレセプションが開催され，その場で吉田総理大臣とトルーマン大統領が話をしました。これこそが，第1回目の日米首脳会談にあたるわけです。

　当時の新聞報道に目をやりますと，たとえば，『毎日新聞』には，「トルーマン米大統領は四日夜パレス・ホテルで開かれたレセプションで吉田全権及

びその他の日本全権らと四十分にわたり会見した。この会見は特に別室で行われ，日本人記者団も立会った」と記されております*1。また，『日本経済新聞』も同様に，「四日午後八時からパレス・ホテルで開かれた米国務省主催の公式レセプションの際，トルーマン米大統領は吉田首席全権と別室で約四十分間にわたつて歓談した」ことを報じています*2。ただ，『日本経済新聞』には，「このレセプションにはドッジ氏も出席，日本全権団と歓談した」と書かれておりまして，会談に，デトロイト銀行頭取をつとめたジョセフ・ドッジ氏も同席していたことがわかります。

おそらく，このときの模様をいちばん詳細に伝えているのは，『読売新聞』でしょう*3。若干ながくなりますが，その部分をご紹介いたします。

トルーマン大統領と吉田首相は四日行われた大統領招待の各国代表のレセプションの際に会見した，サンフランシスコ会議に来ている各国首脳のうち国家主席はトルーマン大統領と吉田首相だけであるが，この両者は大統領が各国代表団の主な人々と会見したレセプションの席上で会ったものである

戦勝国である合衆国の大統領が戦いに敗れいま復興しつゝある国民の指導者に直接歓迎の手を差し伸べたのは第二次大戦後始めてのことであった，二人は約五分間なごやかに歓談した

あるアメリカ人は，会見は"非常に愉快"そうに見えたと言い，また吉田首相はトルーマン大統領に対日講和会議を公式に開幕させた大統領の演説を喜んでいる旨告げたと語った，また大統領と吉田首相は握手をした，これについて大統領は再び日本は自由国家の仲間に入れられるべきであり，合衆国は講和会議が速かに成功裏に終ることを期待している旨を繰り返したものと了解されると言った

さらに同筋は大統領は首相に向い，いまや水に流し忘れ，太平洋に平和を再建するという骨の折れる任務を開始する時期である旨告げたと伝えられると言った

このように，おなじ会談について報じた記事ですが，その描写が異なっているのです。ちなみに，このとき，吉田総理大臣の娘さんである，麻生和子さんがその場におられたそうですが，麻生さんによれば，2人は「ほんの挨拶をしただけだ」と述べておられます[*4]。そこで，いずれの報道が真実であろうかと思い，いろいろ調べてみたのですが，当時の関係者でご存命の方が少なく，真実はいまなお謎のままです。ですが，いずれにいたしましても，このとき，はじめて，日本の総理大臣と米国の大統領が直接，顔を合わせたということだけは，事実であります。ですので，わたくしは，この吉田・トルーマン会談を第1回目の日米首脳会談としております。

ところで，もっとも新しい首脳会談は，今年（2003年）の5月22日・23日に，テキサス州クロフォードのジョージ・W・ブッシュ大統領の牧場でおこなわれたものです。この会談は，通算90回目の首脳会談になります。わたくしは，今夏に1カ月ほど米国に行きまして，聞きとり調査をいたしました。米国側関係者によりますと，5月の会談のとき，小泉さんはテキサス州クロフォードのブッシュさんのお家に行きましたが，もともと，この会談はホワイトハウスでおこなうことになっていたようです。しかし，小泉首相はこの決定に対して，クビをたてにふりませんでした。小泉首相のこころのうちは，「中国の首脳もテキサスのブッシュ大統領の私邸に招待されているのに，なぜ自分はまねかれないのか。日本は2001年9月11日の同時多発テロ事件以降，米国のためにこれだけ一生懸命やっている。それなりの歓待を受けて当然ではないのか」というものでありました。ちょうど，小泉訪米にさきだつ，2002年10月25日，中国の江沢民・国家主席がこの別荘を訪問していたのです。そのため，小泉首相の命を受けた外務省は，米国の日本大使館に対して，なんとかするようにとつよく命令したようです。そして，日本大使館が米国の国務省とねばりづよく交渉した結果，会談場所がテキサス州クロフォードに設定されたという話を聞きました。このときも，小泉さんはブッシュさんと自分との親密さをことさら強調したがっていたということです。

くわえて，米国の国務省，あるいはホワイトハウス関係者にもインタビュ

ーしたのですが，小泉さんとブッシュさんはほんとうに気が合うそうです。それは，おそらく，この２人の思考様式がきわめてにかよっているからではないでしょうか。かつて，中曽根康弘首相とロナルド・Ｗ・レーガン大統領のときも，"ロン・ヤス関係"ということばがありました。ですが，米国のいろいろな人に話を聞きますと，小泉首相とブッシュ大統領との関係は，このロン・ヤス関係以上に良好かつ親密であるとの回答が，ほぼ全員の方々からかえってきたほどです。話が若干，横道にそれましたが，いずれにいたしましても，この2003年５月の小泉・ブッシュ会談が通算90回目の日米首脳会談になるというわけです。

（２）日米首脳会談の特色

（a）日米両国における政権基盤のちがい

つぎに，お手元の資料にございます，「開催場所でみた日米首脳会談」という表（表補−１）をごらんください。

この表は，日米首脳会談の開催場所を４つに分類したものです。一つが米国の首都ワシントンＤ.Ｃ.です。ここでは，90回のうち，実に35回（38.9％）の首脳会談がおこなわれています。米国のワシントンＤ.Ｃ.以外の都市で開催

表補−１　開催場所でみた日米首脳会談

開催場所	回　　数
米国（ワシントン）	35
米国（ワシントン以外）	20
日米両国以外	22
日本	13
合　　計	90

（補注）その後，日米首脳会談は回数をかさね，2007年６月６日の安倍晋三首相とジョージ・Ｗ・ブッシュ大統領との首脳会談で，99回目となった。開催場所の内訳は，うえから順に，37回，22回，25回，15回となっている。

された会談は，20回（22.2％）におよんでいます。日本と米国以外の国，た
とえばサミット（主要国首脳会議）の際に，イギリスなどでもたれた日米首
脳会談が，22回（24.4％）ございます。そして，日本でおこなわれた首脳会
談は，13回（14.4％）です。ここから，ワシントンD.C.でおこなわれた会談
がもっとも多いという事実が浮き彫りになってまいります。さらに，米国で
おこなわれた首脳会談となりますと，90回のうち，55回（61.1％）にもおよ
びます。

　なぜ，米国でこれほど多くの首脳会談がおこなわれてきたのでしょうか。
これは日本において，総理大臣が交代すると，かならずといっていいほど，
就任後，間もないうちに，あたらしい首相が，ホワイトハウスにおうかがい
をたてに行くからです。一種の“朝貢外交”のようなものです。そのため，
必然的に，米国で開催される首脳会談の数も多くなるのです。しかも，吉田
とトルーマンの顔合わせから小泉・ブッシュ会談までのあいだに，首脳会談
をおこなった日本の総理大臣は，首相臨時代理の伊東正義さんもふくめて，
合計で21人います。これは首脳会談をおこなった首脳ということであって，
たとえば，鳩山一郎，石橋湛山などは，首脳会談をおこなっていません。そ
のあいだ，カウンターパートである米国の大統領は，11人いました。これは，
なにを物語るのでしょうか。いうまでもなく，日本においては，米国とくら
べて，首相の政権基盤がきわめて脆弱であって，その交代もひんぱんにある
ということです。日本は議院内閣制を採用していて，他方の米国は大統領制
であるという制度のちがいもふまえなければなりませんが，ここに日米間の
大きな差があります。

　ちなみに，日本の総理大臣で日米首脳会談に出席した回数がいちばん多い
のは中曽根さんで，12回です。米国はビル・クリントンさんで，26回もの首
脳会談に出席しています。中曽根さんも1806日（約５年間）の首相在職で，
長期政権といわれましたが，それでもクリントン政権の８年間とくらべると，
出席回数の開きがいかに大きいかをご理解いただけると思います。

　では，そのしたの表（表補－２）をごらんください。これは，90回の日米

首脳会談を開催された年代別にまとめたものです。1950年代から10年区切り
でわけてみました。1950年代が3回，1960年代が6回，1970年代が15回，
1980年代が24回，1990年代が30回，そして2000年代は12回となっています。
もっとも，2000年代は，これからどんどんふえていくわけですが，これをみ
ても明らかなように，首脳会談の回数は年代をおうごとにふえてきています。
　この理由としては，交通手段が格段に発達したということもあります。く
わえて，1975年以降は，サミットがおこなわれるようになり，最低でも，年
に1回は，日米の首脳が顔を合わせるということも関係しています。また，
最近では，APEC（アジア太平洋経済協力会議）の折りに，開催される会談
もあり，さらに回数が増加しています。それ以外でも，1980年代以降は，経
済摩擦の問題などがあり，しかも，1990年代中葉以降は，安全保障をめぐる
問題に焦点があてられるなど，日本の首相と米国の大統領とのあいだでおこ
なわれる首脳会談の回数は，争点の増加と正比例の関係にあるといえます。
なお，日米首脳会談は2000年代に入って，12回開かれていますが，それらを
開催場所でみてみますと，ワシントンD.C.で4回，ワシントンD.C.以外の米
国で2回，日米以外が3回，日本で3回となっております。
　ところで，米国の大統領が訪日するときは，いつも東京で首脳会談がおこ

表補－2　年代別にみた日米首脳会談

年代	回数
1950年代	3
1960年代	6
1970年代	15
1980年代	24
1990年代	30
2000年代	12

（補注）その後,日米首脳会談は回数をかさね,2007年6月6日
の安倍晋三首相とジョージ・W・ブッシュ大統領との首脳会談がお
こなわれたことにより,2000年代の実施回数は,総計で21回と
なった。

なわれていました。ですが，2000年7月に，クリントン大統領が来日したときに，はじめて沖縄で首脳会談がもたれました。これは小渕恵三首相の政治決断によって，沖縄でのサミットが設定されたからです。ここで，日本でおこなわれた，サミットの場所についても注目してみましょう。日本では，これまで4回のサミットが開催されています。そのうち，1979年の大平正芳さんのときと，1986年の中曽根さんのときと，1993年の宮沢喜一さんのときは，会場は，東京です。唯一，2000年の森喜朗さんのときだけ，小渕さんの判断を受けて，沖縄でおこなわれています。

　しかしながら，サミット参加国である米国，フランス，イギリス，ドイツなどをみますと，日本のように，何度も首都で会議をおこなっている国はありません。どちらかと申しますと，これらの国では，首都での開催を回避する傾向があるようです。したがいまして，日本は，こうした国際会議の開催場所に関しても，東京一極集中であるわけです。これは，関係者にいわせますと，警備の問題があるから，仕方のないことだと強調されます。ですが，ほかの国では首都以外で数多くのサミットが開催されているわけですから，日本でもやれないはずがありません。ただ，やろうという意思がかけているだけなのです。ちなみに，2008年に，日本でサミットがおこなわれますが，今度はぜひとも北海道で開催したいという思惑で，北海道選出の国会議員が運動をしているそうですが，さて，どうなりますでしょうか。

(b) 日本での日米首脳会談

　つぎに，3つ目の表（表補－3）をごらんください。いまも，若干ふれましたが，日本で開催された日米首脳会談に関してまとめたものが，この表です。日本での第1回目の日米首脳会談は，1974年11月19日・20日です。このときは，ジェラルド・R・フォード大統領が来日しました。しかし，これ以前に，日本での"幻"の日米首脳会談とでもよぶべきものがあったのです。それは，1960年に予定されていた，ドワイト・D・アイゼンハワー大統領の来日です。この年（1960年）の1月に，ワシントンD.C.で日米新安全保障条

"聖域なき" 構造改革の現状と課題 *207*

表補－3　日本でおこなわれた日米首脳会談

回　数	年　月　日	目　的
第 1 回	1974年11月19・20日	◎
第 2 回	1979年6月25・26日	サミット
第 3 回	1980年7月9日	葬儀
第 4 回	1983年11月9・10日	◎
第 5 回	1986年5月3日	サミット
第 6 回	1989年2月23日	葬儀
第 7 回	1992年1月8・9日	◎
第 8 回	1993年7月6・9日	サミット
第 9 回	1996年4月17日	◎
第10回	1998年11月20日	APEC関連
第11回	2000年6月8日	葬儀
第12回	2000年7月22日	サミット
第13回	2002年2月18日	◎

（補注）その後，2003年10月17日には第14回目の首脳会談（APEC
関連）がおこなわれ，2005年11月16日には第15回目の首脳
会談（APEC関連）がおこなわれている。

約（「日本国とアメリカ合衆国との間の相互協力及び安全保障条約」）が締結
され，同年6月の条約発効にあわせて，同大統領が訪日するということが，
政治スケジュールにのぼっていました。しかし，6月と申しますと，国会周
辺は安保改定反対を唱える人々が連日，デモ行進をおこない，とても緊迫し
た雰囲気でありました。現に，アイゼンハワー来日の下見にきた，ジェーム
ズ・ハガチー大統領新聞係秘書は飛行機から降りたち，車に乗りこんだもの
の，デモ隊にとりかこまれ，結局，ヘリコプターで米国大使館に移動したほ
どだったのです。そのようななかで，当時の岸信介総理大臣は，大統領の身
の安全を保証できないので，今回の訪日はご遠慮くださいと，アイゼンハワ
ーの来日をお断りしました。これが，1960年に予定されていた日米首脳会談
を"幻"とよんだゆえんであります。その後，とうとう14年ものあいだ，米

国大統領が日本の土をふむことはありませんでした。ようやく，1974年になって米国の大統領が歴史上，はじめて日本を訪問したわけです。ちなみに，この1974年の首脳会談は，吉田・トルーマンの第1回会談から数えますと，16回目にあたります。

　ちょうどこのとき，日本では，田中角栄首相の金脈問題が話題となっており，フォード大統領の訪日を待って，田中さんは辞意を表明しました。田中さんまでの歴代総理をみていると，たいていある大きな政治課題などを達成し，それを花道に総理大臣をやめるというパターンが多かったのです。たとえば，岸氏は，念願の安保改定をやってのけてから，退陣しましたし，佐藤栄作氏は，沖縄返還を達成して，職を辞しました。かつては，このように"首相花道論"とでもいうべきものがありましたが，最近の首相は，花道がないうちにどんどんやめていき，前任の総理大臣がいったいだれであったのかを簡単には，思いだせないといったような状況になっています。こうした傾向は，とりわけ，リクルート事件を契機に退陣を表明した竹下登政権以降，顕著であるような気がしてなりません。

　また，近年の閣僚名簿をみても，これはどういう人物なのかと問いたくなるような人が多いというのも，率直な感想です。それほど，政治家自体が小粒になっているわけです。これは，二世議員，三世議員がふえているからかもしれません。かつて，派閥の抗争が激しかったころは，「三・角・大・福・中」ということばにあるように，三木武夫，（田中）角栄，大平，福田赳夫，中曽根といったように，よくも悪くも，たいへん個性のつよい人が多かったのです。しかし，最近は，こうした存在感のある政治家が少なくなってきている気がしてなりません。

　さて，さきほど申しましたように，この1974年のフォード大統領の来日が，戦前・戦後をつうじて，米国の首脳が日本の土をふんだ最初の事例になります。このときは，日米首脳会談そのものを目的として，米国の大統領が日本にきたわけです。ですが，その後の第2回目の日本での首脳会談をみてみますと，このときは，ジミー・J・E・カーターさんがサミットのために来日

し，その際に大平さんと会談しています。第3回目の1980年7月9日は，首脳会談そのもののために米国の大統領がいらっしゃったわけではなく，大平さんが突然亡くなり，その葬儀にカーターさんが参列することを目的に来日したのでした。そして，その折りに，弔問外交の一環として，カーター大統領は当時，首相臨時代理をつとめておられた，伊東さんと会談しました。葬儀を目的とした米国大統領の訪日は，1989年2月23日にもありますが，これは昭和天皇の葬儀のときで，ジョージ・H・W・ブッシュ（いわゆるパパ・ブッシュ）が来日しています。また，2000年6月8日は，小渕さんの葬儀への参列を目的に，クリントン大統領が訪日したのでした。

　その表の右側の目的の欄に「サミット」と書いてありますのは，日本でサミットが開かれたときに，ついでに首脳会談をしたということです。これは，さきに紹介したとおりで，表でいいますと，第2回，第5回，第8回，第12回がそうです。第10回目のところをご覧いただきますと，「APEC関連」と書いてあります。これはクリントン大統領が，以前に，日本を素通りして中国に行き，日本には寄らなかったということがありました。そのため，日本側がつよく抗議をした結果，それではということで，クリントン大統領がAPECでアジアにきた帰りに，日本に立ち寄ったというものです。

　このことに関連してですが，かつて1987年ごろ，日米経済摩擦の華やかなりしころ，米国では，“Japan Bashing（日本たたき）”ということがさかんにいわれました。1998年のこの首脳会談のころになりますと，日本のバブル経済もはじけ，“Japan Passing（日本素通り）”と揶揄されていました。その後，2000年代に入ると“Japan Nothing（日本はない）”とまでいわれるにいたっております。この状況を大きく変えたのが，2001年9月11日に発生した同時多発テロ事件です。このことにつきましては，またのちほど，くわしくふれたいと思います。

　再度，日本での首脳会談の話にもどりますが，これまで13回おこなわれている会談のうち，首脳会談そのものを目的に米国の大統領が何回来日したかといいますと，その回数はわずか5回しかありません（表補-3の「◎」）。

4回はサミット，3回は葬儀への参列がメインであり，1回はAPEC関連での首脳会談です。これが，戦後日米関係の実態なのです。

　そして，もう少しいたしますと，この表のしたに，第14回目の会談がくわわるはずです。と申しますのも，2003年10月17日に，ブッシュさんが訪日することとなっているからです。この来日も，タイの首都バンコクで，APECが20日から21日までおこなわれるまえに，日本と韓国に立ち寄るというあわただしいものです。したがいまして，今回は，首脳会談そのものを目的として，ブッシュさんが訪日するわけではありません。ですが，ブッシュさんの今回の日本訪問が，きわめて大きな意味をもっていることは，いうまでもありません。ブッシュ大統領は，イラク攻撃をしましたが，なかなか思うように，事態は推移していません。そのような状況におかれているブッシュ大統領にとって，なにがいちばん必要であるかは明白です。そうです，"ゼゼコ＝お金"です。小泉さんのところにくることによって，なんとか用だててほしいと，ブッシュは考えているのです。新聞報道などによりますと，日本政府は，50億ドルくらいの金額で話をつけたいと考えているようですが[*5]，どうも米国側はもっとお金をだしてほしいと，おねだりしそうな様子です。はっきり申しますと，ブッシュ大統領は，「小泉銀行」の小切手をもらうために，日本にやってくるのです。

　2004年に，米国で大統領選挙がおこなわれますが，ブッシュ大統領のあわただしいなかでの訪日は，ブッシュのお父さんが日本にやってきたときとかさなってみえて，仕方がありません。ブッシュのお父さんは，1992年1月8日・9日，宮沢首相とのあいだで首脳会談をもちました。湾岸戦争での勝利の直後，ブッシュのお父さんの支持率は90％ぐらいあったのですが[*6]，経済が悪くなり，どんどん支持率が低下しました。それまでの冷戦期であれば，ソ連という"軍事的な敵"がいたわけで，自分の立場が悪くなってくると，ソ連にその責任を帰すというやり方もまかりとおっていたのですが，冷戦後の時代において，選挙で目玉となるような敵はなかなかいません。そこで，日本をあらたに"経済的な敵"としてしたてあげるべく，クライスラーやフ

ォードの社長など，財界人18名を引きつれて訪日して，米国の自動車や同部品を買うように，日本側にせまったのでした。今回のブッシュさんの来日をめぐる状況は，そのころときわめて酷似しているように思えてなりません。

(c) 米国の大統領選挙

ところで，米国の大統領選挙は，4年に1回，うるう年におこなわれます。ちょうど，夏のオリンピックが開催される年に，選挙が実施されるというわけです。ですので，今度の選挙は，2004年になります。

大統領選挙の年になると，日本でもよくテレビなどで，米国の選挙制度はこうなっているという解説を目にすることがあります。しかし，はっきり申しまして，米国の選挙制度をそのようにいとも簡単に説明することは不可能です。と申しますのも，日本では，北は北海道から南は沖縄県まで，すべておなじやり方で選挙がおこなわれ，国会議員を選びます。ですが，米国の場合は，州によって，また地域によって，その投票の方式がまったくちがうからです。たとえば，2000年の選挙のときに，フロリダ州で再集計をやりました。あのときに，ある地域では，バタフライ方式の投票用紙を使用し，またある場所では，パンチカード方式の投票用紙をもちいているなどと報じられていたのを覚えていらっしゃるでしょうか。これは，日本でたとえますと，札幌市の投票用紙と江別市の投票用紙がちがうということです。日本とちがい，米国では，おのおの地域によって投票用紙が異なるのです。このことからもおわかりいただけるかと存じますが，米国の選挙を語る際，日本的な常識ではとらえきれない部分が多々あるという点に留意しておく必要があります。

投票用紙もそうですが，選出の方法も州によって，まったく異なっています。米国では大統領選挙は2段階選抜のかたちで実施されます。米国は，共和党と民主党の二大政党制ですが，大統領選挙の第1段階として，共和党と民主党で，それぞれの党の候補者をきめる選挙（＝予備選挙）をおこないます。それから本選挙となります。いま，共和党と民主党の候補者を選ぶ選挙

図補−1 大統領選出過程

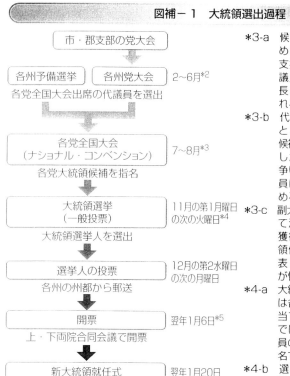

*3-a 候補者が党の指名を獲得するためには、代議員総数の過半数の支持が必要である。そのため代議員による投票（各州代議員団長による発声投票）が繰り返されることもある。

*3-b 代議員は第1回投票では、原則として予備選挙段階で支持した候補者に投票しなければならない。しかし、支持する候補者が指名争いを断念した場合には、代議員は独自の判断で投票態度を決める。

*3-c 副大統領候補の指名も投票によって決められるが、すでに指名を獲得した大統領候補が、副大統領候補にしたい人物の名前を公表し、その人物が指名されるのが慣例となっている。

*4-a 大統領選挙人 electoral college は各州とワシントンD.C.に割り当てられている。その数は、州では各州選出の上・下院連邦議員の総数、ワシントンD.C.は3名である。

*4-b 選挙人はあらかじめ支持する候補者を明らかにしている。

*4-c 州ごとに、最も多くの一般有権者投票数を集めた大統領候補が、その州の選挙人票を独占する。したがってこの段階で事実上当選者（大統領）が決まる場合が多い。

*5 開票の結果、選挙人票の過半数を占める候補者がいない場合には、11月の一般投票で獲得した選挙人票数の上位3候補のなかから、連邦下院本会議において、各州1票の方式で大統領を選出する。しかし、このような事例はきわめてまれであって、1800年と1824年の2回しかない。

（注）
*1 民主、共和両党以外の、第3党あるいは無所属の候補者が出馬することもあるが、事実上は両党候補の争いとなる場合が多い。

*2-a 代議員の人数は、各州における自党の勢力の強弱を加味した上で、前回の大統領選挙での一般得票数、州の大統領選挙人数、人口などを基準にして、各党が州ごとに割り当てる。1996年の場合、民主党の代議員数は4,320名、共和党は1,990名である。

*2-b 代議員はあらかじめ支持する大統領候補をほぼ明らかにしている場合と、そうでない場合とがある。

（出所）斎藤眞・金関寿夫・亀井俊介・阿部斉・岡田泰男・荒このみ・須藤功監修『アメリカを知る事典』〔新訂増補版〕（平凡社、2000年）、274頁。

があると申し上げましたが，実は，これも不正確な表現です。厳密に申しますと，選挙と選挙以外のやり方があるからです。それは，予備選挙と党員集会とよばれるものです（図補－1参照）。予備選挙は，たとえば，ある州で民主党の候補者が乱立している場合，そのなかからだれか1人を民主党の最終的な候補者にしぼりこむためのものです。この投票もまた複雑で，ある州では，事前に，自分は民主党員であるか共和党員であるかを登録しなければなりません。そして，もし自分が民主党員であると登録していますと，民主党のほうの予備選挙に関してのみ投票できます（＝閉鎖型予備選挙）。他方，共和党の予備選挙は共和党員であると登録した人しか投票できないしくみになっています。このように，支持政党を事前に登録しなければだめだというところもある一方で，当日投票所に行って，民主・共和両党のリストが記された用紙をもらって，その場で，いずれか一方の政党を選び，投票するという場所もあります（＝開放型予備選挙）。

　このように，米国の選挙制度は，とても複雑です。ですから，米国の選挙制度はこうだというようなことをわたくしたちはよく口にいたしますが，実はそれを一言で説明することは不可能に近いのです。これは米国人であっても，難しいという噂です。もちろん，大統領選挙で当選をはたしたブッシュ大統領自身，この制度を完全に把握しているわけではないでしょう。全米には，現在50の州があります。ですので，選挙制度も50種類は存在すると考えていただいていいと思います。日本におりますと，自分たちとおなじ発想で，米国をとらえがちですが，そういう考え方はまったく見当はずれであるということを，ぜひご確認していただきたく存じます。このことは，これからあとの話にも関係してまいります。

(d) 米国における地方"主権"の発想

　さて，日本には外務省という役所があります。ですが，米国には「外務省」と和訳できる役所は，存在しないのです。イギリスをはじめ，諸外国にも外務省はありますが，米国の場合，これにあたる役所は，日本語で「国務省」

と訳しています。この国務省を英語でいいますと，Department of Stateです。ここでいうStateとは州を意味しています。ですので，この英語を直訳しますと，「州に関する役所」となります。なぜ，米国の場合は，日本のMinistry of Foreign Affairsのように，外交にあたるForeign Affairsということばがこないで，Stateがくるのでしょうか。これも，まさに米国の特徴を物語る好例です。もともと米国は，まず国があって，それから州ができたというわけではありません。東海岸にあった13の州が集まって，アメリカ合衆国という国をつくりました。州のほうが，国よりもはやくから存在していたわけですから，この当時の米国では州ごとに激しい利害対立がありました。そのため，州と州との利害を調整することは，外国との利害を調整するのとおなじくらい，たいへんだったそうです。その役割をになったのが国務省＝Department of Stateでした。国務省は，そのあとも，名前を変えることなく，外交問題も担当することになりました。この事例からも，米国では各州がいかに独自性をもっているかということがおわかりいただけるかと思います。

　これ以外に，人種差別の問題をとりましても，米国では地域によって状況が異なります。南部にまいりますと，人種差別的な思考をする人が多いのですが，北東部に行きますと，リベラルな人の数が多いというちがいがあります。

　米国は，州によって制度がまったく異なるという話について，もう少し例をあげてみましょう。たとえば，米国では死刑がある州とない州があります[*7]。日本ではそのようなことはあり得ません。また，かつて米国では"Dry State"とよばれる州がありました。ここでいうDryとは，「お酒が飲めない」という意味です。その州が，何年かまえに，冬のオリンピックの開かれたソルトレークシティーのある，ユタ州です。ユタ州は，人口の70％以上がモルモン教徒であり，宗教の教え（戒律）でお酒が飲めません。したがって，州自体が，法律によって，飲酒を厳しく制限しています[*8]。いま，わたくしは，法律によって，と申しました。日本とちがい，米国では各州が法律を制定す

ることができるのです。これも日本の常識とはまったく異なる点です。さて，そのユタ州ですが，州内では飲酒が禁止されているため，わたくしのような不埒な輩は，となりの州との境目のところまで行って，飲酒をします。と申しますのも，州境を越えたところに，ビールの自動販売機やバーなどが立ちならんでいるそうです。そこでお酒を飲んで自宅に帰っていくというケースがよくみられるとの噂です。

このように，米国では，各州が独自性を有しているのです。その例は枚挙にいとまがありません。たとえば，消費税もそうです。米国では，消費税は各州によってその税率が異なります。日本では，たとえば北海道で３％，沖縄では10％などということはあり得ません。日本全国どこで買い物をしても，消費税は一律５％です。しかし，米国にまいりますと，州によって消費税がちがうわけですから，買い物をするのに車で１時間ぐらいの距離ですと，税率のひくい，となりの州まで行って，商品を購入するというのがあたりまえとなっているのです。ちなみに，野球のイチロー選手の活躍で有名になりましたシアトルのあるワシントン州と俳優のアーノルド・シュワルツェネッガーさんが選挙にでているカリフォルニア州とのあいだに，オレゴン州という州があります。ここは，消費税がゼロの州です。ですから，大きな買い物をする場合，オレゴン州まで足を運ぶという人もいるくらいなのです。

ほかに，ちがいをあげますと，日本の場合，地方議会は，北海道議会，札幌市議会，あるいは江別市議会など，全国の各地方自治体に存在しています。ですが，どこも国会のように，衆議院，参議院といった２つの院（＝二院制）で，構成されていません。それらはみな一院制です。しかし，米国の場合は，地方分権，地方“主権”がすすんでいますので，49州では二院制を採用しているものの，１州だけ一院制をとっているところがあります。これがネブラスカ州です。このようなことも，日本では考えられないことです。このケースも，いかに米国の州が，それぞれ独自性をもっているかということを示す好例でありましょう。さきに述べましたが，米国では各州が独自の法律をもち，それにもとづいて物事をきめていきます。日本の場合，唯一の立法機関

は国会です。したがいまして，各都道府県議会において法律を制定することはできません。

　うえであげた事例からも明らかなように，わたくしたちは一口に米国といいますが，その場合に，それが米国のどこをさしているのかということを重要視しなければならないということです。米国は国内に時差があるほどの大きな国ですので，その特徴を一言でいいあらわすこと自体に無理があるのです。また，時間のことで申しますと，米国ではすべての州において，夏時間（daylight saving time）を採用しているような印象をもっておられるかもしれません。ですが，実は，ハワイ州などでは，夏時間の制度が導入されていないのです[*9]。

　ここで，ふたたび，選挙制度の話にもどりますが，共和党と民主党の党内の候補者をきめるときに，ある州では予備選挙というかたちをとっていると申し上げました。これは，選挙で党の候補者をきめるやり方です。しかし，ある州では党員集会とよばれる話し合いによって，候補者を選定しています。話し合いできめるというと聞こえはいいのですが，そこでは長年にわたって党を牛耳っている実力者が，この人でいこうといえば，みなはそれにしたがわざるを得ないという側面もあるようです[*10]。かつて，米国では党員集会というパターンをとっている州が多かったのですが，その選考過程があまりにも“密室的”との批判もあって，最近では予備選挙を採用する州が増加してきております。ちなみに，1996年の大統領選挙を例にとりますと，予備選挙をおこなったのは，民主党で35州，共和党では43州となっています。この予備選挙ですが，ニューハンプシャー州では，州法によって，全米50州のなかで，かならずいちばん最初に予備選挙をおこなうということがきめられています[*11]。ニューハンプシャー州という州は，失礼ながら，特筆すべきものがあまりない州です。ですが，米国の大統領選挙の予備選挙を全米でいちばんはじめに実施することで，世界中の注目を集めます。と申しますのも，米国の大統領にだれが就任するかによって，世界地図が塗りかえられる可能性がきわめてたかいからです。それほど米国の大統領は，大きな影響力を有

しています。ですから，全世界のマスコミの注目も集まるというわけです。そうなりますと，世界中からニューハンプシャー州に，取材陣が集まり，同州内で宿泊し，食事をすることになります。つまり，多額のお金がニューハンプシャー州に落ちるわけです。こうしたねらいのもとに，同州では予備選挙に関する法律をつくったのですが，州の人々にはこれがたかく評価されているそうです。

　このように，米国の大統領選挙の特色は，一言では語れません。米国人に聞きましても，米国のすべての州の大統領選挙の制度を説明することは不可能だといっています。このように，米国の制度は，それぞれの州ごとに，独自性があるのです。画一的な制度を採用している日本とは大ちがいというわけです。日本ですと，中央の「霞が関」に行ったら，都道府県や市町村のデータが集まっていて，すぐにそれをみることができます。ですが，米国の場合は選挙に関しても，そのようにまとまった資料がないようです。このあたりに，中央集権体制をとっている国と地方“主権”の色彩の濃い国との大きなちがいをかいまみることができるように思います。

　ここで，もう少し，日本と米国のちがいについて考えてみます。中央集権体制をとっている日本では，政治の中心と経済の中心がおなじ場所になるというのが一般的です。これは，日本の首都が東京であり，その東京が，経済活動の中心的役割をになっているのをみれば，明らかでありましょう。しかし，米国の場合，政治の中心は，ワシントンD.C.にあって，経済の中心地は，ニューヨークというように，政治の中心と経済の中心がずれる傾向にあります。これは，州レベルに関してもあてはまります。米国経済の中心がニューヨークであると申し上げましたが，そのニューヨークのあるニューヨーク州の州都は，オルバニーというところです。さきほど，映画俳優のシュワルツェネッガーさんが知事をしている，カリフォルニア州のことについてふれましたが，カリフォルニア州の州都は，サクラメントというところで，みなさんがよくご存知のロサンゼルスでも，サンフランシスコでもないのです。ブッシュ大統領は，大統領就任までテキサス州知事をつとめていましたが，同

州の州都は，ロケットの打ち上げで有名なヒューストンではなく，オースティンというところです。また，シカゴは，イリノイ州にありますが，この州の州都も，シカゴではなく，スプリングフィールドというところです。こういった例は，枚挙にいとまがありません。これと異なり，日本の場合，われわれは，都道府県レベルでいえば，県庁所在地と経済の中心地がおなじであるのが当然と思っているはずです。ここからも，米国がいかに権限の集中＝中央集権をきらうかという事実を読みとっていただけることでしょう。

3　日本の権力者はだれか？

（1）政・官・財の鉄の三角形

（a）「永田町」と「霞が関」

つぎに，プリントの裏面をごらんください。そこには，「三権分立と鉄の三角形」（図補－2）として，立法，行政，司法の三角形が書いてございます。図の行政の部分がほかにくらべ，大きくなっています。これは，印刷のミスではなく，意味があります。全世界共通して，"行政部の肥大化"ということがいわれているからです。これは20世紀に入ってからの特徴です。20世紀に入って，ドイツのワイマール憲法ができたとき（1919年）に，社会権という発想がでてきます。日本の憲法で申しますと，「健康で文化的な最低限度の生活を営む権利」（第25条）が，これにあたります。このワイマール

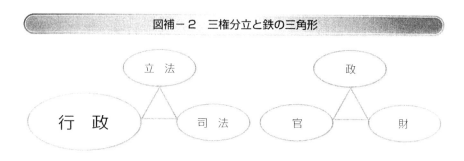

図補－2　三権分立と鉄の三角形

憲法の考え方が，全世界でとり入れられるようになりました。すなわち，“福祉”という概念がこのころに登場するのです。それまで，19世紀の国家には福祉という概念はなく，夜警国家とよばれていました。国家は国内の治安の維持と外交だけをやっていればいいというのが，19世紀の夜警国家の発想です。それが20世紀の福祉国家（＝行政国家）になりますと，福祉をもっと重視しなければならないという考え方に変化してまいります。夜警国家のときにくらべると，必然的に，仕事の量がふえ，スタッフの数も増加していきます。その結果，行政部がどんどん肥大化してきたというのが現状です。この行政部が肥大化している状態をなんとかしようということで，行政改革というアイディアが登場してくるわけです。みなさんが，よく耳にされる，“小さな政府”ということばもその文脈ででてまいります。1980年代に，中曽根さんが行革をすすめたときも，行政部のスリム化に力点がおかれていたのでありました。

　さて，図のなかにある立法は，どこがになっているのかといいますと，国会です。行政をになっているのは，日本の場合，内閣です。そして，司法をになっているのが，裁判所です。立法は国会だと申しましたが，国会のことはマスコミ用語で「永田町」といういい方をします。それは，国会議事堂の建っている場所の住所が，東京都千代田区永田町だからです。行政をになうのは内閣ですが，数多くの省庁が集まっているのは，東京都千代田区霞が関です。ですので，行政は，「霞が関」とよばれるわけです。しかし，司法には，そういういい方が存在しません。最高裁判所は，東京都千代田区隼町というところにありますが，司法のことをいう場合に，だれも「隼町」などという別名は使用しません。

　ここで，わたくしがなにを申し上げたいかといいますと，それほど日本では司法に力がないということです。「永田町」「霞が関」といったように，べつのいい方があるということは，それらがそれだけひんぱんにニュースに登場している証拠です[*12]。このように，日本では，国会や内閣にくらべて，裁判所のはたす役割が，きわめて小さいということがわかります。最近，日

本でも司法改革の動きが進行中ですが，それによって，裁判所のもつ力がつよくなるかというと，わたくしは，はなはだ疑問であります。

　他方，米国では，司法がきわめて大きな力をもっています。米国は，訴訟社会といわれるように，なにかあればすぐに，裁判にもちこまれます。ですので，必然的に裁判所が大きな役割をはたすようになっています。たとえば，さきほど申し上げました，2000年の大統領選挙の勝敗につきましても，最終的には最高裁判所の判断により，決着がなされました。このとき，全米の人々のみならず，全世界の人々が米国の最高裁の決断に注目していたのです。米国の場合，大統領が最高裁判所の判事を任命しますが，そのとき，党派色のつよい任命をします。そのためもあって，最高裁は積極的に政治的な判断をくだしていきます。しかし，日本の場合は，"司法消極主義"とよばれますが，きわめて政治的かつ繊細な問題に対して，裁判所はおよび腰になり，自分たちの判断をくださないというケースが多々あります。こうした点からも，日本では「隼町」の存在が，軽視されることになっているのでありましょう。

　周知のように，現代民主政治においては，抑制と均衡（チェック・アンド・バランス）ということで，立法，行政，司法の三権がおたがいにチェックし，バランスをたもつのが理想とされています。ですが，実際問題，おのおのについて，その役割の大きさでみてまいりますと，行政がもっとも大きくなっているのです。これは世界的な潮流です。とりわけ，日本の場合は，行政が圧倒的に大きく，あとはきわめて小さくなっているのが特徴として指摘できます。小沢一郎さんは，10年ほどまえに，行政を小さくして（＝官僚主導からの脱却），立法を大きくしようと提案していました（＝政治主導の確立）が，いまなお，行政が強大なパワーをもっている構図はくずれていません。

（b）鉄のトライアングル
　ところで，三権分立を示す，この三角形よりも，その右側に書きました三

角形をみていただいたほうが，日本の社会の特質があらわれているかもしれません。そこにございますのは，政治家，官僚，財界からなる「鉄のトライアングル（三角形）」です。「政」とあるのは，政治家ですが，とりわけ，自民党の政治家，いわゆる族議員をさしています。

小泉さんは，「聖域なき構造改革」のかけ声のもと，規制緩和をしようといっていますが，それは官僚機構がもつ許認可権をなくし，規制の撤廃をめざしているものです。たとえば，テレビ局があらたなチャンネルをもうける際には，電波の周波数をきめるにあたって，かならず総務省のOKをもらわなければなりません。なぜならば，総務省が，テレビ局に対する許認可権をにぎっている監督官庁であるからです。おなじく，「北海道の翼」である，AIR DO（北海道国際航空株式会社）が，新規に航空路線を開設したいというときも，国土交通省でOKをもらわなければいけないのです。それは，国土交通省がAIR DOに対して，許認可権をにぎっているからです。

そのような構造をなんとかして変えたいと，小泉さんはいっています。つまり，官僚たちから許認可権を奪っていきたいと主張しているのです。その理由は簡単で，これまで，小泉さんがこの政・官・財の鉄の三角形から排除されてきたからにほかなりません。小泉さんのいう"抵抗勢力"にあたる政治家が，この「政」の部分に入っています。その人たちは，いっこくもはやく許可・認可をもらいたい企業側から，官僚への口利き料として，多額の"ゼゼコ"をもらっているわけです。そのようなおいしい立場にある人たちが，いわゆる"金のなる木"を手放そうとするはずがありません。これは，われわれ凡人であれば，だれであっても，当然でありましょう。小泉さんが構造改革をしていこうとつよく主張するのは，小泉さん自身がそのような恩恵に浴してこなかったからです。だからこそ，この機会に，鉄のトライアングルをぶっつぶそうと考えているのです。それに対して，これまで鉄のトライアングルの恩恵を最大限受けてきた橋本派は，道路にしても，郵政にしても，さまざまな分野において多数の利権をがっちり押さえていますから，小泉改革に猛反発します。こうしたことから，小泉さんvs抵抗勢力という対

立の図式が生まれてくるのです。

　官僚の側でも，おなじです。自分たちが許認可権をにぎっていれば，在任中，民間企業から，接待など，いろいろなメリットを得ることができますし，官僚を辞めたあとも，天下りができるわけです。ここで，一言申しそえたいのは，天下りということば自体，驚くべき表現だということです。このことばは，まさに官尊民卑そのものです。日本では一般的に通用する，この天下りということばを米国人などに説明するとき，英語でいってもなかなか理解してくれません。わたくしの英語力に問題があることも原因ですが，もっとも大きな理由は，英語にはそのようなことばがない，つまり，米国にはそのような習慣がないということです。ですので，米国人は，天下りを理解できないというわけです。

　米国の場合，公務員の採用にかかわる制度が，日本とはちがっています。日本では公務員試験を受けて，それに合格した者が採用されるという方式で，これを資格任用制（メリット・システム）とよんでいます。米国の場合は，情実任用制（スポイルズ・システム）が導入されており，高官とよばれる人たちは，大統領の任命できまります。日本の場合は，いったん試験に合格すれば基本的にはずっと役所で昇進していきます。ですが，米国の場合，そのような人もおりますものの，高官は大統領の任命ですから，共和党から民主党というように，政権が交代しますと，ガラッと役所のメンツが入れかわるという現象がおきます。ですが，役所を辞める人たちは，けっして，民間企業に天下りしていくわけではありません。その人たちは，ふつうに，民間と役所とのあいだで行ったりきたりをくり返しているのです。すなわち，そこでは人事交流がさかんにおこなわれているということです。民主党政権ですと，民主党シンパの人々が政権入りし，共和党に政権がかわると，民主党政権にいた人たちは，シンクタンクとよばれる研究所などに行って，そこでもう一度，政策立案能力をみがきます。そして，また民主党政権が実現すると，役所にもどってくるのです。こうした米国の制度は，Revolving Door Systemといわれます。Revolving Doorとは，ホテルの玄関などにある回転

ドアのことです。したがいまして，米国ではおなじ人がずっと政府の高官にとどまっているわけではありません。そのため，米国の官僚機構は，つねに斬新な政策を打ちだしていくことが可能になってくるのです。人気のない大統領ですと，4年間で政権が奪われるかもしれません。ですので，役所の高官は，民間企業への再就職にあたって，自分をPRするための成果をだそうとして，在任中，つぎつぎとあたらしい政策を立案・実行していく傾向にあるといわれます[13]。したがいまして，こうした人事制度ゆえに，米国の役所は，あたらしい政策がでやすい環境にあるといえます。しかし，日本の場合ですと，いったん役所に採用されますと，基本的になにもしなくても，年月がたてば昇進するシステムのために，どうしても行動パターンが保守的になり，新しい政策を打ちだそうなどとは考えないものです。これが，日本で採用されているメリット・システムのデメリットだといわれます。

　くり返し申し上げますが，米国では民間に行くことは，けっして天下りではありません。どちらかといえば，その逆です。人々のあいだでは，民間に行きたがる傾向がつよいのです。これは，日本の感覚とは正反対であるかもしれません。いま，わたくしは，米国といういい方をしましたが，これはワシントンD.C.でのことです。首都ワシントンD.C.では，政権交代がおこなわれた年に，もっとも忙しいのはだれかという笑い話があります。その答えは，引越屋さんです。いま申し上げましたように，政権が交代すると，何千人単位の人々が引越しをするからです。これも，われわれの常識とはまったくちがう，米国の一面であります。

　ところで，前回2000年の選挙では，共和党のブッシュさんが当選しました。ちなみに，それまでの8年間は民主党のクリントン政権がつづいていました。ですので，この民主党から共和党への政権交代のときに，大規模な高官の入れかえがみられたわけです。

(c) "ショー・ザ・フラッグ"
最近の日本側の報道では，リチャード・アーミテージという米国人の名前

がよく登場します。"Show the Flag"ということばがあったと思いますが，これはアーミテージがいったことばだとされています。この人は，2000年選挙におけるブッシュの勝利を受けて，政権入りしました。日本では一時，Show the Flagということばをアーミテージがいった，いわないをめぐって，さまざまな議論がまきおこりました。最近は，"Boots on the Ground"ということばとの関連で，アーミテージの名が報じられています。最近，アーミテージは，Show the Flag ということばをいわなかったとする内容の本が刊行されました*11。今回，わたくしは米国でアーミテージに近い人から話を聞きました。その方によりますと，アーミテージは会談において，たしかに，Show the Flagということばを語ったようです。わたくしは，会談の場にいあわせたわけではございませんので，なにが真実かはわかりません。ですが，さきほどふれた本の著者は，米国側関係者にインタビューしたうえで，Show the Flagということばはなかったとおっしゃっていますし，わたくしもインタビューしたうえで，あったという結論にたっしています。このように，どちらが真実かはさだかではありません。ですが，一つだけ確実にいえることは，この発言があったかどうかの真偽はさておき，Show the Flagということばが，日本国内の論議に大きな影響をおよぼしたことだけは事実です。

　このアーミテージと会談したのは，当時の駐米大使の柳井俊二さんです。湾岸戦争が10年ほどまえにありましたが，そのころ柳井さんは外務省の条約局長をしていました。湾岸戦争のとき，日本は，米国から自衛隊のことをめぐって，いろいろといわれました。当時，外務省の事務次官でありました栗山尚一さんが，自衛隊"派兵"に反対で，首相の海部俊樹さんと作戦をねって，自衛隊をださない方向で話をまとめようとしました。幹事長の小沢さんはだしたいという意向でした。そこで，海部さんはブッシュさんとひんぱんに電話で連絡をとり合い，調整をおこなっていたのです。

　さて，柳井さんは湾岸戦争のとき，条約局長であったと申しましたが，栗山さんよりも若い柳井さん以降の世代の外務官僚は，どうも"湾岸トラウマ"

というようなものがあるようです。あのとき，外務省は，防衛庁から弱腰であるとつよく批判されています。外務省は"公家集団"と非難され，ばかにされたわけです。実際，外務省は，ほかの役所にくらべても，エリート意識がきわめてつよいところです。採用にあたっては，一般の国家公務員試験とはべつに，外交官試験を実施していたほどです[*15]。こういう点からも，外交官は，官僚のなかでも，もっともプライドがたかいといわれています。そのうえ，姻戚関係による採用などがめだち，人間関係もとてもせまいところが，外務省です。

(d) 情報公開と政権交代

これはべつの話になりますが，1999年に，情報公開法が成立したにもかかわらず，外務省は自分たちが過去に作成した史料をほとんど公開しません。ですので，日本にいて，日本外交を研究している学者たちは，論文を執筆しようとした場合，みな米国の国立公文書館まで足を運び，そこで入手した英文の史料をもとに日本外交に関する原稿を書くという不可思議な現象がみられます。

その一例が，1957年と1960年におこなわれました，安保改定に関係する日米首脳会談です。日本政府は，相手国との関係を重んじることを理由に，それに関連する史料の多くを非公開としています。ところが，日本側では，非公開とされている史料であっても，交渉相手である米国では，それがすでに公開されているというケースも多々あります。たとえば，沖縄返還のときに，核をもちこんでもいいという"密約"があったといわれていますが，それに関する史料も，米国側ではオープンになっています。しかし，日本側では，外務省がそのような史料の存在自体を否定しています。沖縄への核のもちこみなどは認めていないというのが，外務省の公式見解になっています。

米国では古い外交文書を公開し，それを集めて，*Foreign Relations of the United States*（『合衆国の外交』）という本にしています。これまでの刊行のスケジュールからいきますと，1960年代後半の沖縄返還にかかわる部分が

そろそろ刊行されるはずなのですが，この5～6年，出版されていません。関係者によりますと，この最大の原因は，日本の外務省からの圧力だそうです。圧力の好例として，最近，米国では，いったんオープンになった日本関連の外交文書が非公開になるというケースもみられます。

このように，日本政府が圧力をかける理由は，簡単です。沖縄返還のころ，政権をにぎっていたのは自民党であるわけですが，いまになって，当時の国会答弁と食いちがう，都合の悪い史料が，露見してしまっては，現在の自民党政権にとって，きわめて不利な状況になるからなのです。しかも，史料を公開して，当時の答弁との食いちがいが数多くでてきてしまったのでは，その正統性（legitimacy）をめぐる議論が生じかねません。それを防ぐために，米国側に対して圧力をかけているわけです。その意味では，日本でも政権交代があれば外交面に関する情報公開も，どんどんすすんでいくのかもしれません。

(e) 北海道の政治風土

さて，官尊民卑の話題にもどりましょう。地方などにまいりますと，一般に官尊民卑の傾向はつよまります。そうした地域に行きますと，官は尊大な態度をとります。2年ほどまえに，わたくしは北海道にまいりまして，そのことを痛感いたしました。関係者の方もおられるので恐縮ですが，中央区内に赤いレンガが積んである某建物（＝北海道庁）がありますが，あそこでわたくしはそのことを思い知らされました。それは資料をお願いしたときのことです。ほかのお役所では，資料を依頼した場合，郵送してくださったりするのですが，某赤レンガはこちらまでとりにくるなら，くれてやるといわんばかりの態度でした。これとおなじ対応の役所が外務省です。

わたくしはつねづね，北海道の未来はあそこをつぶすことだとつよく主張しております。あそこがいろいろと指令をだし，各市町村をコントロールする時代はもう終わりにしなければなりません。各市町村にもっと権限をもたせたほうが，地域ごとの独自性がでてくるはずです。それこそが，地方"主

権"という時代の流れなのです。こういうことを申しますと，札幌市であれば，それは可能であるかもしれないが，それ以外のところでは無理だとおっしゃる方がおられます。しかし，たとえば，町レベルでも，ニセコ町や白老町などではさまざまな創意工夫によって，全国的に注目されています。ですから，豊かなアイディアがあれば，いくらでも自分たちの独自性をだすことは可能なのです。これまでの212市町村の大半は，D庁の顔色をうかがって行政をおこなってきました。そのD庁はと申しますと，つねに中央をみて，中央依存体質でやってきたのです。そのため，独自性をもつなどという発想は皆無になってしまっています。

　道産子のみなさんをまえにして，よそ者のわたくしが申し上げるのは失礼かもしれませんが，これからの北海道の未来を考えたとき，もっとも重要なものはアイディアだと思います。旧来の官僚システム的な意識がきわめてつよく，それがよいものだという誤解がひろく浸透している点に，わたくしは北海道の限界を感じます。これは悲しむべきことです。同様に，日本の国政についても，このアイディアという部分が欠落しているといえます。それを変えていくことこそが，政治家に課せられた重大な使命なのです。

（2）日本における政治改革論議の実態

　最後に，お手元の資料の「政治改革論議の実態」というグラフ（図補－3）をご覧ください。これは，キーワードの変化を示したものです。今回は，朝日新聞社の検索システムをもちいまして，1984年から昨日（2003年10月7日）までの『朝日新聞』の記事のなかに，つぎのキーワードは，何回使用されていたかをあらわしたものです。まずはじめに，「政治改革」という語を入れました。1984年から昨日までの段階で，何回ぐらい「政治改革」ということばが紙面に登場したのかを調べてみたわけです。グラフをご覧いただきますと，山が2つあります。1989年の山と1993年の山です。1989年は，リクルート事件後の山です。1993年は，小選挙区比例代表並立制，すなわち，現在の選挙制度を導入するかいなかというときの山です。したの表に，「AND選挙」

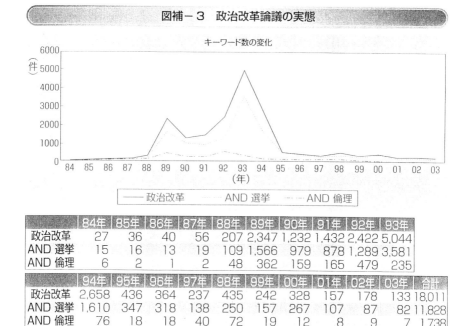

図補-3 政治改革論議の実態

（補注）2003年の数値は、2003年10月7日時点のものであり、12月31日までの1年間であれば、うえから順に、203件、148件、8件となっている。

と書いてありますが、これは「政治改革」と「選挙」の両方のことばをふくんでいる記事が何件あるかを検索したものです。グラフのうえから2つ目の点線がこれにあたります。これもおなじように、1989年と1993年に、2つの大きな山があります。

　これらとはべつに、「政治改革」と「倫理」の2つのことばが同時にふくまれる記事の数を検索してみました。それが3番目の点線です。これをご覧いただきますと、上記の2つの線にくらべ、その数も少なく、しかも山もみられません。わたくしがここで申し上げたいことは、日本において政治改革の論議といった場合、それは選挙制度の話に収斂してしまっているということです。そこでは、政治倫理という発想は皆無に等しいのです。ここに、日本の政治改革論議の最大の問題点があるような気がしてなりません。もちろ

ん，『朝日新聞』の検索結果だけで，これを語るのは無理があるかもしれません。本来ならば，ほかの新聞も調べなければいけないのですが，おそらくどの新聞をみても，おなじような傾向がでてくるにちがいありません。それほど，日本では，政治倫理という意識が，希薄であるということです。たとえば，2002年と2003年は，秘書給与などの問題がさかんに報じられました。それにもかかわらず，これだけの件数しかヒットしないのです。汚職事件がおきるたびに，いろいろいわれたわりには，日本では倫理の優先順位がひくいということが明らかです。

　最近，政治改革の議論が一時にくらべ，かなり下火になっていますが，また政治改革の話題が登場したとしても，それは選挙制度の話にかたよっていき，倫理の問題はまったく議論されない可能性がきわめてたかいのです。倫理という根本的な部分を議論せずに，選挙制度という小手先だけの改革をいくら講じても，結局，おなじあやまちをくり返すだけでしかないのです。はたして，それでよいのでしょうか。これは，わたくしの素朴な疑問です。

4 結び－小泉改革に「聖域」あり？－

（1）日米関係の文脈において

　そこで，本題の「小泉改革に『聖域』あり？」の結論に入らせていただきます。

　これまで，脱線しながらも，わたくしが話をしてまいりましたなかで，ある程度はお気づきかと思います。たとえば，日米関係という視点にたってみますと，小泉さんは，「いままでの自民党をぶっつぶす，いままでの自民党を変える」といったように，威勢のいいことばかり，おっしゃっていました。しかしながら，実際問題，どうかと申しますと，どうも発言とは異なっているようです。

　小泉さんは総理大臣に就任して，すぐにブッシュさんに会いに行っています。いわゆる「ワシントン詣で」をしたわけです。その意味では，従来の自

民党出身の首相の政治スタイルとなんら変わりがありません。かつて，1993年8月に，細川護熙政権が誕生しました。細川首相は，自民党とはちがうことをやるというかけ声のもと，日本新党から登場したのですが，やはり，それまでの首相と同様，就任後すぐ，米国にご機嫌うかがいに行っています。しかも，細川さんは，いままでの自民党政権下の首相とおなじように，米国からの"外圧"を受けると，すぐに譲歩してしまっています。宣伝になりますが，その詳細につきましては，わたくしが著しました，『日米首脳会談と「現代政治」』(同文舘出版，2000年) に書いてありますので，そちらをご笑覧ください。

　そう考えますと，日本のリーダーとなる人は米国の意向をぬきにしては，自分の思うような政権運営をできないというのが現状です。この最大のポイントは，日米安全保障条約の存在にあるのではないでしょうか。歴代の首相にとって，日本の安全は日米安保条約で守られているのであり，米国が経済面において，"外圧"をかけてくることに対しては，ある程度，譲歩せざるを得ないとの思いこみがあるようです。

　ある一部の人たちは，そのような状況はよくない，日本は自主外交を展開すべきだと主張し，日米安保条約の存在それ自体がよくないのだという方もおられます。そのときの自主外交というのは，もっとつよい日本になるべきだという意見です。そうではなく，日本はもっと憲法を重視してやっていくべきだという人もいるわけですが，その人たちもおなじように，米国との関係や安保条約の存在を批判しています。左右両方の考え方をもつ人たちが，共通して安保条約の破棄を唱えているというのは，たいへん興味深いことです。つまり，左右両派から，米国との関係を見直せという声がでているわけです。その一例として，米国から離反し，アジア重視の外交を展開しようとの発想をあげることができます。

　ちなみに，日本と米国との関係は，望遠鏡のような関係であるとよくいわれます。日本から米国をみますと，望遠鏡でみたときとおなじように，実物以上に大きくうつるわけですが，他方，米国から日本をみた場合，その像は

実物よりも小さくみえます。ちょうど，望遠鏡を逆さにしたときとおなじような見え方です。これが，米国人の考える日本です。われわれは，米国のことをよくわかっているような気がしています。ですが，米国人に世界地図を示して，日本の位置をたずねたとき，中国のなかに位置しているとこたえる人がとても多いのです。それほど，日本に対する米国人の関心はひくいわけです。米国人にとっての日本はソニーであり，パナソニック，トヨタであって，われわれ一人一人の日本人ではありません。これは，わたくし個人の印象かもしれませんが，そのような気がします。

　しかし，日本の首脳はいまなお，日米安保体制に拘束され，政権を獲得すると，ただちに米国にはせ参じます。それは「聖域なき構造改革」を唱えている小泉さんにおいてもおなじことなのです。そう考えますと，小泉さんは必死に改革をすすめると述べておられますが，実際問題，どうも小泉さんにとっての米国は，untouchable（さわることのできない）な聖域なのではないかというのが，わたくしの結論の一つです。小泉改革に，米国という聖域は確実に存在するというのがわたくしの見解です。と同時に，米国の"外圧"をうまく利用することによって，みずからの政権運営をすすめていこうと考えているのです。「米国がこういっているから」「米国との良好な関係を維持するために」といったことばを錦の御旗にして，いろいろな改革をすすめていこうというわけです。

　今回，小泉内閣の閣僚が入れかわりました。小泉さんが竹中平蔵さんをのこしたこと，とりわけ，金融担当のポストからもはずさなかったことが話題になりました。これこそ，米国の存在が大きいと思います。と申しますのは，竹中さんは不良債権の処理を主張しています。自民党総裁選挙で，ほかの人たちは不良債権処理よりも，まず景気対策をおこなうべきだと主張していました。ですが，米国は不良債権の処理を最優先事項にあげています。これは関係者に聞いたのですが，日米首脳会談でブッシュさんと小泉さんが会ったときに，会談中，自衛隊に関する話題はメインテーマではなかったようです。ブッシュさんが小泉さんに注文をつけたことの大半は，不良債権の問題で，

この処理をつよく求めていたそうです。

　万一，竹中さんを更迭して，いわゆる抵抗勢力の意見に合わせますと，不良債権の処理に不熱心な人を任命するということになってしまいます。したがいまして，小泉さんは米国との関係を重視し，竹中さんをのこすことにがんばったというのがわたくしの見方です。もっといいますと，竹中さんをのこすことについて，どうも小泉さんは事前に米国側からOKをもらっていたようです。そのため，小泉さんはあれだけ自民党内からつよく反対されても，それに屈することがなかったわけです。小泉さんには，水戸黄門さんの印籠にあたる，ブッシュさんのお墨つきがあったのですから，これほど心づよいことはありません。これは，はなはだ情けない話ですが，これこそが日本政治の舞台裏なのです。

　こうしてみていきますと，小泉さんの今回の改造内閣の布陣は，米国の意向をくんだ部分がきわめてつよいといえましょう。これを“毒まんじゅう内閣”という方もおられます。もともと，毒まんじゅうはあのような意味ではつかいません。毒まんじゅうは，閣僚のポストをいうのではなく，“ゼゼコ”のほうをあらわす隠語です。今回は，本来とはちがうつかい方で，野中広務さんがいいだしました。くりかえしますが，米国の存在が，小泉内閣の聖域ではないかというのがわたくしの結論の一つです。

（2）小泉首相と説明責任

　それと同時に，小泉さんはいろいろおっしゃっておられるわりには，実際になにかが変化したかと申しますと，目にみえる成果はでていません。冒頭，わたくしは政治家が小粒になったと申し上げましたが，一国の総理大臣としては，小泉さんの発言はとても軽いと思います。たとえば，衆議院予算委員会の場で，民主党の菅直人代表が，小泉首相の公約である，①８月15日の靖国神社参拝，②国債発行額を30兆円以下に抑制，③予定どおりのペイオフ解禁の３点にふれ，「この三つとも約束が守られていないという意味ですね」と問うたのに対して，小泉さんは「この程度の約束を守れなかったというの

は大したことではない」と述べていますが，これは大問題です*16。これが
かつて，もっと社会党が元気であった時代でありましたら，国会は大紛糾し
ていたはずです。いまは，野党もだらしないもので，まったくそのような事
態は生じません。

　このほかにも，小泉さんは，自衛隊の"派兵"地域をめぐる議論では，
「どこが非戦闘地域でどこが戦闘地域かと今この私に聞かれたって，わかる
わけないじゃないですか」と発言し*17，また，イラクの大量破壊兵器保有
の具体的根拠を問われたときも，「フセイン大統領が見付かっていないから
イラクにフセイン大統領は存在しなかったということ言えますか，言えない
でしょう」など*18，意味不明なことをさかんにおっしゃっておられます。
これらをみても，きわめて発言が軽く，説明責任（＝アカウンタビリティ）
をなんらはたしていないといってよろしいでしょう。

　こうした点が，ブッシュ大統領とたいへんにかよっています。ブッシュの
発言もとても軽く，米国人にいわせると，ブッシュさんというのは，飲み屋
でビールを片手に話をするにはいい人だけれど，一国の大統領としてはその
発言が軽すぎるとおっしゃる方が多数おられます。なかには，ブッシュさん
がなにを考えているかわからない，いやなにも考えていないのではないかと
までおっしゃる方もおられるほどです。それぐらい，ブッシュさんは直感的
な人間だと米国人には考えられているようですが，これは，小泉さんにもピ
タリとあてはまるのではないでしょうか。つまり，両者ともに，あまり理路
整然とやっていくタイプではないということです。

　ちなみに，小泉，ブッシュ両首脳ともに，有力なブレーンといいますか，
側近をおいているのも共通する特徴です。小泉さんの場合は，飯島勲秘書官
がいて，この人がいろいろなところに話をつけています。ブッシュさんの場
合は，カール・ローブという人がいて，大統領上級顧問をしていますが，こ
の方がいろいろと裏で動き，ブッシュ政権をささえているのです。日本で，
米国のブッシュ政権を語るときに"ネオコン"ということばがよく聞かれま
す。調べてみましたら，『朝日新聞』では，ネオコンということばをふくん

だ記事は，昨日（2003年10月7日）までで，102件ありました。米国の『ニューヨーク・タイムズ』という新聞では，105件でした。さきほど，ローブという人物が，ブッシュ政権を裏で牛耳っていると申し上げましたが，カール・ローブという語を入力したところ，『ニューヨーク・タイムズ』紙では，995件もヒットいたしました。しかし，『朝日新聞』でのヒット数は，わずか13件のみです。このことからも，いかにローブの存在が日本では知られていないかが明らかです。米国ではだれもが知っている人物です。最近，ようやく日本の報道でも，とりあげられるようになりはじめました。ぜひ，この名前にご注目いただけると，今後のブッシュ政権の動向がみえてくるのではないかと思われます。

　ローブは，つねづね自分の生きがいはブッシュをつぎの大統領選挙で再選させることであると公言してはばからない人物です。ブッシュをいかに再選させるかということだけを考えて，この人がイラク攻撃を政治日程にはめこんだといわれています。米国では大統領選挙の第1段階として，予備選挙と党員集会をおこなうと申し上げましたが，全米50州の結果を受けて，最終的に正式な候補者がきまるのは，全国党大会という場です。この全国党大会は，米国では例年7月か，8月におこなわれます。ですが，2004年の大統領選挙では，共和党の側で，このローブが強引に日程を変更し，9月にニューヨークで全国党大会をおこなおうとしました。と申しますのも，9月に，ニューヨークで全国党大会を開催することで，対テロ戦争のムードを再度利用しようとローブは考えているのです。それによって，ブッシュを父の二の舞にならないようにさせるという戦略をねっていたわけです。本来ならば，イラクがもう少しうまくいくというのが，ローブの筋書きだったにちがいありません。しかし，ドナルド・ラムズフェルドやポール・ウォルフォウィッツなど，国防総省の人はとにかくイラクをたたくという段階までは戦略をもっていたようですが，それからさきについては，なにも考えていなかったというのが正直なところだそうです。このように，イラク国内で混乱が生じるのは，まさに予想外の展開であったのでしょう。それでいろいろと政治日程がくるっ

てきているのです。

　ちなみに，この夏，対北朝鮮政策はどうなるのかと，米国の国務省の人に
たずねてみました。アジア担当の人にうかがったのですが，北朝鮮政策を担
当している人間は，国務省内にはいないとの回答が返ってきました。この人
物によりますと，韓国を担当している人が片手間に北朝鮮政策をやっている
ということでした。これは，さすがに冗談だとしても，それほどまでに，米
国では，北朝鮮の優先順位はきわめてひくく，まず第1はイラクなのです。
われわれにとって，北朝鮮問題では，拉致をはじめ，気がかりな点が多々あ
りますが，ブッシュさんをはじめとする米国人にとっては，拉致の問題は，
遠い異国の地でおこっているものであって，極端にいえば，あまり重視して
いる争点ではないのです。そこに日米間の大きなちがいがあるということで
す。

　話が脱線することが多く，時間がなくなってまいりました。ここで，話を
終わりにさせていただきたいと思います。今日は短い時間でありましたが，
ほんとうに，ありがとうございました。また，機会がありましたら，わたく
しの拙い話におつき合いいただければ，幸いに存じます。本日は，ほんとう
に，ありがとうございました。

注

* 1　『毎日新聞』1951年9月6日，1面。

* 2　『日本経済新聞』1951年9月6日，1面。

* 3　『読売新聞』1951年9月6日，1面。

* 4　鈴木健二『歴代総理，側近の告白－日米「危機」の検証－』（毎日新聞社，1991年），274頁。

* 5　『朝日新聞』2003年10月9日，1面。

* 6　1991年3月5日，ギャラップ社が公表した世論調査によれば，ブッシュ大統領の支持率は，89％であった。ちなみに，この数字は，第二次大戦中の1945年5月のヨーロッパ解放直後，当時のトルーマン大統領が獲得した，87％という記録をうわまわっている（『朝日新聞』1991年3月8日，6面）。

* 7　死刑制度を有する州は，全米50州のうち，38州あるという（『朝日新聞』2005年11月30日〔夕〕，2面）。

* 8　現在でも，ユタ州では，「お酒はABC（Alcoholic and Beverage Commission）の名前のついた州政府公認の店でしか買えない。レストランでも多くの店が付設のバーをもち，客はそこでお酒を買って，自分の席にもち込む」というシステムが採用されており，「ウエーターにお酒を注文しても，お酒は出ない」ようだ。米国の場合，禁酒法の時代を経験したこともあり，いまなお，アルコールの販売に関して，なんらかの規制をもうけている州が多いという（中邨章『自治体主権のシナリオ－ガバナンス・NPM・市民社会－』〔芦書房，2003年〕，248頁）。

* 9　夏時間が導入されていない理由として，ハワイ州の場合，地理的に南に位置していることが，また，アリゾナ州の場合，「夏の日中気温が高いため，採用しても明るいうちに外出するのが難しく，利点が少ない」点が指摘できる。さらに，2005年まで，夏時間を採用していた，酪農中心のインディアナ州の場合は，酪農家からの「牛の採乳時間は変えられない」との声が大きかったようだ（『朝日新聞』1995年6月7日〔夕〕，12面）。

このインディアナ州では，2006年から，州全域で夏時間を導入したものの，同州内の北西部と南西部のイリノイ州に隣接した地域では，イリノイ州とおなじ，中部時間（CT）の夏時間を採用している。このように，インディアナ州には，

東部時間（ET）と中部時間の2つの夏時間が存在しているようだ。その理由は，大都市であるシカゴをかかえるイリノイ州とおなじ時間帯を採用したほうが，経済面におけるメリットがあるからだという（関係者への電話によるインタビュー〔2006年11月6日〕）。

＊10　阿部齊・久保文明『国際社会研究Ⅰ－現代アメリカの政治－』（財団法人　放送大学教育振興会，2002年），98-99頁。

＊11　『朝日新聞』1999年9月29日（夕），2面。

＊12　ちなみに，朝日新聞社が提供する「聞蔵Ⅱビジュアル・フォーライブラリー」という全文検索型の記事データベースのうちの「朝日新聞1985～週刊朝日AERA」では，「永田町」という語が13,337件，「霞が関」という語が11,877件もヒットしたのに対して，「隼町」という語は，わずか219件しか存在しなかった（2007年3月20日現在）。

＊13　こうした動きが，日米経済摩擦における"外圧"発生要因の一つとして指摘できる。くわしくは，拙著『日米首脳会談の政治学』（同文舘出版，2005年），8-9頁を参照されたい。

＊14　共同通信社ワシントン特派員の久江雅彦氏は，つぎのように記している。すなわち，「外務省は九月十六日午前，アーミテージ－柳井会談（9月15日）の内容に加え，ほかの対日政策関係者の意見も総合して官房副長官の安倍晋三に米側の情勢認識についての報告を行った。外務官僚は安倍への説明の際，米政権の空気を伝えるキーワードとして『ジョー・ザ・フラッグ』という言葉を使った。安倍によると，外務省からの説明文書にもこのフレーズが英語で書き込まれていたという。安倍は，『ショー・ザ・フラッグ』をアーミテージの言葉と理解した。外務官僚が，アーミテージの言葉と受け取れるように説明した可能性もある。あるいは安倍の早とちりだったのかもしれない。いずれにせよ，安倍が発信源となり，アーミテージ－柳井会談の公電に登場する『「日の丸や日本人の顔が見える」具体的な協力』という言葉の印象も重なって，マスコミの間にも『ショー・ザ・フラッグ』はアーミテージ自身の言葉として広がっていった」（カッコ内，引用者補足）と（久江雅彦『9・11と日本外交』〔講談社，2002年〕，22-29頁）。

＊15　2001年から，外務省独自におこなっていた，外交官試験は廃止された。だが，語学専門家の養成を目的とした，専門職員採用試験は，いまなお，外務省独自で

実施されていることを付言しておく。

＊16　『第百五十六回国会　衆議院　予算委員会議録　第三号』2003年1月23日，14頁。

＊17　『第百五十六回国会　国家基本政策委員会合同審査会会議録　第五号』2003年7月23日，3頁。

＊18　『第百五十六回国会　国家基本政策委員会合同審査会会議録　第四号』2003年6月11日，4頁。

あとがき

　当初の計画では，本書は，小泉政権下での1980日に的をしぼって，その問題点を浮き彫りにすることを目的としていた。だが，本書をまとめる過程において，全国の地方議会議員の政務調査費をめぐる不祥事が多発し，どうしても，この問題についてふれざるを得ないとの思いがつよまった。そこで，当初案にあった「憲法改正論議の現状と課題－自民党の中間報告を中心に－」と題する章を紙幅の関係から，削除することとした。小泉政権下において，憲法“改悪”の動きが加速したことを考えると，この章がないことによって，本書が，きわめてものたりない内容となってしまっていることは否定できない。しかしながら，そうした批判を甘受してもなお，政務調査費をめぐる地方議会議員の対応に憤りを感じたため，本書のような内容構成となってしまったことをご容赦願いたい。

　なお，本書であつかいきれなかった，小泉政権下の問題点については，たとえば，拙著『現代地方自治の現状と課題』（同文舘出版，2004年）所収の「第7章　構造改革特区の現状と課題－ニセコ町の事例－」や拙著『日米首脳会談の政治学』（同文舘出版，2005年）の第Ⅰ部「第2章　小泉・ブッシュ会談の政治学（1）－自衛隊“派兵”を中心に－」「第3章　小泉・ブッシュ会談の政治学（2）－米軍ヘリ墜落事故を中心に－」，ならびに，第Ⅱ部「第1章　日朝首脳会談の意義－日米首脳会談の文脈から－」「第3章　イラク戦争と『アカウンタビリティ』－日米両首脳の発言から－」などを参照していただければ幸甚である。

　最後となったが，出版事情がきわめて厳しいなか，本書の出版を快諾してくださった同文舘出版に対して，あつくお礼を申し上げたい。

2007年8月

　　　　　　　　　　　　　　　　　　　　　浅 野 　一 弘

事 項 索 引

あ

アジア太平洋経済協力会議（APEC）
……………………150, 205, 209, 210
厚木飛行場 ……………………155, 160, 163
アフガニスタン ……19, 139, 143, 144, 150
天下り ………………………………222, 223
アリゾナ州 ……………………………236
安保改定 ………………………207, 208, 225

イージス艦 ……………………………151
e-Japan重点計画 ………………………7
硫黄島 ……………………………………156
一院制 ……………………………………215
イデオロギー ……………………………98
委任立法 …………………………………99
イラク …32, 38, 41-44, 50, 53, 71, 210, 233-235
イラク復興支援特別措置法 …………32, 64
イリノイ州 …………………………218, 236
岩国飛行場 ……………155, 156, 160, 163
インディアナ州 ………………………236
インド洋 …………………………………144

えひめ丸沈没事故 ……………………11

オースティン …………………………218
沖縄 ……………25, 51, 57, 165, 206
沖縄返還 ………………………208, 225, 226
押しボタン式投票 ………………………82
汚職事件 ………………………………229
御土産 …………………………………149
オルバニー ……………………………217
オレゴン州 ……………………………215

か

カーボンコピー …………………83, 100
外圧 ………135, 140, 151, 152, 171, 230, 231
改革断行内閣 ……………………5, 6, 12
改革の本丸 ………………………39, 44, 49
会期不継続の原則 ……………………113

開放型予備選挙 ………………………213
外務省 ………14, 20, 93, 202, 213, 224-226, 237
下院 ……………………………………174-178
核 ……………………………………41, 51, 57
閣議決定 ………………22, 46, 47, 68, 99
格差社会 …………………………………13
霞が関 …………22, 62, 217-219, 237
嘉手納飛行場 …………………………160
カリフォルニア州 …………200, 215, 217
官から民へ ……………………21, 45, 59
官尊民卑 ………………………………222, 226
官邸主導 …………………………………22
官僚 …………………………………101, 102
官僚主導 ………………………………220

議院運営委員会 ………………………96, 97
議員会館 …………………………………87
議員宿舎 …………………………………87
議員提出法案 …………………………97
議院内閣制 ………………97, 100, 204
議員年金 …………………………………87
議員秘書 ………………………………89, 92
議員立法 ………………………………97, 191
議会事務局 ……………………………108
機関委任事務制度 ………………108, 123
危機管理 …………………………………24
記者会見 ………………………………147
規制緩和 ………………………………221
ギャラップ社 …………………………236
牛海綿状脳症（BSE）…56, 173, 175-177, 180
教育基本法 …………9, 14, 31, 54, 73, 93
行政 …………………………………218-220
行政改革推進法案 ……………………56
行政機関個人情報保護法 …………185, 189
行政機関個人情報保護法案 …………190
行政国家 ………………………………219
行政部の肥大化 ………………………218
共和党 …175, 177-179, 211, 216, 222, 223, 234
共和党員 ………………………………213

許認可権 ……………………221, 222
緊急経済対策 …………………5, 6, 13

クライスラー ……………………210
クロフォード ……………………202

経済協力開発機構（OECD）……………190
経済財政諮問会議 …6, 7, 10, 13, 22, 23, 39, 62
経済大国 …………………………50
研究研修費 ………………………121
県政調査交付金 …………………129
憲法改正 …………10, 43, 51, 54, 58, 59, 67
憲法改正の発議 …………………85, 89
憲法九条 …………………………43
憲法前文 …………………………41, 57

小泉内閣メールマガジン ……15, 58, 71, 151
公益法人 ………………………5, 7, 14, 23
公共事業 ………………………16, 25
公職選挙法 ……………85-87, 109, 127
公設秘書 …………………………92
構造改革特区 …………………31, 40, 70
広聴費 ……………………………121
広報費 ……………………………121
公務員制度改革 ……………………7, 14
公明党 …………18, 37, 40, 55, 71, 140
公約 …………………………18, 29, 69, 232
国債 …………13, 16, 23, 29, 39, 56, 69, 232
国政調査権 ……………………95, 113
国対政治 …………………………96
国土交通省 ………………………221
国防総省（ペンタゴン） …………139, 234
国防族 ………………………151, 167
国民投票法案 ……………………59
国民保護法案 ……………………40
国務省 …………………213, 214, 235
国立公文書館 ……………………225
国立国会図書館 …………………92
国連安全保障理事会 ……32, 50, 54, 57
国連改革 …………………………57
国連平和維持活動（PKO）……………50
五五年体制 ………………………63

個人情報保護法案 …………………32
国会改革 ……………81, 90, 102, 103
国会対策委員会 …………………96
国会法 …………………………87-89, 93
国会無能論 ………………………99
国庫補助金 ………………………37

さ

災害 ………………………………89
財政赤字 …………………………29
財政投融資 ……………21, 22, 30, 45
財政破綻 …………………………29
在日米軍基地 …………………50, 162
歳費 ………………………………87
財務省 …………………22, 62, 149
サクラメント ……………………217
サミット（主要国首脳会議）204-206, 208, 210
参議院 …………………………83-85, 100
参議院議員通常選挙…………17, 18, 42, 47,
                         48, 71, 85, 88
参議院の緊急集会 ………………89
参議院法制局 ……………………94
参議院予算委員会 ………………144
三権分立 ………………83, 218, 220
サンフランシスコ …………200, 201, 217
三位一体改革 …………38, 39, 49, 52, 168

自衛隊 ……………33, 41-44, 50, 71, 139, 142,
              147, 149-152, 224, 231, 233
資格任用制（メリット・システム）222, 223
シカゴ …………………………218, 236
死刑 ………………………………214
支持率 …………………4, 11, 18-20, 27, 33, 53,
              63, 66, 76, 78, 210, 236
施政方針演説 …………………3, 4, 65
事前承認 …………………………144, 145
事前審査 ………………………27, 98, 99
シビリアン・コントロール（文民統制）145
司法 ……………………………218-220
司法消極主義 ……………………220
自民党 …………4, 5, 18, 37, 40, 47, 49, 53, 68,
              71, 96, 98-100, 140, 190, 226

自民党総裁選挙…5, 18, 34-36, 47, 63, 199, 231
事務所費 …………………………121
社会権 …………………………218
衆議院 …………………83-85, 89, 100
衆議院議員総選挙 ………37, 48, 49, 63, 88
衆議院地方行政委員会 …………129, 135
衆議院の優越 …………………84, 85
衆議院法制局 …………………93
衆議院予算委員会 …………30, 67, 143, 232
衆参同日選挙 …………………72
収支報告書 …………118, 121, 122, 130-133
住宅金融公庫 …………………21, 31
集団的自衛権 …………………9, 17, 34, 66
州法 …………………………216
住民監査請求 …………………120, 131-133
住民基本台帳 …………………191
住民訴訟 …………………120, 132, 137
住民投票 …………………158, 164-167
首相公選制 …………………13, 24, 66, 93
首相補佐官 …………………10
首席総理秘書官 …………………19
主体的な取り組み …………………147
上院 …………………………174-179
証券取引委員会（SEC）…………61
情実任用制(スポイルズ・システム) ……222
小選挙区比例代表並立制 …………63, 227
消費税 …………………………215
情報公開 ………14, 81, 128-130, 134, 225, 226
情報公開法 …………………225
条約の承認 …………………84
条例…………110, 111, 118, 120, 123, 126,
129, 133, 134, 165, 166
ショー・ザ・フラッグ …………139, 140, 151, 223
書簡 …………………………175
所信表明演説……3, 4, 12, 16, 17, 23, 29, 65-67
資料購入費 …………………121
資料作成費 …………………121
知る権利 …………………192
人件費 …………………………121
新憲法草案 …………………37
人種差別 …………………214
人的貢献 …………………43

数値目標 …………………………37
スプリングフィールド …………………218

聖域なき構造改革 ……5, 12, 18, 25, 221, 231
税源移譲 …………………………39, 49
政策担当秘書 …………………90
政策評価 …………………14
政治改革…………………62, 227-229
政治主導 …………8, 9, 11, 36, 98, 220
政治倫理 …………25, 93, 228, 229
正統性 …………………226
政と官 …………………27
政府委員 …………………101, 102
政府系金融機関 …………21, 23, 31, 55
政府参考人 …………………101
政務調査会(政調会) …………99
政務調査費 …………………118-122
政令 …………………………99
セーフティーネット …………………60
世界貿易センタービル …………………139
石油公団 …………………30
説明責任 …………42, 64, 131, 145, 167, 233
選挙権 …………………87, 109
全国党大会 …………………234
全米肉牛生産者協会（NCBA） …………181

総合規制改革会議 …………………13
総務会 …………………………99
総務省 …………………221
族議員 …………………8, 11, 22, 27, 221
租税法定主義 …………………95

た

大統領制 …………………204
大統領選挙…………………174, 181, 210, 211,
216, 217, 220, 234
対日制裁決議案 …………174, 176-179
対日直接投資 …………………31
代表質問 …………………54
対米公約 …………………23
大量破壊兵器（WMD） …………32, 233
対話と圧力 …………………51

タウンミーティング ……………15, 17
多数決の原則 …………………………89
弾劾裁判所 ……………………………95

小さな政府 ……………………45, 219
地方公共団体 ……107-109, 112, 183, 185, 186
地方交付税 ……………………………39, 49
地方自治法 ……………108, 109, 111, 112, 118,
　　　　　　　　　120, 121, 128-130
地方分権 ……………5, 7, 14, 38, 168
地方分権一括法 ………………112, 136
地方分権推進委員会 …………107, 123, 124
中央集権 ……………………………217
中央情報局（CIA）…………………180
中国 ……………………………………41
朝貢外交 ……………………………204
調査及び立法考査局 ………………92, 93
調査旅費 ……………………………121
町村総会 ……………………………124, 126
弔問外交 ……………………………209
陳情 …………………………………22

通常国会（常会）…38, 88, 102, 103, 111, 183

抵抗勢力 …26, 28, 33, 35, 43, 47, 73, 221, 232
帝国議会 ……………………………82, 83
定例会 ………………………………111
テキサス州 …………………………202, 217
鉄のトライアングル …………218, 220, 221
デフレ ………9, 23, 27, 29, 33, 34, 50, 69, 93
デフレスパイラル …………………23
テロ対策特別措置法 …64, 140, 142, 146, 152
電子政府 ……………………………32

統一地方選挙 ………………………127
党員集会 ……………………………213, 216
党議拘束 ……………………………82
東京一極集中 ………………………206
同時多発テロ事件 ………139, 149, 202, 209
道州制 ………………………………40
党首討論（クエスチョン・タイム）102, 103
投票率 ………………………………109

答弁調整 ……………113, 114, 116, 117
道路関係四公団 ………………31, 39, 49, 69
道路公団改革 ………………………42
道路公団民営化 ……………………37, 55
道路特定財源 ………………………56
特殊法人 ………5, 7, 14, 21, 22, 27, 30, 37, 93
特定非営利活動促進法（NPO法）………98
特別国会（特別会）…………………88
独立行政法人 ………………………21, 55
トップダウン ………………………62

な

内閣総理大臣の指名 ………………84, 89
内閣提出法案 ………………………97, 98
永田町 ………………22, 218, 219, 237
夏時間 ………………………………216

二院制（両院制）…………83, 100, 124, 215
二世議員 ……………………………208
二大政党制 …………………………211
日米安全保障協議委員会(2+2)…155, 159, 168
日米安全保障条約 …………………230
日米安保体制 ………………14, 24, 33, 41
日米首脳会談 ………23, 147, 150, 200, 231
日米新安全保障条約 ………………206
日米同盟 ……………14, 17, 51, 57, 163
日経平均株価 ………………………18
日中首脳会談 ………………………51
日中平和友好条約 …………………33
日朝国交正常化交渉 ………………15, 32
日朝平壌宣言 ………………32, 41, 70
日本銀行 ……………………………29
日本国憲法 ……………24, 81-89, 94, 95, 99,
　　　　　　　　　100, 103, 107, 109
日本たたき …………………………209
日本道路公団 ………………21, 39, 49
日本郵政公社 ………………30, 37, 45, 46
ニューハンプシャー州 ……………216, 217
『ニューヨーク・タイムズ』……61, 180, 234
ニューヨーク州 ……………………217

ネオコン ……………………………233

ネブラスカ州 ……………………215

は

パーセプション・ギャップ ……………149
バタフライ方式 ……………………211
派閥 ……………………5, 8, 9, 208
バブル経済 ……………………209
ハワイ州 ……………………216, 236
パンチカード方式 ……………………211

非拘束名簿式 ……………………85
非政府組織（NGO） ……………19, 28
被選挙権 ……………………86, 109
非戦闘地域 ……………………38, 43, 233
秘密会 ……………………89
100条調査権 ……………………113
ヒューストン ……………………218
標準会議規則 ……………………113, 123
費用弁償 ……………………123, 127

フォード ……………………210
福祉国家 ……………………219
不逮捕特権 ……………………88
普通地方公共団体 ……………………113
普天間飛行場 ……………………25, 51
プライバシー ……………………190-193
プライマリーバランス（基礎的財政収支）…30
不良債権 ……………5, 6, 9, 13, 23, 29, 30, 35, 37,
40, 50, 55, 93, 149, 150, 231
武力攻撃事態法 ……………………32
ブレーン ……………………233
フロリダ州 ……………………211
文書通信交通滞在費 ……………………87

ペイオフ ……………………232
米国産牛肉 ……………………173, 181
閉鎖型予備選挙 ……………………213
米通商代表部（USTR） ……………………177

防衛庁 ……………………59, 164
報償費（機密費） ……………………14
法的拘束力 ……………167, 174, 176, 178

報道の自由 ……………………188, 191, 192
報復関税 ……………………178
法律案の議決 ……………………84
保守新党 ……………………37
保守党 ……………………18, 140
補正予算 ……………………38
骨太の方針 ……………………22, 62, 68
ポピュリスト ……………………63

ホワイトハウス ……………………202, 204

ま

マキャベリスト ……………………63
マスメディア ……………4, 172, 174, 194
マニフェスト（政権公約）……37, 38, 127

ミサイル ……………………41, 51, 57
密室政治 ……………………96
密約 ……………………225
民主党（日本）…………40, 43, 71, 103, 145
民主党（米国）………211, 213, 216, 222, 223

免責特権 ……………………88

モルモン教徒 ……………………214

や

夜警国家 ……………………219
靖国神社 ……10, 18, 42, 53, 57, 63, 66, 67, 232
野党 ……………………17, 100, 190

『USA　トゥディ』……………………180
有事法制 ……………………15, 17, 40, 69
郵政解散 ……………………48
郵政民営化……………14, 21, 22, 25, 44, 45,
47, 48, 52-55, 69, 93
郵政民営化の基本方針 ……………………46
郵政民営化法案 ……………………47, 48, 55
ユタ州 ……………………214, 215, 236

抑制と均衡（チェック・アンド・バランス）
……………………83, 220

予算 ………………21, 22, 29, 30, 62, 69, 88, 111
予算先議権 ………………………………84
予算の議決 ………………………………84
与党 ………18, 28, 34, 37, 49, 71, 73, 100, 140
予備選挙 ………………211, 213, 216, 217
世論調査 ………………63, 165, 167, 236

ら

ライブドア ……………………………59, 61
拉致問題 ………………34, 41, 51, 53, 57

リーダーシップ ………9, 35, 41, 59, 151, 152
リクルート事件 ………………208, 227
立法 ……………………………218-220
立法事務費 ………………………………87
リベラル ……………………………214
良識の府 ……………………………101

領収書 ………………122, 126, 127, 130, 134
臨時国会（臨時会）………………88, 101

冷戦 ……………………………98, 210
連邦議会 ……………………………174
連立政権 ……………………………55

ロサンゼルス ……………………………217
ロン・ヤス関係 ……………………………203

わ

ワイマール憲法 ……………………………218
ワシントンD.C. ………139, 203-206, 217, 223
ワシントン州 ……………………………215
ワシントン詣で ……………………………229
湾岸戦争 ……………………………210, 224

人 名 索 引

あ

アーミテージ，リチャード…151, 223,224,237
アイゼンハワー，ドワイト・D ……206,207
青木幹雄 ……………………………………47
安倍晋三 …………………103,203,205,237

飯島勲……………………19,20,48,62-64
石破茂 …………………………………41
石橋湛山 ………………………………204
伊東正義 ………………………204,209
井原勝介…………………………158,166,167

ウォルフォウィッツ，ポール ……………234

江田五月 ………………………………97

大平正芳 ………………99,206,208,209
岡田克也 ………………………………103
小沢一郎…………………101,103,220
小渕恵三 ………………102,103,206,209

か

カーター，ジミー・J・E …………208,209
海部俊樹 ……………………………224
片山善博 ……………………………117
加藤良三 ……………………………175,178
菅直人 ………………………………103,232

岸信介 ………………………………207
金正日 ………………………………32

栗山尚一 ……………………………224
クリントン，ビル……………204,206,209

小泉純一郎 …………3,103,139,144-147,149-
151,168,174,179,199,202,203,210,229,231-233
江沢民 ………………………………202

さ

佐藤栄作 ……………………………3,208

塩川正十郎 …………………………9,10
ジュリアーニ，ルドルフ ……………139
シュワルツェネッガー，アーノルド 215,217

た

高橋はるみ …………………………116
竹下登 ………………………………208
竹中平蔵 ………………44,63,231,232
田中角栄 ……………………………208
田中真紀子 ………………9,10,19,26

土井たか子 …………………………66
ドッジ，ジョセフ …………………201
トルーマン，ハリー・S ……200-202,204,236

な

中曽根康弘 ………3,72,203,204,206,208,219
中谷元 ………………………………144

額賀福志郎 …………………………160

野中広務 ……………………………232

は

ハガチー，ジェームズ ……………207
鳩山一郎 ……………………………204
鳩山由紀夫 ………………………103,145
濱口雄幸 ……………………………51

ビンラディン，オサマ ……………139

フォード，ジェラルド・R ……… 206,208
福田赳夫 ……………………………208
ブッシュ，ジョージ・H・W 209,210,224,236
ブッシュ，ジョージ・W ………23,44,140,
149,150,174,176,202,203,210,229,231-235

細川護熙 …………………11,66,98,230
堀達也 …………………………116
本間正明 …………………………63

ま

前原誠司 …………………………103

三木武夫 …………………………208
宮沢喜一 …………………………206,210

森喜朗 …………………11,103,194,206

や

柳井俊二…………………151,224,237

山崎拓 …………………………11,167

横路孝弘 …………………………113
吉田茂 …………………3,200,201,202,204

ら

ライス，コンドリーザ …………178,179
ラムズフェルド，ドナルド ……………234

レーガン，ロナルド・W …………203

ローブ，カール …………………233,234

《著者紹介》

浅野　一　弘（あさの　かずひろ）

1969年　大阪市天王寺区生まれ
現　在　日本大学法学部教授
　　　　札幌大学名誉教授
専　攻　政治学・行政学

【主要業績】
〈単　著〉※いずれも同文舘出版より発行
『日米首脳会談と「現代政治」』（2000年）
『現代地方自治の現状と課題』（2004年）
『日米首脳会談の政治学』（2005年）
『日米首脳会談と戦後政治』（2009年）
『地方自治をめぐる争点』（2010年）
『危機管理の行政学』（2010年）
『民主党政権下の日本政治―日米関係・地域主権・北方領土―』（2011年）
『日本政治をめぐる争点―リーダーシップ・危機管理・地方議会―』（2012年）
『現代政治の争点―日米関係・政治指導者・選挙―』（2013年）
『現代政治論―解釈改憲・TPP・オリンピック―』（2015年）
『民主党政権下の日本政治―鳩山・菅・野田の対米観―（増補版）』（2016年）
『ラジオで語った政治学』（2019年）
『ラジオで語った政治学2』（2019年）
『ラジオで語った政治学3』（2019年）
〈共　著〉
『ジャパンプロブレム in USA』（三省堂，1992年）
『日米首脳会談と政治過程―1951年～1983年―』（龍溪書舎，1994年）
『「日米同盟関係」の光と影』（大空社，1998年）
『名著に学ぶ国際関係論』（有斐閣，1999年）

平成19年9月30日　初版発行
平成25年2月1日　初版2刷発行　　　《検印省略》
令和7年1月30日　新装版発行　　略称：現代日本政治

現代日本政治の現状と課題

著　者　　浅　野　一　弘

発行者　　中　島　豊　彦

発行所　同文舘出版株式会社
東京都千代田区神田神保町1-41　　〒101-0051
電話　営業　(03)3294-1801　編集　(03)3294-1803
振替　00100-8-42935　https://www.dobunkan.co.jp

©K. ASANO　　　　　　　　　　　　　印刷・製本：DPS

Printed in Japan2007
ISBN978-4-495-46352-6

JCOPY〈出版者著作権管理機構　委託出版物〉
本書の無断複製は著作権法上での例外を除き禁じられています。複製される
場合は、そのつど事前に、出版者著作権管理機構（電話 03-5244-5088，FAX
03-5244-5089，e-mail: info@jcopy.or.jp）の許諾を得てください。